不焦虑

妈妈养育手册

0~6 岁，五招教出好孩子

陈敏莹 / 著

GUANGXI NORMAL UNIVERSITY PRESS
广西师范大学出版社
·桂林·

BU JIAOLÜ MAMA YANGYU SHOUCE：0~6 SUI WUZHAO JIAOCHU HAO HAIZI

出版统筹：汤文辉
品牌总监：耿 磊
选题策划：李茂军 戚 浩
责任编辑：李茂军
助理编辑：时艳艳
美术编辑：卜翠红
营销编辑：杜文心 钟小文
责任技编：李春林

图书在版编目（CIP）数据

不焦虑妈妈养育手册：0～6岁，五招教出好孩子 / 陈敏莹著. —桂林：广西师范大学出版社，2020.4
ISBN 978-7-5598-2575-9

Ⅰ. ①不… Ⅱ. ①陈… Ⅲ. ①儿童教育—家庭教育 Ⅳ. ①G781

中国版本图书馆 CIP 数据核字（2020）第 017649 号

广西师范大学出版社出版发行
（广西桂林市五里店路 9 号 邮政编码：541004
网址：http://www.bbtpress.com）
出版人：黄轩庄
全国新华书店经销
保定市中画美凯印刷有限公司印刷
（保定市西三环 1566 号 邮政编码：071000）
开本：720 mm × 1 010 mm 1/16
印张：21 字数：318 千字
2020 年 4 月第 1 版 2020 年 4 月第 1 次印刷
印数：0 001~6 000 册 定价：49. 80 元

家长最应该在哪个时期关爱孩子?

每个家长都想对孩子好。

但是，什么时候，用什么方式、什么尺度为孩子付出时间和精力，才能真正让孩子好，要把握好这几点并不是那么容易的事情。

我在江浙地区遇到一位企业家，他的产品做到了全球占有率第一名，他自己还不断地学习，兼任了很多大学的教授。深聊之后，他坦陈，唯一让他苦恼的就是和已经成年的儿子之间的关系，他们无法互相沟通和理解。

我的一位好友，是中科院心理研究所的权威专家。有一天，我们一起乘车，他忧心忡忡地说，刚刚接到同学的一个紧急求助，这位同学的孩子一直上的都是贵族学校，很早就被送到国外读书，结果现在书读不下去了，接连几次出现自杀行为。

我曾邀请法国的儿童哲学咨询专家来北京举办学习营，有一位营员在营期结束后专门申请了一对一的咨询，她最苦恼的问题，就是和她十几岁的女儿之间的关系。她的女儿来了之后，我亲眼所见，本来应该相亲相爱的母女，母亲痛哭流涕，而女儿面若冰霜。

太晚了！太晚了！太晚了！

这是那位企业家、那位中科院心理专家、那位法国儿童哲学咨询专家一致的感慨。而且，“太晚了”的感慨，我听清华大学的教授说过，大学里指导就业的老师说过，二十几岁、十几岁孩子的家长也这么说过。

同时，我也听到大量这样的声音：学龄前的孩子，送到老家给爷爷奶奶带就可以了；才几岁的孩子，不要带去旅行，花钱不说，什么也记不住；父母要趁着年轻力壮，多为孩子赚些钱、多买几套房子，不必太顾家。

这种“随着孩子长大，逐渐给孩子更多关心”的养育，是不是符合孩子的成长规律呢？

2000 年诺贝尔经济学奖得主、美国芝加哥大学经济学家詹姆斯·赫克曼，提出了一个对教育投入影响深远的理论，叫作“赫克曼曲线”。他指出：对 0~3 岁阶段婴幼儿的投入，决定了他未来 85% 的认知和智力水平。

身为微观经济计量学界的翘楚，赫克曼说：在 0~3 岁时，你投资 1 块钱，有 18 块钱的回报；3~4 岁时，投资 1 块能获得 7 块钱的回报；小学时，投资 1 块回报是 3 块钱；大学时，投资 1 块钱可得 1 块钱的报酬；毕业工作后的投资回报则是负数。

联合国儿童基金会召集了全世界神经科学不同领域的顶级科学家，于 2015 年合力编写的《儿童早期发展新前沿报告》也表明，人的大脑网络和神经通路的基础在儿童期就会形成，早期刺激与父母的良好互动，可永久强化孩子的学习能力，甚至会永久改变大脑功能。

我很想把这些全世界最先进的研究成果告诉我们的家长，让所有的家长都知道：6 岁之前的教育，是所有教育环节中最重要的；这个阶段，最好的老师就是父母。

看到陈敏莹的书稿时，我很欣喜，因为这些年来她在早期教育中的实践和思考，其实是符合世界潮流的。

陈敏莹给家长支的五个招式，我觉得是家庭早期教育的五个方面：了解孩子，塑造品格，启发学习，融入社会，自我成长。

这五个方面，也可以从三个层面来理解。第一个层面是健康养育，包括身体和心理健康。大家不要以为我们现在生活条件好了，孩子自然就会长得好。官方数据显示，中国少年儿童超重和肥胖率迅速增长。诸多新闻也显示，过多的分离、过多的期望、过多的要求以及家长的冷漠，都会对孩子心理产生不良影响，影响到孩子的成长。

第二个层面是能力塑造，包括知觉、运动、思维、习惯等方面的发展和进步。在6岁之前，这些能力是随着孩子的成长一点点启蒙的。万事开头难，如果在孩子刚刚掌握这些能力的时候就给予很好的引导和帮助，就能为他们未来更好的提升奠定良好的基础。而这些能力，恰恰就蕴藏在父母每天重复性的、简单易行的行为之中，比如和孩子一起穿衣服、吃饭、牵手、讲故事、游戏……这些看似平常的举动，其实非常重要。

第三个层面是家庭关系。有了好的家庭关系，也就有了好的家庭教育。孩子成长的过程，也是家长自我成长的过程。作为家长，我们期望孩子做到的，至少是我们自己努力过的。家长和孩子处在共同成长的轨道上，就会互相理解、互相支持、互相尊重、互相信任，从而形成良好的家庭关系和家庭氛围，而这，就是最好的家庭教育。

是的，天下没有放之四海而皆准的教育方法，因为每个家庭是不一样的，每个孩子也是不一样的。

但是，每一位父母，无论他们的学历如何、职位如何、财富有多少、能力有多大，只要用心去做，即使只是运用简单的方法，也可以成为最好的父母。这不是感性的美好愿望，而是理性的教育科学。

感谢陈敏莹，帮助每一位家长树立“做自己孩子最好的老师”的信念，并让他们能从这本书中借鉴，进而思考、行动。

三川玲

跟陈敏莹学带孩子

我们生活在一个全新的时代，这不仅是一个物质极大丰富的时代，也是一个知识爆炸的时代。在这个时代为人父母，责任更重，在成为父母之前，往往要做足功课。我们如何带出一个能够适应这个时代的孩子？如何培养出不仅能力强，并且心理健康的后代？陈敏莹老师的这本书，我相信是一个非常好的阅读选择。

最近两年，我因偶然的机缘开始给孩子们讲物理，在这个过程中，得以在线上和线下接触到小朋友，发现了我有生以来从未发现的一个世界。

这是一个和孩子们打交道、做朋友的世界。

因为我出了几本给孩子讲物理学的书，所以经常有媒体问我：如何给孩子讲物理？为什么要给孩子讲物理？而且问题往往会延伸到当年我是如何带孩子的。

回答第二个问题时我常常会感到尴尬，因为我实在不是一个称职的父亲。我结婚比较早，女儿小的时候，我因出国求学，很多时候不在她的身边。等到儿子出生时，虽然可以天天见到他，但自己一心在事业上，带孩子的事情都交给妻子了。我唯一的优点是周末经常带孩子出去玩，也经常带他们去书店。我自己爱读书，因而也经常带他们去书店，这件事在潜移默化中帮助了我的孩子，他们后来都爱读书，并且养成了和我一样的读书习惯。

另外，我想和大家分享的一个经验就是，不要强迫孩子去做什么，而是要创造条件让他们找到自己的兴趣，做自己喜欢的事。我现在为孩子们创作科普读物，并不是提倡孩子们都来学物理，而是为他们提供一个学习物理的可能性。

很奇妙的是，我这点为数不多的正面经验，在陈敏莹的书中得到了印证。比如，她在招式三中提到了阅读的重要性，以及如何从孩子的兴趣出发激发他们的阅读欲望。在这个招式中，她关于数学能力的分类也与我的心得暗合。

当然，读完这本书后，我学到了很多，享受到满满的获得感。比如，她关于原生家庭的见解，其实更大的意义是帮助我们这些已经为人父母者从抱怨自己的上一代中解脱出来。

这本书满足了我对家教读物的两个要求。第一个要求是，任何道理都应该从实例和故事出发。作者不仅列举了自己如何带孩子的很多事例，也援引了许多朋友的故事。第二个要求是，任何道理都不应仅仅是从孤例得出的体会，还应该有理论，因为理论往往基于大量的统计数据。作者在能够给出著名专家的理论时尽量给出了。

这本书的很多内容来源于作者经年的写作，其中有很多是在专业报刊上发表的文章。读了这本书，我对自己将来如何更好地给孩子们做科普有了更多的考量。

李淼

自序

成为好家长，教出好孩子

我们经常会问：“怎样才能教出好孩子？”但很少有家长能一开始就从自身出发，问：“我怎样才能成为好家长？”其实只要我们成为好家长，就自然会教出好孩子。如果我们连好家长的角色都扮演不了，那何以高谈教好孩子的事情呢？

我跟大多数家长一样，面临的是孩子“山雨欲来风满楼”之势，自身也没有强大的“降龙伏虎”之力。但值得庆幸的是，在育儿途中我总算没有迷失，路还越走越宽了。我认为这种理想状态全归因于我一直努力创造和总结的那些能顺应孩子心理的实用招式。

我对自己说，不必变得多厉害、多专业，但是必须从容轻松、不焦虑，用合适的方法培养孩子，去享受育儿世界的精彩。如果能做到，那我就是个充实有趣的好妈妈，我的孩子自然也会幸福快乐。

我写这本书的目的也是如此，让家长看到0~6岁不同孩子的共通性。从我的实战故事和妈妈们的案例里，家长必能找到自己的缩影。家长可以借此弄懂教育的本质，把握内在原理，从而成为一名真正懂孩子心理的家长，也可以参考各种精辟实用的方法、策略，然后用这些招式结合实际情况，化解自身的症结，收获梦寐以求的好孩子。总之，希望这本书不仅为家长呈现有心的育儿细节，更能成为家长破茧成蝶的新起点。

教育本来就应该“雅”“俗”齐下，“雅”即理论，“俗”即实践。我以我儿子森森及现实生活中认识的一些妈妈为研究对象，研究的过程是“随俗雅化—雅化随俗”。因此在这本书里所有应对0～6岁孩子教育问题的方法都是有依有据，站得住脚，经得起考验的。

对于森森的各方面发展，我细致入微地观察，确定解决方法，认真实践，检验效果，然后对这些方法进行重组提炼、反复验证，最后形成了最实际、最有效用的招式。我对现实生活中认识的妈妈、数十个妈妈群里的妈妈、讲座中遇到的“问题家长”进行了细致的调研、案例分析与追踪，找准切入口后形成了一套套接地气的解决方案。

但是，我发现在“提出问题—分析问题—解决问题”这整个漫长的过程中所形成的观点，跟现在的社会教育规则出现了“价值对垒”，因此，对于这些观点，我会详细地解说清楚。如果牵涉到更深入的理性分析，我也会以生活的小细节、孩子的日常事件为基础来阐述。

同时，我也发现有一个现象比较突出，就是家长虽然踏上了成为好家长的路，却仍然困惑于自己的孩子为什么还没有成为好孩子。那或者是因为家长没有找准对应自己孩子的招式，又或者没有彻底地改变自己的某些行为而存在漏洞，又或者采取的方法孩子并未感受、意识到，又或者实施的时间太短而“火候”不够……所以，成为好家长的必要条件是花费更多的时间、精力和智慧去改变自己。

我希望大家在读这本书时，心态是“也无风雨也无晴”，守住自己的节奏。要知道，读了一本家教书，并不等于自己就能成为王者家长，孩子就能成龙成凤了，达成目标的关键在于自己能够很好地控制欲望，不被功利所吞噬。

无论谁家的父母，谁带的孩子，都不可能是完美的，我们应当允许缺陷存在。所有好孩子的“好”，只要是大致上的、概括性的“好”，那么就是足够“好”了。像森森，他也只是个普通的孩子，虽然在书中我会拿他的成功案例来说明孩子的可塑性，但教育本来就是个“润物细无声”的漫长久远的发展过程，我也在耐心等待他的成长。

如果能抱着如此心境读完这本书，我相信，家长的收获会更大，精神会更富足，从而感染自己的孩子。说到底，读家教书实质上就是家长内心的修炼与人生观的校正。

正如英国散文家卡莱尔所说："生活的悲剧不在于人们受了多少苦，而在于人们错过了什么。"家长在教育孩子时，千万不要错过任何一个让自己也蓬勃成长的机会。

不管家长能为孩子提供什么样的学习环境和资源，孜孜不倦地学习都是必不可少的。如果对书中理念的理解、思考和践行，能唤起你心里的爱，进而使你由衷地说："嗯，说得真对，我孩子就是这样子，我也应该改变了！""嗯，这样做的确大家都会慢慢变好啊！"如果有那么一点点东西能帮助到你和孩子，我就要感谢上天赐予的你我之间的际遇。

陈敏莹

2018 年 5 月于我最爱的广州

目录

招式四 先了解社会，再建立孩子的社会性 185

"江湖路远总风波"，小社会尽是"硝烟"处。瞄准问题关键处并予以解决，方能成为孩子的"助攻手"。

开篇

为什么我们孜孜不倦地学习育儿知识
却无法教好孩子？

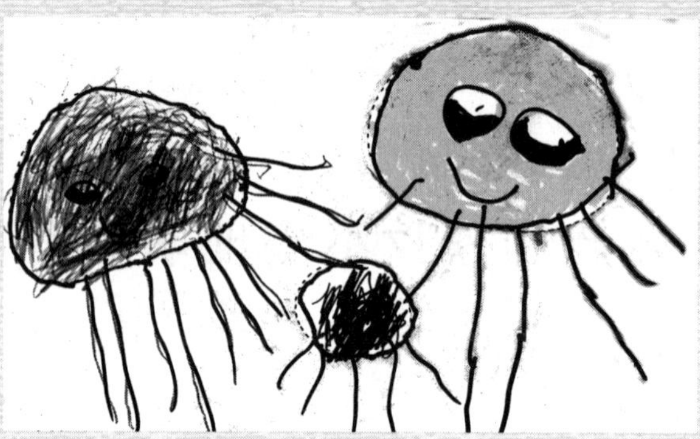

现在，我们来谈谈真正的教育。

·Ⅰ·育儿新问题

试问，哪个年代像如今这般重视育儿？

担心育儿路上光靠“刀枪剑戟”等十八般武艺孩子未必屈服于我们，忧虑深情讲道理却碰上孩子的脾气如一波波潮水劈脸扑来，纠结于采用放养教育还是效仿虎妈狼爸模式，无奈于优秀孩子都是“别人家的”而自己的孩子却让人“恨铁不成钢”……于是，我们真真切切进入了一个孜孜不倦地学习科学育儿方法的全盛时期。

尽管我们如此重视，手持名为“科学育儿”的宝剑，实操时却步履维艰、进退两难，无法教好小孩。我们几乎成了歇斯底里的“神经病”。问题究竟出在哪呢？

·Ⅱ·他人的“科学育儿法”不一定是适合自身的魔法棒

我的同事计划怀孕时，思前想后，在办公室里和别人絮絮叨叨地讨论：究竟什么时候“播种”合适？要不要刻意增肥？做什么功课才能成为合格的妈妈？……然而所有的计划都只是表象，实质上她还没搞懂育儿的意义，更没明白生孩子到底是怎样的一条路。

为了增强自信和不再犹豫，她清楚自己需要强大的科学育儿理论和过来人的成熟经验作为支撑，这也是很多妈妈为什么一开始就关注育儿书的原因：并不是“赢在起跑线上”，也不是“天然去雕饰”，而是为了握紧一把金灿灿的钥匙，这钥匙能够开启自己的教育之门，帮助自己无限接近高高在上的育儿权威。

恰巧有人送了她一本松田道雄的《育儿百科》。拿到这本书后，她像被下了蛊一样疯狂拜读。说实话，这本书相当枯燥无味，而且是日本人编写的，不一定与中国孩子的习性相通，我实在佩服她在还没有孩子的情况下就能一口气读下去。

就这样，她怀孕前就已经阅读了各类育儿书籍，学习了相关知识。怀上宝宝后就更甚了，有关怀孕、早教、幼儿心理的书她都读了个遍。从宝宝降临到上幼儿园，她对形形色色的育儿实践经、心理讲座都非常热衷。

跟她一样“迷信”育儿科学的家长比比皆是，包括我自己。

据国外神经学专家研究，胎儿第5周之后形成神经细胞，因此父母希望宝宝具有什么样的智力，在一定程度上是可以预先“设计”的。于是，在怀孕时我就开始很认真地“设计”了。那时我被灌输了一个观念：在怀孕期间培养孩子的音乐天赋很重要，妈妈应该多听节奏平缓、不带歌词、大自然类的音乐，因为音波可以刺激胎儿听觉器官的神经功能发育，有利于胎儿脑部发育，并为开发想象力打下基础。因而我一有空就听此类音乐，但是我又确实不喜欢听，总有种“爱似浮云，醒着数伤痕”的感觉。

我终于明白，如果我不能放松开朗，一味强迫自己做一些对孩子好却对自己不好的事情，那岂不是活生生的痛苦、沉甸甸的负累？这不正是把个人情绪压抑于“真理”之下嘛！

最终，我根本没有被什么“有效”的音乐所束缚。我放弃了胎教音乐，选回自己喜欢的高音悠扬的歌剧。当然，我避开了那些太过激昂、摇滚、恐怖的音乐，它们对胎儿生长的确有显著的负面作用。对于我来说，简单地读读书，跟朋友聊聊天，我就心旷神怡，心态良好，把这种喜悦的情绪传递给腹中胎儿，比一切都有意义。

其实，只要不引起自己惊慌紧张、烦躁惆怅，我们大可以继续“自私”的喜好。**书本上言之凿凿的东西并不是不可动摇的教条，只有妈妈舒心适意、安逸畅快的兴致，才能化为绕指柔，让身体感受到美好。**

只要妈妈身体健康、心情愉快、营养充足，建立充分幸福的环境，胎儿就会健康生长，智力发育正常。妈妈完全可以根据自己的脾性“出牌”，热爱自己热爱的，喜欢自己喜欢的，这样才是给予胎儿的最美好的礼物。

不仅对于妈妈自身来说是这样，对于孩子的养育也不应该全按育儿教条来办事。

“看孩子，别看钟”是国际母乳会的著名格言。美国儿科学会建议妈妈喂母乳至少喂到1岁以后，世界卫生组织和中国营养学会推荐喂母乳喂到2岁以后。随着妈妈们学历、地位的提高，我们普遍会坚持给予孩子这一份自带的口粮，甚至以自然离乳为终极目标。

以我为例，我对母乳要求甚高，除了狠心地逼迫自己每天喝上一整煲不喜欢的汤，还遵循着“奶水越吃越多”的说法，在儿子1岁3个月前坚持母乳喂养，没有添加过一勺奶粉，直到自己患上一场大病才正式宣告断奶。

但是，在孩子3岁前，我平均每月都小病一次，原因是我在没日没夜喂奶的同时，还要兼顾带孩子、工作与家庭琐事。如果当初我没有对母乳喂养如此执着，哪怕就添加那么一点点奶粉，我的身体可能就不会垮得如此厉害。

再以我的朋友为例，她坚持全母乳喂养直到孩子2岁半，最后皆大欢喜地自然离乳。大家得知后都佩服她的坚韧不拔，更重要的是孩子被养得健健康康、白白胖胖，姐妹们很是羡慕。

但她自己说，就是因为坚持自然离乳，从孩子6个月开始家庭就产生了持续性的矛盾，而且她在公司一直没有得到领导的体恤，到现在还走不出心理阴影。她还强调说，如果当初不是自己过于要求完美，恐怕就不会导致多年来精神上的崩溃。

当今，在众多专家、学者、育儿大咖的推动下，母乳喂养已逐渐成为常态，但在实操中确实衍生了一些问题。对此，我认为不能一味地跟着育儿教条走。母乳喂养虽神圣，但必须量力而行，没有对自身需求和周围环境的考量，育儿教条也只会沦为绊脚石。

· Ⅲ · 真正的教育是摸索自己专属的育儿招式

既然就连被尊为传世经典的育儿知识也并不都是每个人育儿的灵丹妙药，那么摸索出对应自己孩子的育儿方法就显得更加重要了。

以我儿子森森和他的朋友土豆、乔乔为例，他们三人第一次上早教班的3岁独立课时，各有各的状况。

1. 森森

森森那时还没上幼儿园，在开始的两三节独立体育课中表现得淡定从容，但到第四节就开始出现哭闹和抗拒上课的情况了。按我对孩子的理解，这与分离焦虑的关系并不大，森森很有可能是在课堂上受到其他小朋友的干扰，而这种干扰对他来说不能解决，就自然排斥上课了。

因为一直以来，森森一碰到感兴趣的事情就会全身心投入其中，如果旁边有小朋友“干扰”他的独立思维，给他造成不安全感，他就会很沮丧。后来我跟老师们共同分析，一起设置了一些应对的方法。

由于森森从小爱画画，所以我们转向从独立的艺术课着手，这个课程主要以“让孩子专注手部精细动作和独自完成作品”为方针。意料之中，森森在独立的艺术课中能很好地脱离父母，十分顺畅地进行每个步骤，过程中他很少受到干扰，这种符合他个性的环境更能促使他积极交流。

与此同时，森森爸爸还经常带森森参与干扰性强的年龄段较小的体育课，先从陪伴开始，再慢慢放手。直到森森能够接受不符合他个性的环境时，森森爸爸才尝试让森森独立上属于自己年龄段的体育课，对森森来说，这已经是习惯成自然的事了。

2. 土豆

土豆跟森森一样还没上幼儿园，刚开始上独立课时并没有问题，但从第四节开始就不愿意上了。土豆妈说土豆纯粹是产生了分离焦虑，因为土豆一向是爷爷奶奶带的，自己没有时间照顾他，而且上独立课前也没有跟他“打招呼”，现在要突然离开妈妈，他就千百般不愿意。加上土豆对响亮的音乐非常敏感，一播放音乐就要找妈妈。

根据他的情况，土豆妈妈在课堂上陪同，坐在一旁默默看着他，如果土豆突然听到响亮的音乐，就让他跑到自己这儿抱抱。就这样，土豆妈妈坚持陪伴了一个月，土豆的焦虑和不安缓解了，不再需要陪同了。

3. 乔乔

再说乔乔，她2岁半就上了幼儿园，现在3岁再来早教班上独立课，大家都认为她应该没有问题。但事实正好相反，第一节课乔乔就哭闹得惊天动地，不让妈妈离开，而且之后的几堂课有家长陪同也不愿意上。

乔乔妈认为乔乔虽然半年前就开始上幼儿园，但是还没有完全适应，现在到这边上课，可能让乔乔回想起上幼儿园时与父母的分离，不想再次经历。

后来乔乔妈不想折腾，没有再带乔乔过来了。过了好几个月，乔乔带了幼儿园的一个好朋友过来一起上课。这是乔乔妈刻意安排的“局”，那个好朋友适应性强，让她来带动乔乔的积极性。一开始上课乔乔很畏惧，但眼看自己的好朋友已经融入其中，还一直呼喊自己过去玩，几次之后乔乔受到了好朋友的影响，没有退缩，乖乖地跟过去上课了。

上述是三个孩子各自的情况与应对方法。如果他们的父母都生搬硬套育儿书，对待森森的问题用了对待土豆的方法，对待土豆的问题用了对待乔乔的方法，对待乔乔的问题用了对待森森的方法，那还会奏效吗？

再来说说我当年考研时认识的刘教授。

刘教授和他太太育有一女，夫妻俩对女儿的教育尤为重视。那时女儿5

岁，家里请了老师上门教钢琴。学了几个月之后，女儿不愿意学下去了。钢琴老师一走进家门，女儿口里就直嚷嚷："我不练琴，要出去玩！"甚至连钢琴凳子也不愿坐上去。

刘教授和钢琴老师一起商量怎样让孩子坚持练习下去。他们一开始认为是新课有难度，加上老师严厉，所以孩子受挫而逃避。于是钢琴老师改变了策略，不断温柔地鼓励孩子，也把新课暂停了，让她随意练练简单的指法。但是这个办法只用了两三天就失效了。

刘教授又拿书上学到的"奖励法"来尝试，只要女儿认认真真练琴，连续完成四次就满足她一个要求。女儿一开始还是有动力的，可还没坚持到四次就又放弃了。

刘教授实在是束手无策了。在学校教书那么久，碰到过不少问题学生，育儿书也读了不少，可现在自己遇上问题，挠破头都不知道该怎么解决。后来，他还是暂停了女儿的钢琴课。

过了些日子，有一天晚上，刘太太心血来潮问女儿："今晚睡觉前要给你讲故事吗？""好呀！就像之前那样，讲着讲着我就睡了。"女儿回答。但事实上她们一直以来并没有讲睡前故事的习惯，刘太太很奇怪，问："什么时候讲故事直到你睡着呀？""在书房！"刘太太突然好像明白了一点什么。

原来，女儿的房间本来跟书房是相通的，后来虽然装修了一下，但只是用薄薄的墙体隔开而已。女儿睡了，丈夫与自己习惯在书房边看书边聊天，那么，很有可能聊天内容都被女儿听到了，所以女儿说"像之前那样，讲着讲着我就睡了"。

刘太太再仔细想想，这应该与孩子放弃练琴有关。因为夫妻俩之前聊天的内容都是关于孩子练琴、学习的，而且说了平时不会当面批评女儿的话，孩子听到这些话感到压力大而排斥练琴了。刘太太越想越觉得他们太大意了。

于是，刘教授又让钢琴老师过来上了一节课。孩子因为太久没上，也兴冲冲地练了几分钟。当晚女儿睡下后，夫妻俩在书房装模作样地聊起天来，特意说了很多称赞女儿弹琴弹得好的话："我们小时候都没女儿现在那么坚持。”“老师刚打电话跟我说，女儿弹琴技术进步了。”“我就知道她的努力不会白费的。”

隔了几天，钢琴老师过来上课，女儿练琴的时间比上次长了，晚上夫妻便继续“高调”地“一唱一和”。正是因为开启了“隔墙有耳”的模式，女儿在接下来的日子里慢慢恢复了练琴，尽管老师开了偏难的新课，她也没有厌倦放弃。一个月后，夫妻俩不再在书房“一唱一和”了，说太多无疑就给练琴套上枷锁，过犹不及了。女儿也没有再说不练琴的话。

可见，孩子真不会为他人已成功实践的方法而“买账”，他们真正的需求也不是从书本的硬道理和死概念中读得出来的。**孩子个体差异极大，生活习惯和观念五花八门，我们应该洞悉被隐藏起来的真相，摸索一套适合孩子的招式。**

就像孙悟空为唐僧去化缘前会在地上画个圆圈，不让无关人等进入一样，我们心中也要有一个圆，圆内是适合自己孩子的招式，那是我们从细心观察和屡败屡战的经验中获得的，圆外是读过的书，以及过来人与专家的意见。我们只要把其中的教育原理掌握好就行。

那么，我们该如何站在圆内？

我们要看清、摸透教育实质上是一种“慢热”效应，必须投入时间和精力去洞察孩子的“心”，然后随着这颗“心”，找到对应的招式。而且，招式没有一劳永逸的，我们要紧随着孩子的成长，不断寻求与孩子俱进的招式。

在招式的运用过程中，“专属”是最重要的，但最容易丢失的也是它。被乱七八糟、各种粗细的“绳索”缠绕的孩子，心理功能容易失调，我们持续性地无差别对待，不可能不让孩子留下阴影。让孩子服从成人的意志是一条庸俗懒惰的道路，相反，让成人按照孩子的意志走绝对是一条明智的出路。

我们再深入一点，在现实中，这个圆又可以细分为五大部分，分别是孩子的行为、品格、学习力、社会性以及家长智慧：改善孩子的行为，能让他们撑起良好的习惯、性格，乃至人生；塑造孩子的品格，能让他们守住生命本源与自我价值；提升孩子的学习力，能让他们持续自主输送潜心向上的养料；建立孩子的社会性，能让他们扩大生活视野并发展利他的品性；成为有智慧的家长，能为孩子提供恰到好处的空间与底线。

这五大招式能系统地培养孩子的身心和人格，促进他们全面发展，催化方方面面的无限潜能和竞争力，促进他们获得完整而美好的教育结果。

所以，和追随那些拥有固有思维、繁缛细节的科学育儿理论相比，努力摸索专属的育儿招式能更好地解决家长面临的育儿新问题，不是吗？

要知道，真正的教育是独一无二的，正如我们的孩子一样，无可取代。

发现问题 妈妈在育儿知识中孜孜不倦，为何实践时却步履艰难，终究没法教好孩子？

分析问题 他人的成功方法和书中的道理不一定适合自身。

解决问题 洞察孩子的“心”并“与孩子俱进”，可从孩子的行为、品格、学习力、社会性以及家长自身五方面入手，摸索专属的育儿招式。

招式一

先懂心理，再改善孩子的行为

“教”非探其花，而要拔其根。“根”即行为背后的心理。我们越顺应孩子的心理，教育越有成效。

1.“选择题”对建立规则有多重要?

·1·“选择题”，既尊重自由又内化规则

森森2岁7个月时，每次看到我在房间里对着电脑撰稿，都会跑到客厅里跟家人说:“妈妈在工作，大家安静点。”然后自己在房间或客厅里的一角玩玩具，等待我工作完毕。

通常，大多数孩子见到大人使用电脑，会很好奇地伸手拍打键盘，拿起鼠标左右摆动，甚至爬上椅子触摸屏幕，让大人难以继续工作。习惯批评、惩罚的父母会把孩子呵斥开，命令孩子不许进入房间，或者往孩子手上一拍，又或者恐吓说这是个会吃掉小孩的机器，结果孩子可能被骂哭、打哭、吓哭。以后孩子再次看到大人用电脑，要么会更加疯狂地破坏捣乱，要么碰都不敢碰。

然而，森森看上去像一个训练有素的孩子，那么，这种规则是怎么形成的?

在教育里，规则的建立算是老生常谈。从上一辈对我们进行“棍棒教育”的年代，过渡到现在我们对下一代“千依百顺”的时代，我们就像在跑步机上汗流浃背的人，一味费力地奔跑，却不知道方向和界限——害怕太过自由成了孩子任性的根源，又担心规则过度会违背孩子的成长规律，不懂如何做

好一名“裁判”，不懂如何去拿捏这个度。

如何破解这一亘古难题呢？

首先，我们要明确**自由与规则的界限**。

例如，上课时孩子可以举手发言或不发言，发言时孩子可以响亮地或细声细气地说，这是他们的自由。而规则是，当别人发言时孩子不能贸然插嘴甚至代替作答。

例如，孩子可以跟喜爱的朋友交往或独自玩耍，交往中他们可以交换任何属于自己的玩具，这是他们的自由。而规则是，孩子在交往中不能攻击别人，不能刻意抢夺或损坏别人的玩具。

又例如，孩子挑选喜爱的绘本，可以自己读或者邀请老师、小朋友共读，可以重复读同一本或读多种类型的书，这是他们的自由。而规则是，孩子不能恶意破坏绘本，看书时保持安静，阅读完毕将书本放回原位。

又例如，孩子玩沙，他们怎么玩、玩多久、利用什么工具，这是他们的自由。而规则是，玩沙时孩子不能撒沙子到其他小朋友身上，玩完把工具放回原位。

也就是说，这界限不是高压的、不容辩驳的、权威的、死板的，而是体现个性的、容易被理解和接受的、灵活的。

其次，我们要明确**每个规则的形成**都是一个长久的过程——家长与孩子从了解到建立，从使用到内化，交织成长，渐行渐清晰。而在这个过程中，我们利用“选择题”的方式，可以既不为了规则遏制自由，也不为了自由放弃规则，而是把自由与规则有机地结合起来，融入孩子体内每个细胞中。

自由与规则的关系，就是风筝与线的关系。风筝要想自由地在天空飞翔，它必须有一条线牵着，断线的风筝必会从高处坠落。而出“选择题”，就好比放风筝的人能自如地提、放、收线。

像我刚刚说到森森形成了不打扰别人工作的习惯，其实一开始他也是很希望自己能玩电脑，不让妈妈工作的。我是这样逐步引导他的。

我蹲下来温柔而坚定地对森森说：“妈妈需要工作，就像宝宝每天需要玩玩具一样，而且过程中不希望别人打扰。”我继续望着孩子的眼睛说：“要么你在房间里安静地自己玩，要么你到客厅里玩，不打扰妈妈，你会选择哪个呢？”我想，孩子听完一般会选择前者，毕竟想待在妈妈身边。

但是头两三次，森森不愿意接受这两个选择，因为他对我的电脑相当好奇。于是我退一步，说：“我给你玩一会儿电脑，但当妈妈说要用电脑时，你就要还给妈妈，可以吗？”那就是说，他是能够马上玩到电脑的，森森便爽快地答应了。森森高高兴兴地模仿着我敲打键盘，我就不吱声地站在一旁，尽量让他多体验一会儿。

过了一段时间，我不急不躁地说：“好了，我要用电脑工作了。”因为这时森森玩电脑的愿望已被充分满足了，他便乖乖地按照规则迅速让出位置，自己选择在房间里安静地玩，让我继续工作。

之后，我也是不断地出这道“选择题”，来形成他在我工作时安静地在房间或客厅里自己玩的习惯。这种方法摒弃了又骂又吼又讲道理的套路，在一定范围内让孩子拥有自主选择权，孩子感受到民主和文明，心底不会排斥，于是容易接受。

但是，对于冷冰冰的“选择题”，有些孩子不一定会买账，在某些情况下，我们有必要融入有温度的个人情感，这样效果就会更加明显，起码不会变成陈词滥调，让孩子把我们的话当作耳边风。

上述例子中，如果森森始终干扰我，我说了我要工作他都不肯离开，那么我就会把“选择题”变成“入心入肺”的“真事”。我会跟森森说：“你打扰了我工作，我不高兴。等我工作完再陪你玩，这样大家才高兴。”这时孩子同样面临两个选项：一、打扰妈妈，真实感受是不高兴的；二、不打扰妈妈，真实感受是高兴的。与情感相连接，孩子就会很自然地选择好的感受，多次之后便会顺理成章地养成不打扰别人的习惯了。

但要注意的是，这里我提到的“自然”是有大前提的，就是我们平常就做到充分尊重孩子的自由，轮到需要他们尊重我们的自由时，孩子才会有同理心，这是此唱彼和、相辅相成的“自然”。

一方面，平时我们要尊重孩子的私人事务决定权，例如穿什么衣服、玩什么游戏、看什么书、交什么朋友，等等。

森森在1岁4个月到2岁半期间，很喜欢扔东西，床上的枕头、书桌上的笔和纸、鞋柜里的鞋子、洗手盆上的牙膏牙刷都是他的目标。如果我长期制止和讲道理，那么我俩很难建立良好的关系，而且孩子会形成逆反的心态。

所以，我把可以扔的都让他尽情地扔，如袜子、一次性饰品盒、软积木、摔不破的玩具、废弃物，等等；把不能扔的都收起来，不让他看到。这样，孩子能感受到妈妈对他探索空间行为的尊重和支持，我们也会收获一个懂事的孩子。

森森在1岁7个月到3岁期间，走楼梯时爱把手放在扶手上一路滑上滑下，他很享受那种摩擦感，但是家里其他人总觉得太脏，强烈制止他。这是不尊重他的自由，把所谓的卫生看得比人格形成还重要。如果制止行为长久施加在孩子身上，他就难以自然地拥有同理心。

因而我支持他做这些特别“脏”的事。像森森走着走着会躺在街边仰望天空白云，或者在沟渠旁捡起熄灭的烟头观察，又或者往自己的书包里塞小块泥巴。孩子一旦感受到妈妈对他的充分理解，以后他就会把这一份理解奉还给妈妈。

这些看似放纵的行为，恰恰是孩子形成敏锐同理心的力量源泉，给予他们无限的空间和可能。这个过程是从不苛责地顺应人生的量变，到孩子自觉遵守规则的质变。

另一方面，平时我们跟孩子说话不能太功利、太刻意、目的性太强，否则会变成野蛮的克制，让爱停止流动，侵蚀孩子的心灵，最终孩子只会抵抗我们提出的所有要求，与我们的期望南辕北辙。

例如，妈妈问：“今天在幼儿园里有没有有趣的事呀？”孩子高兴地回答：“有！梁老师教了用英文说早上好！”妈妈说：“那就对了，小孩子就得懂礼貌，懂礼貌的孩子大家爱，以后早上就用英文跟别人打招呼吧。”

又例如，孩子兴奋地说：“我今天交换了一辆小跑车啦！”妈妈回答：“实在太好了！但你不能总是想着玩，快想想报哪个兴趣班，这才是最重要的。”

又例如，孩子说：“妈妈，我想听故事。”妈妈抓紧机会说教：“如果要听，你得把这碗饭吃光再听，不吃光长不高，听什么都是假的。”

这些话语我们不经意就会说出口，实质上反映了我们内心的独断专行、为所欲为，把前途出路、作用效力与现时孩子的天真无邪生硬地扯在一块，明知无法同频共振，但只有这样说才会感到安心。而对于孩子来说，听了这些话他们更会积怨在心头，即使当场没有发作，之后如果我们跟他们沟通，想让他们遵守规则，效果就会微乎其微，甚至对着干。

这正如猫抓老鼠的游戏，老鼠在猫的穷追不舍下变得更聪明，当你有“张良计”时，孩子早就有了“过墙梯”。这无疑埋下了孩子对父母严防死守的隐患，到问题浮出水面时，父母却埋怨孩子不体谅、不听话、不遵守规则。

· Ⅱ ·“选择题”的广泛应用

当掌握了运用“选择题”的方法后，我们发现它能很好地弥补自身在教育中的一些缺陷，就像我下面说到的用来调整“欲望满足期”和建立规则大环境。

●用“选择题”来调整“欲望满足期”

我们经常遇到孩子看电视、吃糖成瘾的问题。

如果让孩子严格遵守不能看、不能吃的规则，那就意味着直接让孩子变成“电视虫”“吃糖狂”。现在我们越来越倾向于用“自由”来引导孩子走出困境，一种处理“欲望满足期”的方法被广泛接受：满足孩子狂看、狂吃的欲望，等到一周、一个月，甚至几个月之后，当孩子匮乏的内心被填满了之后，他们自然而然就会退出，我们便成功地“无痕”地把问题解决了。

这个方法我是深深认同的，过程也的确如此，但事实上，执行起来是高难度的。因为在整个过程中，父母必须“百忍成精”，不可以临阵退缩、拍案而起或者方寸大乱，否则就会适得其反。据我了解，能够顶住压力的父母为数不多，而且这种方法不是每个家庭都适合，尤其当碰上“绊脚石”时，往往会弄巧成拙。

我亲戚的女儿5岁多，从小由外婆带。小姑娘很喜欢吃糖，但她体弱多病，外婆担心她的身体，所以定了家规来限制她吃糖，但越禁止，孩子吃得越厉害。我亲戚认为如果孩子得到满足，顺利度过“欲望满足期”，自然就不再对糖果感兴趣了。我亲戚说服了外婆，外婆也只好“听话”，忍了下来。

但在这段不设限的时间里，孩子断断续续地生病，很长时间都未能治愈。单单是带孩子去医院看病，外婆就已经心力交瘁，所以她不能再忍了，经常就孩子吃糖的问题与女儿吵得不可开交。就这样，因为孩子生病、外婆焦虑、家人骂战，孩子的“欲望满足期”被永无止境地往后拖延，总体效果得不偿失。现在两三年过去了，孩子还是疯狂吃糖，外婆依旧吐槽不断。

我朋友的儿子2岁5个月，很爱看电视。我朋友担心儿子的视力会受影响，起初强行规定不让儿子看，但结果适得其反。后来她改变想法，完全放开对孩子的限制，希望尽快度过这个“欲望满足期”。于是孩子每天看电视看到凌晨，早上昏昏欲睡，严重影响了幼儿园生活，在一次郊游中还发生了小意外。我朋友认为这与他精神颓靡有关，后来没再忍下去，用回了禁止的手段，结果却是儿子的电视瘾越来越大。

如果在实操中，为度过“欲望满足期”而采取的措施半途而废，又或者一人支持一人反对，那么我们倒不如不要开始，否则孩子的情况会更加糟糕。其实，在尽情满足与强行制止之间，还有一个方法叫作“选择题”，是自由与规则的共同体，不必走极端也能事半功倍。

森森2岁多的时候爱上玩泥鳅，每天从早到晚在家里玩，不愿意出门。南方冬天湿冷，他每天玩泥鳅弄得全身上下都湿透，外婆担心他感冒，千方百计阻挠他，跟他定下玩泥鳅的时间规则，又转移注意力说带他逛街、去游乐场。但越限制，森森就越反抗，一定要玩。我跟外婆说他爱玩什么就玩什么，玩多久随他自己决定就好。

后来，森森真的因为浑身湿透而感冒咳嗽，很长时间都好不了。而且正逢雨天，每天玩湿了的棉衣、棉裤、鞋子都一大堆，很难晒干，导致家务量无限增大。我想，结合实际，让他持续无休止地玩下去真的不太恰当。

在不剥夺森森玩泥鳅的自由的同时，我利用出“选择题”的方法来加快他度过“欲望满足期”的进程。我猜想，既然他沉迷于玩泥鳅，应该也会对水产市场感兴趣。我问他：“你愿意在家里玩，还是跟妈妈到水产市场看各种生猛的鱼虾蟹，还有泥鳅呢？”他听到水产市场是鱼虾蟹等的集中地，就兴奋地说要去，于是我们坐车去了离家很远的水产市场。就这样，他终于脱离了痴迷已久的阵地。

不出所料，森森被各式各样的海鲜所吸引，高兴得不得了，他坚持要买鱼回家玩。我知道机会来了，便说：“这里的海鲜是供应给菜市场的，我们不能带回家。要么我多带你来水产市场看各种鱼，不过不买，要么天天在家里只玩泥鳅看不到其他鱼，你选择哪样？”因为这个地方对于他来说太新鲜太有吸引力了，所以森森选择了前者。

于是，我们一天在家玩泥鳅，一天去水产市场看鱼，间隔着进行。过了一段时间，再一步步增加去水产市场的次数，减少在家里玩泥鳅的时间。

后来，他逐渐愿意跟我去海洋世界、水族馆、有捞鱼游戏的游乐场，以此替代待在家里玩泥鳅。就这样，他没再因玩得浑身湿透而感冒，家人也不用再洗那么多衣服。整个冬天过去了，他也悄悄度过了玩泥鳅的“欲望满足期”。

与解决森森玩泥鳅的问题相似，像刚提到的亲戚孩子吃糖成瘾的事情，我们可以对应孩子自身的饮食习惯，给予多种甜食选择，例如水果泥、蛋糕、奶片、饼干、葡萄干等，她就不会一味只围着糖果转。之后再逐渐增加甜食的种类，减少糖果的摄入。

我们还可以跟孩子共同商量每天吃糖的数量，给两三个方案供他选择，摸清他愿意承诺的吃糖量。一旦承诺了就按照约定来实行，再逐步协商减少。

解决朋友儿子看电视成瘾的问题也一样，我们可以给予两三个看电视的时限方案供孩子选择，选择好了就按照方案走。或者让孩子选择多种跟电视一样有趣的娱乐节目来作为替代品，但要注意选择的节目必须跟电视一样具有声像合一、简单易懂的特点，这样才能成功地转移孩子的注意力，例如儿童话剧、木偶剧、杂技、魔术、马戏、变脸表演、音乐喷泉，等等，逐渐把看电视的时间分摊到这些益智的亲子互动上。

●用“选择题”来建立规则大环境

现代社会普遍存在一个问题：让孩子懂规则，大人却搞不懂规则是什么，孩子也很少遇到遵循着合理规则的环境。

例如森森就读的幼儿园，存在一定要午睡的硬性规定。虽然这样方便老师管理，但并不人性化。其实我们可以给予孩子选择权，要么睡觉，要么到外面活动，但不能吵闹，不能打扰其他小朋友睡觉，这样既尊重了孩子的选择，又让他们学会了换位思考，久而久之，孩子在自由里便能明白规则。

我也听朋友说，他女儿就读的幼儿园会规定喝水时间和喝水量，这样既方便老师督促，又让家长放心孩子喝够了水。但事实上，这些措施并没有考虑孩子的真实需求，如果孩子喝水不自觉，那么应该用游戏、比赛、讲故事的方式让孩子爱上喝水，这才是培养喝水习惯的正确手段。我们可以让孩子选择喝或不喝，喝多或喝少，但要规定喝时不能走动，因为水洒到地面有可能会导致其他小朋友滑倒。

除此之外，还有个别幼儿园，如果孩子吃饭不专心，包括说话、玩耍，又或者不愿意吃饭（排除疾病原因），老师就会用惩罚的手段来解决，例如让孩子站在一边或坐在老师旁边吃，或者让表现得不好的孩子集中在一桌吃。其实，我们可以给予孩子选择权，要么自己在饭桌旁认认真真地吃，吃哪些饭菜、吃多吃少都没关系，要么就离开饭桌独自玩耍，同时不能打扰吃饭的同学，也不能再回来吃了。那些因为吃饭不专心、不愿意吃而离开饭桌的孩子如果之后饿了，也只能硬撑着，几次之后，孩子的本能驱使自己不要挨饿，自然就会吃得又好又饱后才离开。

看到这里，我们可能就会明白为什么孩子在幼儿园一个样，在家里一个样了。因为孩子在幼儿园里屈服于“不合理”的规则时，内心并没有认同和内化，回到家，环境变化了，就很容易做了“两面派”。

总之，我认为“选择题”在建立规则的实操中是最好用的，它是尊重自由与建立规则的中间点、磨合点。如果说 X 轴和 Y 轴分别是自由与规则，那么“选择题”就是一条永远在攀升的增长曲线，我们必须看增长点，先提升自己，再去引导孩子自己爬上去。而自己爬上去的孩子会更自律，更具备内在和谐有序的状态。

发现问题　如何建立规则，才能既不为了规则而遏制自由，也不为了自由而放弃规则?

解决问题　出“选择题”+有温度的个人情感。

方法延伸

1. 用“选择题”来调整“欲望满足期”；
2. 用“选择题”来建立规则大环境。

2. 强迫“实话实说”，是如何毁掉孩子的？

·1· 我们都在说谎

2岁孩子中有30%会说谎，3岁孩子中有50%会说谎，4岁孩子中有80%会说谎，大于4岁的孩子绝大部分都会说谎。①

这组数据看上去是否很刺眼，又或者让本来对家里孩子说谎忧心忡忡的我们突然如释重负？这是加拿大多伦多大学儿童研究所对1200名儿童和少年进行研究的结果。

先卖个关子，当我们开始探讨孩子的“小世界”为何有谎言之前，我们先说说成人的“大世界”。

《人类简史》中说：“人类语言真正最独特的功能，并不在于能够传达关于人或狮子的信息，而是能够传达关于一些根本不存在的事物的信息。据我们所知，只有智人能够表达关于从来没有看过、碰过、闻过的事物，而且讲得煞有介事……‘讨论虚构的事物’正是智人语言最独特的功能。”

据英国《每日邮报》2008年1月14日援引的一项调查数据，英国人每天

① 资料源于加拿大多伦多大学儿童研究所所长李康博士在网易公开课上的演讲内容。

平均要说四次谎，男人说谎次数更多，女人说谎则显得更自然。这个调查结果与美国2006年一项调查的结果有相似之处，虽然大多数美国人都对说谎行为反感，但善意的谎言已经成为他们生活中不可或缺的一部分。[①]

根据上述资料，我们可以这样归纳：一个正常人也会坚持说谎一生，而且心理上不戴枷锁。

我们做事一般有着惯用的套路：他人单纯善良待我们好，我们会真心诚恳待他，但是有人心怀歹意、花言巧语，我们也会虚与委蛇、施展计谋。谁不是出于自我保护的立场，不得不使出“杀手锏”呢?

可见，成人说谎并不都让人深恶痛绝，非要打入十八层地狱不可，更何况是一个非黑即白的孩子说谎?

面对说谎的孩子，如果我们总认定他们是在渐渐逼近我们的防线，得寸进尺破坏我们的原则，然后执意给他们扣上“大话精”的帽子，使用暴力语言、严重惩罚来强迫他们“实话实说”，我们只会把谎言抬上更高的台阶。结果孩子越攀越高，高得他们下不来，我们上不去。

长期如此，孩子面对父母便会扮演“刺猬”，逐步成为谎言制造机。他们的安全感越来越匮乏，自我保护的心理越来越强，父母要修正就越来越困难，最后恶化了的亲子关系堪比一碗剧毒无比的砒霜。

其实孩子想方设法去隐瞒、欺骗的时候，就是最脆弱无力、渴求被爱的时候。他们的谎言是个“果”，必然事出有因，而这个“因”蕴含了他们内心所需或所愿。家长需要通过回顾和沟通，有技巧地找出这个“因”，从而进一步理解他们，帮他们打“强心针”，与他们一起摸索解决问题的办法，让他们从“心怀鬼胎”中“全身而退”。

---

① 资料源于新华网。

· Ⅱ · 孩子说谎了，怎么办

我们应该对情况做出具体的分析。

●被活生生逼出来的谎言

朋友家里有两个孩子，哥哥4岁半，妹妹2岁半。有一次，哥哥想看电视，问房间里的妹妹："你要不要看电视？"妹妹说："不要，我正在玩小火车。"哥哥走到厨房找正在洗碗的妈妈，他说："妈妈，妹妹要看电视，开吧。"厨房就在房间的隔壁，兄妹俩的对话妈妈听得一清二楚，她观察到这时的儿子理直气壮、毫无畏惧，顿时火冒三丈，想不通才4岁半的孩子何以眼睁睁地说谎。

虽然哥哥表面上是说谎，但在他耍心计的背后，藏着的是一个需求爱但长期没有被满足的空洞世界。如果父母在他身上散播了足够的爱与正能量，他有必要花心思撒这个谎吗？

如果哥哥平时的每个情感需求父母都能积极回应，那么他自然就不会怀疑自己是被理解的，他的世界就根本不存在谎言。但经验告诉他，诚实解决不了问题，他必须拐弯抹角才能达到目的，于是被迫想出了这一计。他并不知道原来这是不正确的，甚至会惹人恼怒。

可见，我们第一时间要反省的是究竟自己错在哪里，而并非孩子错在哪里。我们有没有为了一些小事情去苛责孩子？有没有隐晦传达过"不听话我就不爱你"的意思？有没有把工作的委屈发泄到孩子身上？有没有在孩子面前说过谎？有没有把孩子曾经的小"骗术"称赞为"聪明伶俐"？有没有对孩子说谎严惩？

另外，在这个二孩家庭里，为什么哥哥会通过陈述这是妹妹的意愿去实现自己心中所想呢？估计在哥哥心中，父母多半会拒绝自己的要求，但妹妹的要求几乎没有被拒绝过。也许父母在日常生活中偏袒妹妹，以致哥哥利用这种“不平衡”来满足自己。

再深入一点，哥哥对这种“不平衡”已经不是愤怒、哭闹、发脾气，而是“进化”到把它作为达到目的的手段，那么可以推断，“偏袒”早已是深入哥哥骨髓的伤害了。父母应该凸显“护大不护小”原则，尤其在哥哥这个不理解“等待”概念的年龄段里，更加要立即回应他的需要。即使平时哥哥没有什么情绪，父母也要主动做对应他的事情，而不是当他产生或发泄情绪时才忙着补救。

这个时候，如果妈妈一针见血地揭穿或冷若冰霜地“逼供”，哥哥便会开启抵御模式，挖空心思去“创作”一个又一个谎来圆前面的谎。其实，妈妈根本不需要纠正孩子的说谎行为和让他说出真相，只需心平气和地对哥哥说：“我一直都知道你是个非常懂事、努力做个好榜样的哥哥。如果你想看电视，我一定会开给你看的，妹妹想看，我也会开。爸爸妈妈都很爱你。”

这是一股使听者冷暖自知的力量。心虚的孩子受到表扬后自然会羞愧，心想：爸爸妈妈对我的关爱原来还在，在他们心目中我的形象是高大的，其实我并没有遭受嫌弃，只是我误会了。也许我老实说话比现在偷偷摸摸好，而且我不能让大家失望。这样孩子就不会再在说谎上枉费心思了。

另外，妈妈可以及时做出暗示，给予哥哥信任的眼神和微笑，亲吻他、拥抱他，让他知道说真话不会受到责备和伤害。重要的是，从今以后，父母务必要针对自身的不足做出改变，与哥哥重建相互理解和倾诉的和谐关系。

●由自卫心理衍生出来的欲盖弥彰

在一次讲座上我听过这样的案例：3岁半的女儿从游乐场回到家，妈妈发现她手上握着一个小娃娃。妈妈认得这是游乐场里的玩具，就问女儿：“这娃娃为什么在你手里呢，不是游乐场的吗？”女儿说：“不是，是杨老师送给我的。”妈妈一口揭穿，说：“不对，你根本没有见过杨老师呀。”女儿有点慌张，说：“这是我在楼下的店里买的。”妈妈很生气地问：“为什么还不承认是从游乐场拿回来的呢？”女儿死不承认：“不是，才不是呢！”于是妈妈气愤地指着女儿责骂了一顿，女儿哭了很久。第二天妈妈把女儿带到游乐场里归还玩具，并让她亲自承认错误。

这场对战显得毫无意义。妈妈强势和一口咬定的敌对态度，让孩子在惊慌失措中编出了更多的“故事”来“狡辩”。这位妈妈应该问问自己，孩子知道不说谎的后果吗？其实孩子并不知道，她只知道得想方设法去取悦妈妈，才能逃避这场“临头”的“大祸”。

如果孩子明白，老实承认的话，妈妈不但能理解自己对这个玩具的钟爱之情，而且能原谅这种行为，那么，她还会选择欺骗吗？更何况孩子的“拿”其实并非“偷”，她把玩具拿回家不能说是满足私心的恶劣行径，妈妈不应该直接把社会道德捆绑在她身上，这只是孩子对物品所有权概念不清晰所导致的行为。0~6岁的孩子本身就存在着“亦真亦假”的意识，在幼儿园里孩子之间争抢不断，或者孩子喜欢拿班上的物品回家，这都是对物权归属不明确造成的。

妈妈的做法应该是，看到小娃娃后，确定是游乐场的玩具，就不需要再问它的来源了，也不需要逼孩子承认些什么，而是蹲下身来关切地望着孩子，明确地说：“你很喜欢这个玩具，真的，它很可爱，我也喜欢。但它是生活在游乐场里的，不属于我们，所以不能带回家。”

然后问孩子觉得如何解决好，可以引导孩子说：“这次把玩具拿回家没关系，我跟你一起去放回原位，下次离开时记得要归位哦。”再多一分理解：“你那么喜欢这个娃娃，我们以后多去这个游乐场，你就可以经常玩到它了呀。”这样孩子获得了有意义的教训：我把玩具拿走是错误的，虽然有点惭愧，但是妈妈明白我，还跟我一起解决问题，下次我不会再拿了。

家长的重点在于帮助孩子明确“归属权”概念，缓解他们犯错的紧张情绪，而不应聚焦于对“为什么”的追问和对质。所有的“为什么”都是赤裸裸的说教和批评，只会让孩子在情急之下更加无奈、抵触，然后做出诸多掩饰。像“你为什么做这件事”“你为什么发这么大脾气”“你为什么哭”，以及这位妈妈问的“为什么在你手里”，潜台词都是具有伤害性的直接否定。

平时妈妈在家里应尽可能民主，适当奖励和表扬，让孩子心态积极向上、自信心强。妈妈一旦做了承诺，就不能敷衍搪塞孩子，而一定要兑现。孩子做错了，妈妈需要注意别让他留下“自己是个坏孩子”的内疚感和恐惧感。

妈妈在日常小事上不能总怀疑孩子，常被质问的孩子很快就学会撒谎。

例如，孩子对妈妈说：“妈妈，明天下午幼儿园放假，中午来接我吧。”妈妈半信半疑地问：“是吗？没有通知呀。”孩子继续说：“老师说的。”“真的吗？老师为什么没告诉我呢？”“嗯，真的。”“确定吗？其他家长都没有这样说。”一番询问下来，妈妈的潜台词就是：我不相信你的话！遇到这种情况，即使父母没有收到通知，也应直接回答孩子：“我知道了，明天中午去接你，谢谢你告诉我。”之后，父母可以私下问老师或者等待通知。

●被人为激化而产生的“歪心邪意”

有一次在游乐场里，我看到两家人相约一起玩耍。其中一家的孩子2岁多，他指着另一家的孩子大叫：“我不喜欢你，我讨厌死你了！”他爸爸碍于情面，立即制止道：“你怎么能这样说话！他是你的朋友！”孩子对抗地大声喊：“不，我就是不喜欢，讨厌死了！”他爸爸瞄了瞄对方家人，换了一种更激进的方式，打了他两下。孩子被吓到了，抽泣着说：“我喜欢他，我喜欢他，不讨厌了。”

这位爸爸的做法完全是在告诉孩子：你需要取悦别人，不应该诚实，还必须学会说谎，即使你不愿意。我们现在养育孩子也太在乎别人的眼光和评价了，就连孩子真实地表达、发泄自身情绪也得看别人脸色。

其实，这位爸爸大可以选择置之不理，孩子之间的矛盾就让他们自行解决好了。孩子往往前一秒吵架，后一秒就称兄道弟了。如果这位爸爸当时真的觉得不好意思，可以稍微转移一下孩子的注意力，像买个雪糕，或者从书包里掏出个有趣的玩具，趁机让孩子“消消火”，同样能很快地解决问题。

总之，这位爸爸简单粗暴的应对方法，把孩子的天真无邪变为真正的“邪”了。

我们也会经常看到媒体报道这样的社会事件：家长通过某些蛛丝马迹，片面地断定孩子在幼儿园里被老师打或者恶意伤害，带着孩子到幼儿园投诉，在众目睽睽之下，逼着孩子把“真相”说出来。

“你说呀！不怕！大胆说出来。”“你说！我们在，撑着你的。”孩子在紧张的“对质”中，跟着成人暗示的线索含糊不清、吞吞吐吐地叙述。试问，孩子怎么能一五一十地回忆起事发时的真实情景，真真切切地把具体事实说出来呢？

这样一来，即便孩子说了，说的也是“改编”了的事实。再说，孩子都是爱幻想的天使，“对簿公堂”的实操性和可信度都很低，很有可能只会沦为一场闹剧，最后搞得学校与家长互不信任，疑神疑鬼。孩子除非转园，要不待在原幼儿园也会心存阴影。

●天马行空的开放式“谎言”

0~6岁的孩子爱游荡在他们遐想的世界之中，他们把现实放在头脑里加工，再输送到心中去创作，与墨守成规的我们有着截然不同的能力。

例如，我问森森：“你吃过东西了吗？”“吃过了。”“吃什么了？”“外婆给我弄了番茄蛋，还有肉末茄子。”而事实上，他可能根本还没吃饭。

又例如，在森森的2岁生日会上，突然有个家长大声问小朋友们：“谁吃了最后的蛋糕啊？”孩子们都一头雾水地乱指，指着指着，一个小朋友开始学着另一个小朋友，和他指向同一个人，然后更多小朋友模仿他俩指向那个人，就连那些1岁多不声不响坐在那里的小孩也“随大流”跟着指，直到最后那个人成了众矢之的。

孩子们并不是共同说谎“冤枉好人”，而是现实和幻想、模仿和追随夹杂在一起，形成了荒诞搞笑的场面。这些情况，我们不需要插任何话，一笑置之便可。

· Ⅲ · 为什么我们就不能放过说谎的孩子呢

不仅仅是上述几种情况，还有各式各样的“谎言”让很多家长特别紧张。很多家长想办法防微杜渐，但我认为这是根本没必要的。

家长之所以敏感，除了还没认识到孩子说谎的真正原因，更多的是害怕孩子将来会成为被社会唾弃的道德败坏者，成为贼心贼胆、头脑迷乱的机会主义者，从而影响日后的学习、交际和家庭生活。我们非但没有理解好教育里“将来”的概念，而且提前进入了高度谨慎的状态，就如强弓上的弦过早绷得太紧，最终反倒更快损毁。这种紧张感的出现离不开以下两点原因：

首先，归因于现在的科学报告、社会热点、专家论道、新闻追踪。这些渠道告诉了我们很多关于将来的不安全因素。

例如：“××现在游走于社会边缘。其实他本性不坏，只是一开始走错了方向，误了一生。”“孩子从小就机灵聪敏，但因为引导不正确，结果误入歧途。”“从小就爱说谎的孩子，长大了说谎的概率很大。”

类似的“经验论”组成了我们的知识结构。一旦孩子有类似的问题，我们就会联想到日后的道德层面、人性光辉、社会生存能力。

教育是点、线、面的关系。孩子的每个小行为、小细节都是一个个点，构成线乃至面则是一个庞大的长期的过程，里面包含了家庭、学校、社会、职业、经历等的影响，复杂到父母难以精细地逐一去计算、把控。

打个比方，人体内的细胞大约有60万亿个，这是个巨大的数字。**我们几乎每天都要陷入“一两个细胞会弄垮60万亿个细胞”的荒谬担忧中去，却没有担心过我们的焦灼情绪会直接把所有细胞都毁灭掉。**“本末倒置”是现时育儿的主流逻辑。

其次，归因于我们把自己的希望、感情都寄托到孩子的成长上。于是，家长落入了“将来”的囚牢当中，每件事都与“将来”挂钩，这本身就是个败局。

例如，家长经常对孩子说：“哇，你那么喜欢画画，将来做个画家吧。”“你现在连琴都练不好，以后怎么能把事情坚持下去呢?”又例如，很多人对我说：“你教孩子有心得，他将来肯定非常出色。”

显然，大家爱把现时的东西穿越到未来世界中去，甚至比孩子天马行空的想象力还要天马行空。

孩子现在喜欢画画，只是暂时的事情，将来如何发展与我们的期待无关；孩子现在练琴练不好，要么继续练，要么放弃，跟日后是否有能耐没有必然联系；我教孩子有心得，最多证明我曾经犯下太多错误，爬起来时不得不更用心用脑而已，除此之外没有别的了。

教育里的“将来”其实很简单，就是把“将来”归还给孩子。再说我们连自己的将来都来不及想明白，更谈不上把控，那何来心神和智慧去想明白孩子的将来呢?

其实，孩子现在的说谎只是正常发育成长标志性的一小部分而已，我们不妨眼光“短浅狭窄”一些，在放过自己的同时也放过孩子，孩子的将来反而会更好一些。

发现问题 孩子说谎怎么办?

分析问题 如果孩子被扣上“大话精”的帽子，他们面对父母便会扮演“刺猬”，自我保护的心理越来越强。

解决问题 谎言是个“果”，必然事出有因，我们应该通过回顾和沟通来找出孩子内心所需。

3. 改掉“磨蹭”，只需两个字

·1· 我们需要做的是唤醒，而非催促

森森从1岁7个月开始，就很注意细小的事物。我每次跟他一起去早教班时，他在家门口总会发现一些脏东西。他用手指指、抠，然后看着自己的小手，一动也不动。好不容易出发了，途中又会在地上发现一些小线头、小纽扣、小瓶盖、小块泥巴等，他会用手轻轻捏起来，隔了很长时间都舍不得放下。就这样，原本路程只需要花15分钟，但实际上我们要用50分钟。

我听一位3岁半孩子的妈妈说，她女儿每天早上穿衣穿裤穿袜、刷牙洗脸、上厕所、扎辫子就要用一个小时。让她出门，不是回头找玩具，就是要换件更漂亮的衣服，迟迟不能出门。等到真正要出门时，鞋子穿半天也没能穿上，有时还会为袜子不舒适而发脾气。

我曾经碰到一位妈妈，她总埋怨读一年级的6岁儿子每天不按时起床、睡觉、吃饭，做作业拖拉，去厕所慢吞吞。老师也告诉那位妈妈，她孩子在校园里面，户外活动时最后走出教室，上课时最后走进教室，在课堂上没有认真连续地写过字，学习不专心，时常留意周围无关的事物，有时还会打扰其他同学。

其实，孩子在生活中还有形形色色的让我们心烦气躁的磨蹭：书写、画画、做手工太粗心或故意不写不画不做，花了很长时间也完不成；收拾东西慢，半途而废，或者中间夹杂着发呆，或者转移注意力做了其他事情；孩子在外面玩得开心，怎么也不愿意回家……

当我们遇到孩子没有按照要求前进时，我们该怎么做呢?

很多妈妈往往会立即往他们身上贴“磨蹭”的标签，不耐烦地对孩子说:“行了没有? 快点啦!”催促的力量有如魔鬼的利爪，伸向遵循正常节奏的孩子。

其实，这行为就像打扰一位正在按照自己计划施工的建筑者，迫使他无法精准无误地建成大厦；又像零零落落的冰雹打向那些冒着嫩芽的小苗，导致它们无法茁壮成长、开花结果。

那么，我们就要思考一下：究竟是他们太慢，还是我们太焦躁? 往往在催促的背后，事情并非十万火急，而是我们渴求争分夺秒，既怕耽误了自己，又担心孩子把磨蹭变为常态而导致日后不成事、吃亏；甚至有些时候连我们自己都不知道为了什么而急，只是瞎急或发泄情绪。

催促的本质，是不尊重、不认同、不满意。我们错误地把孩子当作一个附属体，没有像看待成年人那样看待他们的独立人格和权利。在这个过程中，尽管孩子不懂表达，但内心也会抵抗，于是大尺度地把自尊显现出来，更加拖沓、粗心、耍脾气。

作为家长，我们必须了解，对于0~6岁的孩子来说根本就不存在“一寸光阴一寸金”的概念，尤其1~3岁的孩子，他们并不能理解时间的前进性和不可逆性。

有研究指出，在没被灌输太多时间观念和知识的情况下，孩子的一般成长规律是这样子的：3岁的孩子明白太阳出来是白天，即早上，月亮出来是黑夜，即晚上；4~5岁的孩子明白星期、年龄大小、节假日；5~6岁的孩子明白小时、分钟、秒。

正因为孩子对时间观念近乎无感，所以他们根本不是由于什么恶性行为、教而不善或者特意唱反调才磨蹭的，这是一种生理和心理还没发育成熟的正常表现。磨蹭是孩子成长的必然表现，也是父母静待花开的过程。我们尊重孩子的“慢”，就等于帮助他们建立明天的“快”；鞭策孩子要“快”，就是鼓励他们延续昨天的“慢”。

当然，我的意思并不是说光尊重孩子的“慢”而什么都不干，而是让他们从本能的自然的时间认识，过渡到接受父母顺应式的培养，从而潜移默化地明确时间概念，提高办事效率，形成良好习惯。

所以，我们的教育手段从来都不应该是催促，而是唤醒。正如德国哲学家雅思贝尔斯说：“什么是教育？教育就是一棵树摇动另一棵树，一朵云推动另一朵云，一个灵魂唤醒另一个灵魂。”“唤醒”就是以尊重、包容孩子的内在感受、个人节奏为前提，无声无息地在亲密关系中进行引导，从而游刃有余地解决问题。

· Ⅱ · 如何唤醒

1. 顺应孩子心理

●时间上限

3岁3个月的森森在公园捞鱼玩得入迷，然而到了吃饭时间，需要回家了。如果我直接扯他走或者威逼着他走，相信能很有效地让他立即离开，但是换来的将是对他注意力的干扰甚至破坏，而且以后他可能对家人产生恐惧或警惕心理。

儿童教育家陈鹤琴说过：“不要骤然命令孩子停止游戏。小孩不仅喜欢做事途径，也喜欢得着结果，叫他半途而废岂不是剥夺他对做事成功的快乐，养成有始无终的坏习惯吗？”所以，我采用了“时间上限”的方法，缓冲孩子的心理情绪，抵消脾气，让他从沉迷的世界里慢慢抽身出来。

我提前十分钟告诉孩子：“森森，还有十分钟就要离开了，是时候回家吃饭了，你抓紧这十分钟好好玩吧。”提出“十分钟”就是要明确地给他一个时间概念。当然，小孩子并不明白“十分钟”究竟有多久，但我们也要把这个时间限制说出口，每次皆如此，潜移默化地让孩子感知“十分钟”的长短。其间我还会在一旁提醒，例如过了五分钟又提醒一次，并且再次告诉孩子“请抓紧剩余的时间好好玩”，这样到了整整十分钟时就可以顺利叫停了。

整个过程顺畅自然，很人性化，孩子能感受到父母是站在他的角度思考的。但要注意的是，我们千万不要太心急或出尔反尔，只要有足够耐心，孩子是会按照承诺离开的。

因为我经常用“时间上限”的方法，所以平日里森森玩耍时，只要预先知会他一声，他便会习惯性地在最后一秒开开心心地自觉离开。

有时森森想到一些我不希望他去的地方玩，例如光线刺眼或者噪音较大的地方，他会问我：“能玩十分钟吗？”如果我说不可以，他会继续问：“那一会儿可以吗？”我一般就会答应他了。

我发现，他的“一会儿”真的就是几秒钟，他亲身体验了之后便立即转身跟我走了。在这个过程中，虽然孩子看起来跟我在时间上“讨价还价”，但其实他对时间还是很懵懂的，最重要的还是这种“限时”模式已经内化于他的心里了。

让“限时”模式更好地被孩子所理解，还有其他方法。

例如，利用漏斗来计算时间，沙子全部漏到另一边了就代表到时间停止手头上的事情了。又或者，准备一块小纸板，上面有十个圆形，每过一分钟，在一个圆上涂颜色，告诉孩子当涂满了所有圆形时，就是十分钟了。又或者，用手机下载番茄计时器软件，到时间了就会响，软件便自动种上一棵树。这些方式孩子会觉得很有趣，也容易接受。类似番茄计时器的软件市面上很多，也具有实操性，父母可以自己先操作玩玩，再跟孩子一起使用。

●瞄准喜好

例如，森森从小就很喜欢童谣和诗词歌赋，我就利用他的兴趣点来灌输次序感和时间观念。他1岁前就听我唱自编的小诗歌：“春天绿油油，夏天荷花开，秋天去郊游，冬天白皑皑。”“天亮太阳爬上山，中午吃饭睡觉安，下午茶点真是赞，晚上月亮笑弯弯。”虽然当时森森还不能理解诗歌的意思，但是，他逐渐能理解妈妈所灌输的春夏秋冬、早中晚的时间概念了。

又例如，森森2岁时，如果他磨蹭着，手头上的事情怎么也没法完成，那么我会跟他说：“我准备讲恐龙故事了，如果你再不来，就会错失良机了。”“现在要讲恐龙故事了，昨天第三章还没讲，这个比之前的内容还要精彩呢。”用孩子最爱听的故事、音乐，最爱玩的游戏，来使他与之前做的事情“脱离”。

又例如，森森上了幼儿园，老师会布置讲特定的故事或者数数的家庭作业。当他对这些事不感兴趣时，自然就表现得拖沓、不专心、逃避。我便分配家人扮演不同的角色，以有趣的相声形式让儿子爱上讲那个故事，通过他喜爱的开“零食店”“面包店”的形式来学习数学，激发孩子的兴趣。

再举个例子，我在网上看过一篇文章，说的是一个4岁女孩的爸爸，他特别用心，把时钟改良了，把女儿的头像贴在中间，周围的每个数字旁也贴上要做的事情的图片。于是他女儿就很清楚到这个时间点应该做什么事情，每天紧迫的日程变得趣味十足，执行力也随之增强了。

2. 用“玩玩玩”代替“催催催”

●引入竞争

2岁的孩子就喜爱游戏和比赛了，他们享受趣味和胜利，获得称赞更是开心。3~4岁的孩子好胜心会越来越强烈，5~6岁就更甚了。利用这一特质，我们可以引入竞争来对付磨蹭，让生活成为游戏，让游戏带动竞争，让竞争促进生活。

像森森刷牙洗脸比较慢，我会跟他来一场比赛。如果他最初不愿意，我就跟丈夫或者我妈妈模拟比赛，把所有毛绒公仔都放在一旁作为观众，还模拟它们的声音喊：“加油！加油！”很快孩子就上钩了。

在比赛中，我会先让森森赢几天，当他充满自信和兴趣后，再间隔地让他输一下。因为孩子都很聪明，知道过程中有赢有输才是真实的，一旦我们不注意，他们就会识破骗局，所以我们在演绎时要特别认真，很努力很使劲似的去赢每场比赛。我们赢了要表现得欢天喜地，输了要表现得失落伤心，这样孩子才不会看出破绽。

除了跟别人的“排他性竞争”，还有一种就是刻意用“欺骗”的手段来让孩子进行“排我性竞争”，从而赢了一开始的他自己。

例如，森森吃饭从磨蹭到麻利，整个布局是我根据孩子的特性和习惯思考出来的。一开始他吃饭用了45分钟，我不批评，还夸奖他吃得好。到第二天吃饭，他并没有比昨天吃得快，但是我“欺骗”他说：“森森真厉害，今天比昨天吃得更快更多，都吃光光了！”他很高兴地接受了。当然，是不是真的比昨天吃得快并不重要，重点是肯定了他的努力和鼓励他的干劲。到第三天吃饭，我也是“欺骗”他，让他以为自己比前两天都吃得快吃得好。在连续多次的“欺骗”后，我发现森森真的比前几天吃得快了，少用了15分钟。

这种善意的“欺骗”能够让孩子快乐，而快乐实质上是自信的来源。森森相信自己真的更快了，结果下意识地去实现了。

●寓教于乐

有许多家长一味反映孩子收拾绘本、玩具、床铺时特别磨蹭，但他们都没有想过孩子是否能理解为什么要收拾，收拾会带来什么好处，不收拾会导致什么。

在我们家，因为森森的绘本比较多，每天看得频繁，所以书柜经常乱七八糟。我应对的方法是这样的。

从森森1岁半开始，我就做出每天整理书柜的示范，但并没有喊上他一起做，更不会唠叨：“这堆书太乱了，你要学会收拾呀。”“爱收拾才是个好孩子啊！”我只会跟绘本里面的动物角色说：“小熊找妈妈啦，快到自己床上睡觉吧，拜拜。”“狐狸先生要到自己的村庄找朋友了，再见。”“小企鹅要游到南极去了，下次见。”

很长的一段日子之后，当森森快要2岁时，他便开始自觉地加入进来。他一边模仿我轻轻地把绘本归位，一边温和地跟动物道别。有时他会自己分类，把汽车的绘本摆在一格，海洋生物的绘本摆在另一格。收拾完了，我对森森说：“谢谢你，谢谢森森的帮忙。绘本开心了，动物开心了，书柜开心了，森森也开心了！”

长期如此，森森变得很自觉地收拾绘本，而且每次他都会自言自语，感谢自己让大家都开心。这时候，我不是简单地说“你真棒”，而是具体地鼓励孩子说：“森森送动物回家了，很认真很细心，整理得很整齐！”

又例如，2~3岁的孩子，他们在穿、脱衣服鞋袜等自理环节上很可能会花特别长的时间。为什么呢？可能穿衣服时，孩子手眼未能协调好，找不到袖口，摸来摸去都摸不到；可能脱衣服时，孩子很难把纽扣从扣眼里穿过去；可能穿鞋子时，孩子因为鞋舌歪到一边而不知如何是好；可能穿袜子时，孩子纠结于收口处的缝线弄得小脚趾不舒服……

如果是森森，这时候我会以玩乐的方式来帮助他完成。例如，森森穿裤子失败了，我会跟他一起继续努力，说：“我看得出你很认真地在做，没关系，我们一起来吧！先把裤子的两个小山洞找出来，一只脚像小火车一样开动了，轰隆隆，穿进一个山洞中，咦，小火车头出来了。另一只脚也是小火车，慢慢开动了……”父母的积极心态是孩子坚持下去克服困难的动力，这样他们一般能消除沮丧，开心地继续努力。

如果孩子自己终于做到了，我便会鼓励说：“你穿得很整齐，进步实在太快了！”“我像你这么小的时候，都没你穿得好呢！”

平时我还会在森森面前假装穿衣服或脱衣服时遇到挫折，然后夸张地表演如何凭借努力一步一步成功地穿上去或脱下来。这样的行为告诉了孩子，妈妈跟他一样会遇到相似的难题，但只要我们不气馁，问题总会解决的。

3. 培养孩子的自主意识

●不将就

在某些情况下，我们根本不需要刻意将就，可以直接让孩子领会到磨蹭所造成的麻烦。

森森2岁多的时候，我准备跟他出门时，他或许会又跑到房间里玩玩具，或许临时跟我说“妈妈，我又不想去了”。我会再给他时间准备。但如果他还是不出门的话，我就会轻轻跟他说：“你不想跟妈妈出去了是吧？那我先走啦，拜拜。”然后我故意开门出去。儿子一意识到我要离开，便会大喊：“来啦！来啦！”同时，一个箭步冲出来拉着我走。

对于这个方法的运用，我发现身边的朋友比我狠心多了。

例如，我朋友的女儿上大班，老师布置了手工作业，但她女儿总是半途而废，于是我的朋友就不再催促，直接告诉她的女儿：“宝贝，我们该去睡觉了。”女儿第二天没有作品交，班上所有同学的手工作业都被老师赞赏，只有自己被“冷落”了。女儿直接感受到了磨蹭带来的后果，以后就知道要尽快完成作业。

又例如，有一次我和森森、我的朋友以及她3岁多的儿子一块在外面吃饭。她儿子吃得特别慢，我们都吃完了，小家伙还在心不在焉地舔舔这个菜，闻闻那碗汤。朋友问他还要不要吃，他说要吃，但是吃着吃着又发呆了。我朋友说：“你再不抓紧吃，这里就打烊了，服务员就把所有东西都收回去了。”但他仍然不好好吃饭，于是我们结账，让服务员把饭菜都收走了。

后来我听朋友说，回到家里她儿子就喊要吃饭，但她说还没到饭点，什么都不给他吃。到了晚上，不出所料，她儿子狼吞虎咽地吃起饭来，但是吃了一点又开始发呆。朋友问他要不要吃，他又说要吃，但也不好好吃，于是我朋友直接把饭菜都收走了。

朋友的“狠”与她儿子的“倔”对峙了两个多星期，之后孩子吃饭磨蹭的坏毛病随之改善了。

●时间累积

还有一种“时间累积”方法。孩子从起床到吃早餐，如果比上周的某一天（作为参照对象）节省了10分钟，那么妈妈就记录下来；从幼儿园回来后，吃晚饭比那一天节省了10分钟，妈妈也记录下来；睡前刷牙洗脸比那一天节省了5分钟，也记录下来。然后，孩子被记录下来节省了的25分钟时间，可以让孩子自主支配，他可以利用这些时间做自己喜欢的事，例如去游乐场，或者找好朋友玩，等等。

慢慢地，孩子就会意识到这些自由时间都是因为自己日常动作迅速，努力积累而来的。这种方法需要持之以恒才会有效果，而且需要妈妈慢慢为孩子讲解计算背后的原理和逻辑。

· Ⅲ · 只有人格才能唤醒人格

通过赞赏和帮助孩子，大大提升孩子的自信心和自尊心；通过摆脱自己对孩子的控制欲，给予孩子自由发展空间；通过厘清自己的需求和孩子的需求，修复或重建自己与孩子的关系。……无论哪种唤醒方法，要取得效果，必然靠父母自身的人格的提升来实现的。

记得有一天森森的幼儿园放学，许多同学在附近的面包店里买面包吃，我看到一位妈妈催促她的孩子：“快点挑选，要去上舞蹈课了。”孩子爸爸说：“你别急，让她慢慢挑。”这位妈妈瞥了一眼丈夫，生气地说：“这个慢，那个慢，你要孩子怎么适应现在的社会节奏啊?”说着，便不耐烦地把孩子手上的面包夹抢了过去，帮她挑选了一个肉松包放到盘子里直接去付款了。

我们不能以外因来催促孩子，例如超负荷的社会压力、不完善的教育体制、紧张的学位资源等。这种鞭策正在制造我们与孩子之间的矛盾，让孩子成为在压抑中生长的畸形植物和在包办代替下行动的木偶，踏上习惯被控制的道路。

只有父母才是孩子的摆渡人，一切唤醒源于我们的思维与做法。正如俄国教育家乌申斯基所说：“只有人格才能影响人格，只有人格才能形成人格。”

发现问题

孩子做事拖拖拉拉怎么办？

分析问题

催促的本质是不尊重，而唤醒才是以尊重孩子的感受、节奏为前提的。

解决问题

1. 顺应心理；2. 用“玩”代替“催”；3. 培养自主意识。

方法延伸

所有的唤醒，都是受人格的影响而来的，而并非受社会压力、教育体制的鞭策而来的。

4.“三岁看大”绝非“三岁定大”

·1· 在认同“三岁看大”的同时，我们却焦虑于“三岁定大”

我曾在博客上看到过一位妈妈与她敏感慢热的儿子的一段真实经历。

孩子从出生到1岁都特别爱哭，而且每次哭的音量足以让整栋楼的人都能听到。他不接受妈妈以外的人的碰触、拥抱，也不喜欢听到不熟悉的声音，更不喜欢光线强烈的地方。

孩子1岁多的时候不愿意戴帽子、围围兜、穿贴身的衣服、盖被子，平时很抵触味道略浓、颜色鲜艳的食物，也不尝试新的生活用品，甚至是玩具。晚上经常惊醒，一定要妈妈抱着走出封闭的房间并看到光线。如果在孩子重新睡着前进入房间，那就会迎来新的一场哭闹。

孩子2岁多的时候不向任何叔叔阿姨打招呼，不跟任何小朋友进行交流，甚至会慌张地刻意逃避。如果他发现妈妈不在身边，情况就更严重了。

孩子踏入了3岁，妈妈以为孩子会在这个人生重要的节点上有突破性的进展，但令人失望的是，孩子跟之前并没有什么两样。在幼儿园里，当其他孩子兴奋地玩集体游戏时，他怎么也不敢尝试去加入，自己在一旁独自玩耍；当其他孩子过来抢他的玩具时，他虽然很生气，但是不知道如何沟通，也不知道怎么要回来，只是无辜地站在一旁强忍眼泪；其他孩子回家会跟爸爸妈妈聊自己的小秘密，他却从来不多说一句话……

古语有云“三岁看大”，孩子3岁未能如正常人那般发展，处处比别人慢，妈妈对此焦虑万分，既对孩子现时的表现很失望，又对孩子的前途没有信心。但后来，妈妈已无力再去忧心了，逐渐把事情看淡了，只是尽量多地表示认同、支持和鼓励，不再夹杂任何埋怨和催促了。

孩子上小学了，在一年级第二学期竞选班干部时，孩子突然提出要上台竞选，妈妈也没太在意，认为孩子最多只是打打酱油，毕竟他从来都不是能融入集体的人。但出乎意料的是，孩子竟然竞选上了学习委员，而且是全班全票通过。妈妈喜出望外，有种“守得云开见月明”的感觉。

从这件事可以看出，当我们以为孩子乃至自己早就输了的时候，其实并没有真输。

一直以来，在现实生活中，不乏家长对“三岁看大”这一中国传统的智慧结晶的高度认同。它让我们明白孩子性格天生是相近的，但人生起步的三年接受不同的家庭教育，会有不一样的成长轨迹。如果父母引导得好，孩子长大后就会探索精神显著，性情活跃开朗；如果引导得不好，孩子长大后就会表现出诸多坏毛病，父母再想要纠正的话，难如登天。

其实，不仅仅是中国，外国的研究者也在不断利用真实的追踪案例来证明“三岁看大”的科学性。伦敦精神病学研究所教授卡斯比发布过一份报告，佐证3岁幼儿的言行预示了他们成年后的性格：当年被认为自信胆大的幼儿，成年后坚强勇敢；当年被认为自律克制的幼儿，成年后自律守规；当年被认为害羞沉默的幼儿，成年后漠然冷淡；当年被认为脾气烦躁的幼儿，成年后惶恐不安……其中，孩了的性格、智商、学习、身高都是与3岁之前的发展密切相关的，所以3岁前是人生的奠基阶段。

然而，现在逐渐浮出水面的问题正是由“三岁看大”衍生出来的：妈妈对“三岁看大”的信赖和拥护过犹不及了。尤其是在看待自己敏感慢热的孩子时，我们为孩子未能在3岁的节点上“达标”感到焦虑，害怕孩子掉进了“三岁定大”的困局中，个性就此定型而难以重塑。

除了上述的博客案例，平时我们也经常会听到许多父母纠结地问：“怎么办？孩子3岁前各方面都不理想，我还能改变他吗？难道他一生就这样了吗？”有些父母则突然要求接近3岁的孩子懂事、勇敢、行为规范，要不就对不起这个“一夜长大”的“3岁”，他们会不耐烦地说：“你都差不多3岁了，大孩子了，还那么胆小！”“这些事情都不能自理，你可是3岁的大哥哥了！”

虽然孩子3岁时的状态能在一定程度上反映其未来成长以及一生的状态，但并不是注定将来就会如此。比认同“三岁看大”更重要的是，要认识到它并没有绝对的普适性，尤其对敏感慢热的孩子。

对于孩子的“不达标”，我们首先需要理性地审视和反思孩子3岁前以及3岁时的生理、心理发展情况，给予他们机会和时间，让孩子成长、经历、沉淀，为展现出他们的后劲做准备，然后才去有技巧地、有针对性地解决问题。这样做，比起那些毫无意义的施压、悔疚、忧虑，更能影响孩子将来与全世界的关系。

· Ⅱ · 对孩子“明察暗访”

● “明察”是指正确地看待孩子的表现和行为，“暗访”则是指读懂孩子的潜力以及隐藏于其内心的一面

森森5个月~3岁时很害怕洗头，对游泳更加惊惧，而朋友2岁多的孩子已经能拿着浮板有模有样地学狗刨式了；森森1~3岁时见到外国人，例如满脸胡须的中东人、金发碧眼的白人、满头辫子的非洲人，他都会惊慌退缩，但很多同龄小朋友对外国人毫不畏惧，反而觉得很好奇，喜欢接近他们。

森森3岁时伶牙俐齿，见到人热情活跃，而我们楼下的同龄男孩还只能发出模糊的语音，一见到人便默不作声；森森两三岁时酷爱野外拉练，遇到高难度的挑战能奋勇当先，但我朋友的同龄儿子一进入野外就打退堂鼓了。

我好朋友的女儿，从9个月开始看到月亮就会哭，过了3岁也是如此；小区里面有个孩子，她从1岁起直到上幼儿园之后，一旦见到哥哥姐姐跑过来就会哭闹不止；很多孩子从1岁多开始就会有幽闭空间恐惧症，但有个别孩子到了3岁依然会排斥进入电梯、楼道或出租车等封闭式空间；我也听说有些孩子从6个月开始听到响亮的声音，像装修声、火车声、打雷声，就会很害怕，不断哭闹，直到3岁也是这样……

孩子敏感慢热的情况让许多家长感到非常不解和迷茫，因为跟身边“正常”的同龄孩子有偏差。

但是，当孩子到了六七岁，甚至更大一些时，我们再看看他们的表现，当年在3岁这个节点上的偏差已不复存在，也显得无意义了。

例如：森森4岁多时见到外国人不再惊慌了，5岁半开始学习游泳，游泳也成为他最出色的体育运动之一；楼下的男孩6岁时能说会道，在各种朗诵比赛中表现出色；朋友的同龄儿子在进入小学前已经爱上各种营地活动了；好友的女儿7岁那年不再怕月亮了；小区的那个孩子，在小学二年级后也能跟高年级的哥哥姐姐一起快乐地玩耍了；以前有幽闭空间恐惧症、害怕响亮声音的孩子，上了小学后也不再那么害怕了……

现时的科学报告告诉我们，孩子生长变化和规律具有一致性，但这个一致性并非时间和水平都一模一样，要具体到家庭状况、生活环境、身体因素、后天教育，等等。孩子不一定每项能力都能达到平均线，但这并不代表他们在“拖后腿”的那些方面缺失，或永远发展不起来，而是有些人在某方面发展得快，有些人发展得慢，有些人在某方面表现为“长板”，有些人表现为“短板”。其实随着日子慢慢推移，日后的结果是不会相差很大的。

这让我回想起一个现象。森森7个月会爬行的时候，我们几个妈妈经常相约，在户外铺块干净的垫子一起晒太阳。妈妈们都坐在那里，孩子们在跟前自由玩耍。如果在垫子的一个角落放着一个孩子们都没见过的玩具，孩子们就会对其产生兴趣，他们会琢磨是留在妈妈身边，还是大胆往前爬去玩新玩具。

有些勇气可嘉的孩子会疯狂地爬过去，一把抓住玩具；有些孩子则会花很长的时间考虑，比前者迟疑、紧张，最后在妈妈的陪伴或鼓励下接近新玩具。也就是说，无论他们的性格如何，始终都会接近那个充满诱惑力的玩具，只是所用的时间长短不同而已。

而且，**我总认为敏感慢热的孩子就像聪明的小乌龟。别以为他们胆小、适应力差、抑制欲望，其实他们的行为只是在保全自己，是大智若愚的表现。**

这种孩子可能不会“打头阵”“做先锋”，他们会花更长的时间和更多的精力去寻找自己的位置，但是他们很有可能会反超、逆袭。历史上很多科学家、哲学家、音乐家，他们小时候并非快人一步，而大多是“慢”儿童，被认为有问题、呆滞、不合群、寡言少语，甚至被学校劝退。

其实这些孩子就像一部部细致精确的侦察机，能很好地识别各种异常和动态。一旦情况有丝毫改变，他们便会洞幽察微，所以不被“目光远大”的成人所理解。如果父母能够做出客观评价，站在孩子的立场上，帮助“侦察机”顺畅自然地运行，孩子往往能超常发挥、大器可成；如果父母目光短浅地嫌弃孩子裹足不前，让孩子蒙上众多“冤假错案”，提前淘汰了“侦察机”，孩子便珠沉沧海，英雄无用武之地。

● “察”“访”是纵非横，看时间纵轴，非横向对比

孩子像我们成人一样，面对的是人外有人、天外有天的世界。人一辈子终究是自己与自己竞赛，当前与过往角力，眼光所落之处应是如何改善自我和进步，而并非看着其他跑道上的强悍选手徒生羡慕。

举个例子，刚才我说到森森对外国人很排斥。我跟他第一次上橄榄球课时，老师刚好是一个皮肤黝黑、头发卷曲、声音洪亮的南非人。其他同学都一哄而上，老师左拥右抱，但森森一直处于观察状态，没有离开过我。老师过来邀请他，森森唯恐避之不及，结果我们整节课都没有上。到第二次，我们也只是观察。老师走过来说话时，森森不怎么害怕了，但就是不应答。到第三次，我们依然没有上课，但森森能够跟老师沟通了。到第四节课，我们

依然没有上课……

我看到森森是有巨大进步的，那是把他前一阶段的表现和后续的表现做比较，而不是与其他爱上课的小朋友比较。也就是说，我们在看待孩子敏感慢热的问题时，只要察觉到孩子正在想办法去克服困难和挫折，保持积极向上的姿态，那就完全没问题了，其他因素不需纳入考虑范围。

再举个例子，森森的同学维尼，从小就是个天不怕地不怕的孩子。维尼有个妹妹，在森森就读的幼儿园读小班，从小极度敏感，3岁了依然不敢像维尼一样荡秋千，看到秋千就让其他小朋友玩，自己始终排在最后。维尼的妈妈不明白为什么小女儿与大女儿相差那么远，经常说小女儿比不上大女儿的话。

每天早上，幼儿园各班班主任都会安排自己班的孩子做晨间运动。每当我送森森回园时，就会看到小班区域那边维尼妹妹的身影。我看到她从一开始不接触秋千，到慢慢坐上去，虽然始终不敢摇晃，但这已经有相当大的进步了。

后来我把我观察到的一切告诉了维尼的妈妈，我说："我看到你的小女儿每天都在努力，进步还是很明显的，她有这样的心态就足够了。"我希望维尼的妈妈能平静地看待小女儿的"慢"，不要总拿大女儿来比较。

· Ⅲ · 寻找一剂主治"慢"的"解药"

在正确看待敏感慢热的孩子后，我们再用主治"慢"的"解药"来治愈。中药讲究泡、煎、熬，讲究火候和时间的掌控，而这也正是我们与孩子相通的密码。

我的一个同学，心地善良，但他很讨厌跟别人沟通。只要一有人说话，他就很不适应，所以他从来都不参加聚会或集体活动。他说他自小就是公认的敏感慢热型孩子，当年虽然满了3岁，家人也执意不让他上幼儿园，担心他不能适应喧哗的环境或遭受各种欺负。在家里，家人把焦虑和压力都施加在他身上，让他认同自身的“缺陷”，最终“成功”地把他塑造成家人终日担心的样子。

这个同学的案例，让我想起身边一些被人生硬定格为“大器难成”的人。他们经常会说：“这种事我总做得不好，以前就被妈妈说我大意，现在老改不了这毛病。”“我这么笨，能成功吗？我从小就这样子。”这些明显是被父母“潜移默化”出来的假象。

父母的削足适履只会把能成为参天大树的幼苗摧毁得日渐萎缩。反之，只要父母是积极乐观的，小树苗终有一天会长得挺拔茂盛。

像我这位同学，当他处于童年时，他的父母应该问问自己是否保护过度，是否限制了孩子的交往和探索。同时，父母需要投入更多时间陪伴他，一起振作起来，迎难而上。过程中尽管需要小心翼翼，但绝不能逃避。

对此类孩子，平时父母要尽量拓展他们的眼界，让他们尽量多地接触陌生人。当他们受到欺负时，父母不要让他们单独解决冲突问题。例如玩具被抢了，父母应鼓励他们大胆说话；当他们说出来了，立即给予肯定，然后和他们一起要回玩具；父母示范如何解决问题，清清楚楚地对抢玩具的人说：“这玩具他正在玩，应该他玩完后，你再问他拿去玩。”

在家里，父母可以跟孩子玩角色扮演游戏，轮流扮演售货员和顾客、医生和病人、老师和学生，等等，鼓励孩子望着对方的眼睛，把内心要说的话响亮地表达出来。相信在努力练习下，孩子会逐渐不害怕当众说话了。

当孩子害怕陌生人时，父母不要说“有什么好怕的？快勇敢起来！”这类逼迫的句子，要多抱抱、拍拍他，告诉他爸爸妈妈就在身边，安抚后让他再来一次。我们不要经常提及孩子害怕的人，千万不要说一些雪上加霜的话，像“××来了，你别怕哦”，这样会加深孩子的恐惧。我们可以先提醒孩子：“××下午来探望我们，她知道宝宝爱吃蛋糕，准备了一个小兔子蛋糕给你。你看，大家都爱着你呢。”让孩子有充分的心理准备。

其实敏感慢热的案例还有很多，解决这个问题真的需要耐心与针对性。

之前举办讲座时有个妈妈咨询我，她的儿子已经有一大段日子非常害怕看书了。儿童书籍中常有动物，只要书中出现动物，孩子都会哭闹着不要看，说他很害怕。

妈妈认为这与之前孩子去动物园的经历有关：那一次儿子去看鳄鱼，突然害怕得发抖，回到家后看到绘本里的动物就会变得很惊慌。妈妈觉得儿子太胆小，对外界事物太敏感。他就要满3岁上幼儿园了，幼儿园里肯定有很多动物卡片和绘本，她不知道怎么办才好。

孩子对外部世界产生独特的认知，跟我们的思维方式是大相径庭的，所以我们不理解为何他们面对一些不相干的事物会哭闹不止。但这并不是懦弱所导致的，而是因为每个孩子的心理承受能力存在巨大的个体差异，我们要明白“存在即合理”。

我们需要给予孩子充分的时间成长，尊重他们的特质和个性，不能勉强孩子，不能说些诸如“怕什么怕！大惊小怪的”这类批评强烈而又诱发孩子惧怕的话。然而，我们也不能只是等，应该多带孩子接触新鲜事物。孩子阅历增长了，对世界的认知扩宽了，心理承受能力和接纳程度自然就增强了。

像这个怕书的孩子，父母可以多带他去郊外或者植物园，在那里必然会遇到一些瓢虫、萤火虫、蚂蚁。这些小昆虫比之前让他受惊的大动物更容易被他接受，有利于他慢慢感受自然、动物与人类的连接，逐步解开心结。

有一次，在公众号的后台我收到一位妈妈的留言。她的儿子从几个月大开始就很怕黑，直到6岁也没有改善。晚上睡觉必须留夜灯，如果一片漆黑他就会大哭，有时突然停电了也会被吓到，在光线稍微暗一点的房间就会闹着要离开。妈妈不知道如何是好，怕孩子日后的生活受影响。

怕黑是自然的心理，不要说6岁以前的孩子，甚至有些更大的孩子也会有所抵触，这个跟年龄没太大关系。心理学家荣格曾经说过，怕黑可能源自人类自我保护的本能。

我们可以直接询问孩子，倾听他内心的声音，有针对性地解决问题。如果连他自己也搞不清楚原因，我们便循序渐进地帮助他。

平时，我们可以尝试留下一两个孩子喜欢的玩具来陪伴他克服恐惧；我们在黑暗的环境中跟孩子一起用手电筒“寻宝”和玩手影，不拘束于室内，一开始可以在晚上的户外进行；我们晚上跟孩子待在房间时，逐渐减弱屋子的光线；我们用克服困难、传递爱心的主题来编故事，给孩子讲故事的时候还可以穿插一些关于“光明使者”与“黑暗使者”的情节。

但我们千万不要用妖魔鬼怪来恐吓、威胁孩子，如：“你不听话，巫婆就来抓你了！”也不要让孩子观看过于暴力残忍的电影或动画片，例如一些恐龙互相撕咬，或者成人打斗至血流满脸的情景。因为孩子爱幻想，当他处在黑暗中时就会回忆起来并有如身临其境。

其实，孩子在3岁的节点时，甚至超过了3岁，表现得敏感慢热，真的不代表是个死局。我所理解的“三岁看大”，主要是从父母的角度出发的，即孩子从出生至3岁期间，父母的一言一行、期望值、生活标准等会内化为孩子的行为准则。这是一个要抓住的教育关键时期，能让孩子受惠一生，而并非一个孩子务必达到的铁打铜铸的硬性指标。

父母需要用“慢”的方法去成全自己与孩子，用赞赏的眼光去看待孩子的与众不同，因为在孩子身上，永远住着一个真实的自己和父母眼中的另一个自己。

最后，以黑幼龙在《慢养》中所说的话来结束这一节，我觉得这段话特别适合敏感慢热的孩子：

“每个孩子都是一朵花，只是一年四季开放的时间不同。当人家的花在春天开放时，你不要急，也许你家的花是在夏天开；如果到了秋天还没有开，你也不要着急跺他两脚，说不定你家的这棵是蜡梅，开得会更动人。真正的园丁不会在意花开的时间，他们知道每种花都有自己的特点，只是开花的早晚不同。铁树开花是人间奇观，一株幼苗，从栽培到开花需要十几年到几十年，而且花期长达一个月以上。这就是铁树不开花，开花惊艳四方，且绚丽无比。”

发现问题

孩子敏感慢热怎么办？孩子到了 3 岁也如此，会“三岁定大”吗？

分析问题

虽然“三岁”在一定程度上反映孩子未来成长的状态，但并不是注定将来就会如此。

解决问题

1. 读懂孩子的潜力以及隐藏于内心的一面；
2. 不与其他孩子做比较；
3. 用“慢”方法解决多种敏感慢热的问题。

5. 从脆弱到勇敢，差这一步

· I · 父亲的力量

2009年，在香港的将军澳，一辆双层巴士发生侧翻。车祸中最年幼的受伤者施正濠手被折断，脸上的肉被削去半边，伤处缝了100多针，但年仅8岁的他一滴眼泪都没流。为何孩子如此坚毅地做到了“男儿有泪不轻弹”，甚至胜于成年人？

答案在于他的爸爸。他的爸爸也在意外中受伤，下颚被扯掉一块肉，车祸中带伤救出被重创的妻儿。尽管不知道儿子是不是会因此而毁容，但他说：“做人最紧要的是乐观。”孩子完成手术醒来后，并没有叫疼，反而以一句“爸爸，我OK，No.1！没问题”来安慰爸爸。[①]

非凡的孩子身后肯定有个超群的爸爸。施正濠耳濡目染，爸爸乐观、坚毅的性格早已融入了他的骨子里、血脉里。当生活给他当头一棒时，惊人的成熟让他支撑了过来。**父爱是个海绵体，里面蕴含着极致的养分，让孩子的生命厚重丰盛，从而使他能与幸运相随，更能度过厄运。**

---

① 资料源于《王迪诗看世界》、中国新闻网、《香港文汇报》。

现在的教育大多以“母系”为主导。当母亲成为教育孩子的主力军时，我们往往会碰到一些类似的棘手问题，那就是改变不了孩子娇气懦弱、畏怯退缩的缺点。无计可施时，我们可以转换一下思维，思考孩子在教育上究竟差了什么。其实就是差了那些母亲难以赋予的气质——来自父亲的，由男性荷尔蒙诱发出来的勇敢、热血和坚韧。

在现实生活中，如果父亲坚毅果敢，那么遭遇变故时，孩子脑海里就会浮现出父亲的身影，就有力量把生活的磨难都扛过去。而对孩子的脆弱，如果父亲能用他的方法潜心熏陶，那么孩子重获勇气和力量的概率是相当大的。

· Ⅱ · 父亲更富有运动、竞技的精神

森森6个月时，当我还在犹豫要不要带他游泳时，他爸爸早已二话不说带他到婴儿游泳馆游泳了。见森森激动地在水里划拨，他爸爸并没有像我那样紧张兮兮地要把他抱起来，而是在一旁推动水波轻柔地爱抚森森的身体，哼着歌、摇响摇铃让森森坚持下去。结果森森听话地漂浮在水面上或四肢划动，整个过程持续了20分钟。

森森11个月时，已能够连续走五六步。在他摔跤哭泣的时候，家人会有诸多说法，或者急切地扶起他。而他爸爸不会这样做，因为他知道森森哭泣并不是因为疼痛不适，而是因为挫败感。他会鼓励森森：“再来一次。”然后站在原地伸开双臂让森森走到怀里。

从森森1岁半开始，每个假期，即使我们一家三口日程满满的，他爸爸也会抽出时间带森森到澳门卡丁车国际赛场去，让森森感受大型比赛的速度与激情。从森森2岁半开始，他爸爸就训练他开儿童赛车。在3岁半时，森森已能够在狭窄的赛道上毫无畏惧地连续避让4辆奔驰的赛车。

森森从2岁半开始就跟着爸爸学打拳、跳街舞、健身。无论在家里、公园里，还是在旅途中，父子都会“切磋”。森森熟悉了架势、步法之后，开始

爱在众人面前表演。即使到了陌生的地方，他也能找到属于自己的舞台，大大方方地展示身手。当观众们表示赞赏时，他就更加洋洋得意、信心百倍了。

我还认识一个凭借运动改变孩子脆弱性格的爸爸。那位爸爸一家住在广州，儿子从小由老人带。因为孩子妈妈工作调岗，两三周才能回家一次，孩子爸爸在外地做生意，所以孩子与父母见面的时间不多。孩子3岁入读幼儿园时，怎么都不能适应，哪怕已经入园挺久了，孩子还是终日一句话都不说，只是在角落里低下头发呆。一家人心急如焚，于是那位爸爸把生意暂停了，回到广州帮孩子退了幼儿园，打算带孩子远足，希望孩子在路上能找到自己真正喜爱的东西。

在出发前，那位爸爸发现了一个现象：每当他们在家附近的广场闲逛时，孩子都会对那些奔驰的轮滑队伍特别感兴趣，能够盯上一个小时也不离开。那位爸爸果断决定让孩子尝试轮滑。孩子又好奇又谨慎地第一次穿上轮滑鞋，在爸爸的帮扶之下怯怯地迈出了第一步，体验了第一次跌倒，第一次爬起来蹒跚着行走……

爸爸为他请了教练。四个月以后，孩子从对轮滑的又爱又怕，到逐一掌握技术后变得越来越自信，爸爸从孩子的脸上看到了从来没有过的笑容。这项运动使孩子拥有了属于自己的世界，让他的身体和精神都成长了不少。

他们的旅行计划仍然继续。爸爸带上孩子，孩子带上心爱的轮滑鞋，从广州出发到武汉、西安、大连、吉林……在古琴台旁玩耍时，孩子拿出轮滑鞋告诉当地小朋友这是他的翅膀；在大雁塔北广场上，孩子教小朋友们玩轮滑的正确姿势；在西山湖旁，孩子与一群轮滑队比赛，看谁先到终点；在松花江寒冷的日子里，孩子感冒了在酒店休息时，也不忘穿着轮滑鞋在地板上溜达……

一年后他们回到广州参加轮滑比赛时，我们相遇了，孩子大方的表现让我难以相信这是那位爸爸口中所说的曾经性格脆弱的孩子。这样的改变，除了因为那位爸爸的爱和执着，还要归功于他当初尝试用运动拯救孩子的决定。

其实不仅上述运动项目，还有更多的运动可以让孩子在参与的过程中增强四肢的力量，促进身心发育、性格养成，进而塑造大胆探索、积极挑战的品质。在运动中遇到困难，如果孩子能克服恐惧感，那么他就能体验到前所未有的成就感。心理学家说过：“这类直接而强烈的成功体验，能对孩子产生极大的鼓舞和激励，大大提升孩子的自信心。”

父亲带领孩子运动还是一种鲜活的体验，它能让孩子从实践中明白运动的精髓——**运动不一定是竞技场上的争胜好强，不一定要追求矫健的步伐或美丽的身体曲线，更多的是通过自身的努力，培养出勇往直前的精神。**

· Ⅲ · 父亲更有灵活的教育思维

森森爸爸从森森4个月开始就跟他玩“躲猫猫”。先是爸爸躲。当爸爸捂住自己的脸时，森森真的以为爸爸不见了，显得有些焦急；但当森森爸爸把手放下时，森森看到爸爸又回来了，就开心得不得了。森森7个月时，爸爸捂住脸，森森已经知道爸爸没有不见，只是在手的后面，他会用力把爸爸的手拽下来，最终看到爸爸。森森1岁时，爸爸换为让森森自己躲起来。森森从不担心爸爸找不着他，如果爸爸时间控制得好，找到森森时，森森会笑翻天。

聪明的森森爸爸其实是在利用“躲猫猫”来提高森森对抗恐慌和焦灼的能力，让他勇敢坚强起来。而且对孩子来说，每一次躲的过程都是全新的发现之旅。

在外面我也见过如此用心用脑去“玩”的爸爸。

我曾在公园里看到一个3岁多的孩子雄赳赳、气昂昂地领着外婆到攀爬区域，满怀自信地喊：“外婆，我要上珠穆朗玛峰打雪豹啦！”说着，孩子飞快地爬上高高的绳索梯道：“我可是爸爸的登山教练呢！”此时，周围比他大的小孩都没有他那股“登峰”的勇气。在外婆担忧的目光下，他不一会就登上了最高的塔屋。

我似乎看明白了，原来这“珠穆朗玛峰”是孩子曾经扮演教练，与爸爸一起成就“壮举”的地方。孩子的爸爸是用有趣的“登峰”“打猎”来调动孩子的积极性和亢奋情绪。虽然他爸爸当时不在身边，但可以看出，爸爸学习过相关的心理游戏知识，并把阳刚果敢的性格灌输给了孩子。

我的丈夫和这位爸爸的做法其实就是一个**游戏化的过程**（正如简·麦戈尼格尔在《游戏改变世界：游戏化如何让现实变得更美好》中提到的“游戏化作为一种思维方式，它优化了生活中的工作、任务和学习”），吸引孩子参与到行动中去，通过循循善诱的技巧来促使孩子勇敢地排除万难、突破自我、力争胜利。

对于这些能灵活地、有技巧地跟孩子相处的爸爸，我最记忆犹新的是一位在读书会上认识的爸爸，他分享了自己独树一帜的育儿方法。看了田沁鑫执导的舞台剧《大家都有病》，这位爸爸有了灵感，他分析家庭角色的心理，深入分析从小就性格脆弱的儿子。

有趣的是，爸爸并不是直接“治疗”孩子，而是先对妻子进行“调理”。

这位爸爸发觉孩子的胆小与妻子的胆小如出一辙。例如，他俩看到小老鼠窜出来都会惊恐万分，看到沸腾的热水都会哇哇大叫，别人稍有碰撞他俩都会急忙躲避，进入微暗的地方他俩都会害怕、担心。爸爸觉得妻子对孩子影响最大，是她把“病”传染给了孩子。

我们一般认为：女性比男性脆弱，遇到事情女性害怕的概率总比男性大得多。这纯粹是一种片面观点，因为在现实中，女性表现得懦弱是被社会的共识催生出来的。

从一开始，我们就不喜欢男孩子哭和胆小，向他们不停地灌输“男儿膝下有黄金”“以保护女孩为己任”的观念，他们被统一“制造”成努力去掩盖惊慌和焦灼的人。而女孩子，她们自小就没有接受过“女儿有泪不轻弹”的引导，巾帼英雄从来都被特殊化而加以赞颂，并成为并不普遍的标志，而且她们能光明正大地说出自己的害怕，社会尤其是男性也会积极去怜惜和保护她们。这一切就催生了男孩子认为女孩子胆小，女孩子也认为自己胆小的错觉。

爸爸有了这个理性的认知基础之后，不断鼓励妻子，让妻子直面所有胆怯的心理和行为，告诉妻子她的本质并非如此，让她明白自己其实与男性并没有两样，希望妻子把顽强无畏、从容淡定的一面尽量展现出来。爸爸也尽量抽出更多时间，陪伴妻子和孩子，一起去不曾去过的地方，探索没有走过的路线，让未知的惊险融入每次旅行中。

其间，爸爸总是拉着妻子的手共同克服恐惧，引导妻子做一些她以前害怕做的事情，让孩子清清楚楚地看到、感受到妈妈的改变。把孩子模仿学习的对象修正好，问题就不难解决了。

这位充满智慧的爸爸颠覆了传统的育儿方法，也直接提升了孩子的勇敢指数。

· Ⅳ · 真的存在父亲缺位问题吗

像我上面所提到的对孩子尽职尽责又肯花心思的爸爸，其实很多妈妈都会羡慕不已。我经常听到身边的妈妈说："如果我老公像 ×× 老公那么会带孩子就好了，我就不用那么累。""×× 命真好，她的老公带孩子比她还强。"

但我总认为，在一定程度上是这些妈妈作茧自缚了，因为她们经常会在不经意间把丈夫排斥在外。为什么我这样说呢？

我举个很简单的例子说明一下。现在的妈妈不是经常追求"事业与家庭平衡"（我在《母亲的自我感需要拯救》里具体阐述了这是一种谬论）吗？但 99% 的妈妈把这个"平衡"狭隘地理解为"事业与孩子平衡"，根本没有意识到"事业与丈夫平衡"。可见，我们在潜意识里早已经把生活中的系列事件改造为自己与孩子的二人世界了。

我再举个例子。妈妈在爸爸带孩子时总不能放轻松，自视为"育儿领导"，认为爸爸是"猪队友"。妈妈介意爸爸冲奶时摇得不够均匀、孩子哭闹时爸爸的态度过于强硬、玩游戏时父子太疯癫又不讲卫生、孩子睡觉时爸爸忘记帮他盖好被子……在看不过眼之后，妈妈不由自主地又亲自上阵了，爸爸不知不觉地退了下去了。就是说，妈妈在潜意识的推动下，在爸爸与孩子之间画上了一条“三八线”。

久而久之，上述的这些潜意识行为多了，就会逐渐变成显性事件了——孩子成了妈妈的跟屁虫，除了妈妈，就不喜欢与其他人接触，包括爸爸。而这些只会跟着妈妈走的孩子，心理学家认为他们将来更难与爸爸、与他人建立关系，而且常被强大的自卑感包围。

可见，从来都不是爸爸先带孩子，妈妈后放手；而是妈妈先放手，爸爸自然就能带孩子了。

妈妈让位是爸爸不缺位的重要前提，我们不能总把希望放在自己幻想出来的完美父亲身上，从而打心底地去屏蔽自己的爱人。与其说孩子没有从对妈妈的依恋中走出来，没有完成与妈妈的亲密分离，倒不如说是妈妈没有从对孩子的依恋中走出来，没有完成与孩子的亲密分离。

所以，我们往往会发现一个有趣的现象：二孩爸爸的参与度比一孩爸爸要高很多。难道是二孩爸爸开窍了吗？不是的，而是妈妈根本忙不过来，留下空间给爸爸，“无心插柳柳成荫”了。

总而言之，一个父亲的世界就是一本奇妙的书。他把轻狂的理想、惊喜的生活、无畏的行为描绘得有声有色，每字每句都让孩子行走于独立的轨迹上。这条轨迹可能与母亲的方向偏离，但更能让教育直抵孩子内心。

发现问题

孩子畏怯懦弱怎么办?

解决问题

来自父亲的教育：1. 运动、竞技的精神让孩子更大胆地探索；2. 灵活的教育思维让孩子更有突破自我的勇气。

方法延伸

从来不是爸爸先带孩子，妈妈后放手；而是妈妈先放手，爸爸自然就能带孩子了。

6. 放手有度

·1· 度在哪里

●场景一

森森2岁时上早教艺术课，他会用笔头“砰砰”地使劲蘸颜料，又用笔的另一头往纸上用力点缀，仿佛要把画纸戳穿。他把颜料涂到自己脸上、头发上、脚丫上，然后倒立把脚印印到墙纸上，疯狂地画他所想到的。活动翻天覆地，看上去毫无逻辑。

然而，很多家长看不惯自己的孩子手脚都沾满颜料。他们既害怕这样不卫生，又担心孩子一不小心将颜料吃进嘴里，便不停地唠叨：“擦擦这里，太脏了。”“你看，脖子都是颜料了，要小心。”有些家长还会做出“理性”的指点，说：“树叶是绿色的，为什么你涂蓝色呢?”“鱼在水里游，怎么能画到天空中呢?”“蜡烛在蛋糕的上面，没有人画在底部的。”

●场景二

森森3岁时上插花课，他完全按自己意愿胡乱地插。虽然水都洒到桌子上，“可利鲜”也跑光光了，但他自信满满地认为自己正在创作一只世界上最可爱的小兔子。

然而，很多家长纠结于孩子不能把花茎底部剪成45度角，困惑于孩子选取同一颜色的鲜花而不补色，心疼那些在孩子不当操作下掉落的无辜花瓣。家长纠正无效后，索性掠夺孩子的创作权包办代替，最后交上“完美”的作品。

上面的两个场景都包含了放手与不放手的行为。我们会发现，有些家长不愿放手，或爱把“不放手”归咎于“孩子不可以”或“孩子不行”，用“孩子不可以”或“孩子不行”来做挡箭牌和下台阶梯。

对孩子不放手，实质上是一种奴役。正如蒙台梭利所说：“奴役和依赖的危险，不仅在于白白浪费生命，导致软弱无能，而且在正常人的个性发展中，也明显地表现出令人遗憾的堕落和退化。”

但是在现实中，究竟孩子怎样时我们可以放手，怎样时不能放手，两者之间的度在哪里？似乎很多人还没有搞明白。

我的一位好朋友，她儿子2岁多的时候看到家人倒水到茶杯里，他也很想自己试一试，于是拿了好几个一次性纸杯出来，把水倒进一只杯子后又倒进另一只杯子里。但是在倒水的过程中，有部分水洒出来了，盛着水的杯子也倒了。朋友并没有阻止，她让孩子自己想办法解决。可惜朋友的家人看到了，立刻上前唠叨孩子浪费纸杯不环保，还把桌面搞得湿漉漉的。

这件事成了导火线，引来了朋友的家人对朋友的“投诉”，说她平时对孩子太溺爱了，对孩子太放手了。朋友很郁闷，当晚找我诉苦，问我她是否真的如她家人所说的太溺爱孩子，没限制孩子的行为。

我们经常说这一代孩子很幸福，其实不然，虽然他们的物质条件上去了，却是缺失的一代，因为他们受到的关注实在是太多太多了。现在但凡与孩子有关，无论是举足轻重的大事，还是鸡毛蒜皮的小事，都会被大家看在眼里，放在心里。这种上纲上线不仅让妈妈不知进退，更危及孩子的成长。

其实，孩子并没有做错什么事情，这只是一种很正常的探索行为。朋友的放手是一种恰到好处、客观公正的爱，不仅给予孩子正面的力量，而且充分尊重孩子的自由，让他独立体验，这是件多么美好的事情。

朋友的行为被她的家人说成是溺爱，只是因为她的家人被过多的规则、教养绑住了手脚，没有正视孩子的精神与灵魂。试问拖拖地、擦擦桌子、少几个一次性纸杯，比孩子的自主发展更重要吗？

如果朋友对孩子不放手，阻挠他说：“水都被你洒下来了，我来我来，你别弄湿啦！”那才是名副其实的溺爱。

放手，其实是有规可循的。

放手的本质是爱，它是让生命璀璨的灵药。只要没有危及自身安全、他人安全、社会安全这三个领域，我们大可以袖手旁观。这时的放手与溺爱没有任何关系。

在没有危及自身安全、他人安全、社会安全这三个领域的基础上，不放手的本质就是溺爱。像特殊对待、轻易满足、包办代替、大惊小怪、担忧焦虑，等等，这些不是孩子的真实需求，而是我们把渴求得到爱的情感嫁接到孩子身上而已。不放手是爱的障碍，也是一种错误。

但现在很多家长连放手与不放手、爱与溺爱的区别都还没有搞明白，就担心放手与爱会变为溺爱了。

在国外，许多父母对孩子在家里墙壁上胡乱涂鸦毫无怨言，甚至自己充当“人肉娃娃”给孩子“戏弄”；许多父母准许孩子在寒冷的冬天里光着身子、脚丫满地奔跑，嘻嘻哈哈地玩玩这、玩玩那；还有父母支持孩子的奇思妙想，让孩子到狗窝里蜷曲着身体跟宠物狗一起睡觉……

这些情况在国内貌似不多见。我们会发现外国的孩子并没有因此而变得骄横跋扈、无理取闹，因为这些放手是爱，而不是溺爱，所以，我们没必要给“放手”加上包袱，处处担忧是否过于惯着孩子。自己负重飞行，孩子更不能远行。

·Ⅱ·度也需结合实际

遵从上面的规则，我们就可以明确这个度了：

例如孩子3岁，如果他有胆量从1米高的地方跳下来，一般情况下家长不需要喊停；但如果他从1.6米高的地方跳下来，下面是硬硬的水泥地，那我们就需要上前阻止了，因为这很可能带来严重伤害，危及孩子的生命安全。

如果孩子们为了争夺玩具而毫不退让，用吼叫来震慑对方，我们可以不理会；但如果有一方开始使用暴力，双方纠缠撕扯打架，那我们就要马上制止，因为这样会危及自身和他人的生命安全。

又例如，孩子们都很喜欢用气球装着水来玩，我们无须理会；但是如果孩子把装了水的气球扔向楼下，我们就要及时劝阻，因为这样可能会危及下面行人的人身安全。

看到这里，好像这个问题已经解答完毕了。

然而，在实际操作中，却没有那么简单。

如果需要精确地拿捏放手与不放手的度，我们还必须非常熟悉孩子的性格、脾气、能力、智力发展水平等情况，以及考虑家庭环境、外部因素。

森森1岁半时，我让他自己把温水注入洗澡盆里，然后跳进去洗。当时家人反对，生怕孩子注水时被烫到。若问我不怕他自己注水危险吗，我怕，但我还是选择放手，因为我觉得以森森当时的智力发展程度足以应付这件事，而且平时他曾多次观察整个注水过程。轮到他操作时，我会事先把水温调好，远远地看着他。

森森1岁半时，我让他打扫房间，包括碎玻璃。当时家人反对，生怕孩子一不小心就割伤手指头。若问我不担心他打扫玻璃时被割伤吗，我担心，但我还是选择放手，因为我认为森森当时已经有能力避免意外的发生。万一他的手指被割破了，那我也愿赌服输，孩子最多哭一下，我再帮他挤血包扎就是了。这些怎么都抵不过对他动手能力的培养。而且我会事先提醒他碎玻璃是危险的，会割破手指，不要拿起来。

森森2岁多时，他吃鱼，我没有再为他挑鱼刺，而是任由他自己边吃鱼边吐刺，家人的心都提到了嗓子眼……若问我，不怕让一个年仅2岁多的孩子自己吃带刺的鱼被卡住喉咙吗，新闻报道了很多孩子被刺卡住喉咙的案例，我当然也怕，但我认为森森是有能力躲过危险的。

因为我已经仔细观察孩子一段时间了，森森吃鱼特别认真细致、小心翼翼。我跟他约定吃饭的时候不能说话，他做得到，也从不马虎。我的那些行为看上去有悖常理、高度危险。确实，我敢放手，前提当然是我对森森日常自理能力和行为动作有着长期的观察和思考，从而做出判断的。

上述做法仅针对森森。像我丈夫同事的孩子，她从小就很害怕烟雾，一旦见到避之唯恐不及，如果让她像森森那样到浴室自己注水洗澡，那是相当危险的事情。像我们小区里的一个孩子，他妈妈从他很小的时候就把食物做得很精细，孩子没有得到咀嚼锻炼，到2岁多时一旦遇到大、硬、粗的食物，像苹果、雪梨、番石榴这些，吃了就反胃吐出来，特别敏感。像这种咀嚼能力有待提高的孩子，就不能像上面我所说的给他吃带刺的鱼了。

我再举个例子。孩子们通常1岁左右就能自己吃饭了，他们会用手直接抓米饭，用勺子挑、泼菜汤，最终满头满脸、上衣裤子上都是食物残渣。这个过程很考验父母。

众所周知，放手有利于孩子的探索体验，提高模仿能力和自理能力，但实际上大多数父母会很矛盾：我哪有时间帮他洗澡和搞卫生呢？家里哪有这么好的经济条件来让孩子浪费珍贵的食物呢？……

如果父母徘徊于放手与不放手之间，我这里有些方法：饭前可以备几把勺子，大人一把，孩子一把，其他的备用。妈妈把饭菜做好了，盛少许出来，先让宝宝用勺子自己吃，妈妈过后再喂，喂的时候孩子也可以自己吃。

这样，孩子既能从妈妈那里吃到饭，又能满足自己动手的发展需求，还能减少食物掉到桌子上、地上的概率。当然，在这个过程中肯定还是会有食物浪费的，那么这时放手与不放手之间的度，就需要妈妈根据自家的情况来把握了。

又如很普遍的孩子模仿吐痰的问题，究竟管还是不管，需要我们有针对性地分析和解决。

森森2岁时就出现过这种行为，我判断他肯定是在外面看到别人吐痰而觉得好玩，想亲身体验一下，而并非什么不礼貌、不道德的行径，所以他每次吐痰我都不管，不吭一声。不出所料，一周过后他就不再吐了。

我一位朋友的女儿有一段时间也频繁地吐痰，朋友知道这必定是女儿的小闺蜜教的，于是“半放手”处理。她并没有批评和禁止孩子吐痰，而是让她每次吐的时候多吐几口，说：“你把今天要吐的痰一次都吐了，等会儿不要再吐了。”女儿按照妈妈的意思做了，每次都一直吐，吐到不舒服为止。几天之后，她便不再吐了。

我还有一个朋友，她的儿子喜欢上了吐痰，朋友发现原来是家里的保姆习惯每天早上起床吐痰，儿子看到了感到很有趣。朋友找出了症结后，决定不能坐视不理，她让保姆吐痰时要刻意避开孩子。保姆后来注意了，朋友又买了几本礼仪绘本读给孩子听，孩子便逐渐不再吐痰了。

· Ⅲ · 有度放手，种子才能生根发芽成大树

上面说了如何有度放手，但是我们并不清楚这样做究竟能够为我们带来什么。下面，我举两个例子，大家就会明白了。

我一位朋友家里的老大和老二平常总唱对头戏。如果哥哥说：“你让开！我要拿东西。”妹妹便会回答：“不！不让。”如果妹妹说：“我要把杯子里的脏水倒掉。”哥哥便会说：“不！不给倒。”

这一切朋友都看在眼里，但她从来不干涉、不规劝，由他们自行解决。日子长了，她发现那些看似让家长束手无策的对立竟然成了孩子共同探讨问

题的基石。

兄妹俩慢慢学会分享观点、商量讨论、瓜分“利益”，最后达成协议。有一次，妹妹问：“我想借你的迷宫玩，可以吗？”哥哥斩钉截铁地说：“不行！”妹妹便拿自己所有的玩具跟他交换，但哥哥还是不肯换。妹妹好像意识到这些旧玩具并不能打动哥哥，于是她拿出了当天在幼儿园里新交换回来的玩具。不出所料，哥哥真的对新玩具感兴趣，愿意交换了。

这种脱离了妈妈的帮助并通过自身努力达成的沟通协调，日后还会发展成和睦的合作，最后更有可能达到不谋而合的境界。

我曾经在“爱和自由”的公众号上看过一个真实故事，那位爸爸的做法引来了众多家长的点赞：一个不能很好表达、有暴力倾向的患有自闭症的4岁小孩，要拿大菜刀切菜。当全家人都不允许时，爸爸权衡之后，还是放手让孩子体验，满足他的好奇心。结果孩子在拿着菜刀切菜时并没有情绪失控。这时爸爸才明白，被充分满足并得到信任的孩子情绪是不会无端爆发的，反而能够心无旁骛地做事。这次的放手，对孩子和自己来说是一次巨大的进步。

一个自闭症儿童的父母都能如此心大地让孩子做冒险的事情，更何况拥有正常孩子的我们？当我们处变不惊地放手时，孩子强大的小宇宙定会被全面激发。

可见，孩子如同一粒树种，如果它没有离开大树，那么它永远不能植根于泥土，更加不会像父母一样长成一棵大树，它无论怎样都只是一颗种子而已。

我们在日常生活的各个方面对孩子有度放手，孩子才能积累独立的要素，日后拥有面对世界和承受艰苦的能力，和谐有序地融入环境。这正如蒙台梭利最著名的诠释“放手”的名言：“我听过了，我就忘了；我看见了，我就记得了；我做过了，我就理解了。”

发现问题

如何对孩子有度放手？

解决问题

1. 放手的本质是爱，只要没有涉及自身安全、他人安全、社会安全，我们大可以袖手旁观。

2. 还需要结合孩子的具体情况、家庭环境，以及外部因素。

7. 孩子生病，对症下药就行了吗？

·1· 积极情绪才是正确的药方

我的老同事是安徽人，他把2岁的孩子从老家带来广州生活之后，孩子经常生病，全家都为这件事担忧。老同事认为广州的水土是罪魁祸首，于是带着孩子搬到肇庆七星岩景区旁的别墅住了下来。神奇的是，孩子很少发病了，老同事把那边的高质量环境视为大救星。

等孩子长大了点，全家又搬回了广州，但孩子的病又频繁起来；他们再次搬到肇庆，孩子的病又被降服了。之后，老同事又抱着侥幸的心理搬回广州，可惜事与愿违。老同事下定决心，近几年让孩子待在肇庆。

难道广州的水土真的是幕后杀手吗？

在广州，孩子一旦身体稍有不适，老同事便疑神疑鬼地拉他去医院；孩子一旦想到户外跑跑，家里的老人就紧张兮兮，严令禁止；孩子一旦吃了点垃圾食品，全家人就如临大敌，杯弓蛇影。

在肇庆，即使孩子生病了，老同事也一边喂药一边欢声笑语地带他晒太阳、上山、游湖；如果孩子想到户外活动，家里的老人便索性跟着他一起沿着星湖放松地锻炼起来；如果孩子吃了垃圾食品，全家人都视而不见，只是让他多喝点山泉水。

很明显，幕后杀手并非广州的水土问题，而是家人的心理以及随之而来的处理方式。

钟南山说："生病的一半问题都出在心理上。"的确，健康的一半就是心理健康，疾病的一半就是心理疾病。曾有专家估计，至少40%的内科病人有情绪问题或心理问题，即使躯体貌似有疾病，也是由消极情绪引起的，一旦情绪转好，就相当容易治愈，甚至不药而愈。

像这个案例一样，孩子生病时，大多数家长只把心思放在研究哪家医院好、哪个医生优秀、吃什么药、打什么针上，却忽略了自己和孩子的心理和情绪。我们毫不掩饰地在他们面前表现出对病情的烦躁紧张、嫌弃厌恶。

我也多次听到身边的妈妈抱怨："孩子身体总好不起来，我都被烦透了。""我已经为孩子的病请假大半个月了，怎么他还不好呀？""孩子真多病，最怕的就是每次他病了全家也跟着病。"这些都会直接影响孩子的康复。

不局限于对症下药，还得加上精神抚慰，双管齐下才是真正的"救命良药"。

我们的积极情绪就是一股清流，仿佛告诉孩子："生病是件很正常的事情，你很快就会康复的。"孩子在乐观的氛围中与疾病顽强斗争，如果以后再次生病，他会更加无畏、坦然。

我们的消极情绪就是一股泥石流，仿佛告诉孩子："生病了不仅你自己难受，你的家人更加难受。你要尽快好起来，要不然，你，甚至一家人，什么都做不了。"孩子在悲观的氛围中屈服于疾病，如果以后再次生病，他会更加恐惧、内疚。

所以，我们要做的就是把"心理"放在与"身体"平等的位置上，甚至可以把心中的天平稍微向"心理"倾斜。

· Ⅱ · 积极情绪源于哪里？

在育儿过程中，当孩子生病时，要发掘他们内心积极情绪的源泉，靠的是家长努力摸索出的适合孩子的道路，以及掌握的让各种育儿细节变得流畅的能力。

●家长的努力

我朋友的女儿是个早产儿，6岁之前身体多病，有时候咳嗽连续半年也治不好，即使治好了也会反复发病。朋友总跟我抱怨她的女儿从小就体弱多病，不像那些体质强的孩子，准是早产惹的祸。

我以前的一位同事，他的儿子在整个幼儿园期间经常生病，有时还要住院。为此他很苦恼，经常诉苦："我儿子的体质太差了，现在唯有等他上小学，到时自然就好了。"

有些父母就像煮在温水里的青蛙，他们宁愿把孩子的病归责于"天生如此""体质不好""长大慢慢就会好"，以这些来麻痹自我，也不尽心尽力去帮助孩子渡过难关；同时，他们又埋怨孩子生病所带来的麻烦。这些消极心理混合在一起，成为孩子身体与精神的负担。

养育是漫长的耕耘，孩子的体质并非在妈妈肚子里决定的，所有体格优良的孩子背后，肯定站着一个特别用心用力的妈妈。她们可能长期靠优化饮食、督促锻炼、提炼经验等方法，坚持摸索帮助孩子提高免疫力的道路，把对所谓不可抗力因素的埋怨直接转换成锲而不舍的行动力。正是妈妈一天天的努力，开启了孩子的健康大门。

森森体质好，平时没有什么病痛，是有原因的：我母乳喂了一年多，不仅自己饱尝艰辛，更获得了家人齐心协力的配合和努力。这一切打下了儿子身体强健的根基。

另外，因为我非常了解森森的身体状况，平时我对他的发病征兆特别敏感，例如狂打喷嚏、烦躁哭闹、难以入睡、入睡时带点咳嗽，等等。一有这些情况我就马上煎些中药给他喝，并且用热水给他洗身洗脚，炒中药敷穴位。只要介入得早，就能很好地抑制他的病情，即使发病了，也会很快康复。

我丈夫的一位同事，他的孩子每天都无拘无束地吃巧克力、煎炸食物，但从来不像其他小孩那样容易上火、感冒发烧；孩子在秋冬季节穿得又薄又少，但不会因此而生病。后来我才知道，原来这个孩子从出生到3岁半，他妈妈不顾家人反对，无论什么季节，每天都风雨无阻地带孩子去游泳。孩子的强健体魄跟妈妈的坚持和努力是成正比的。

我的一位朋友是美食达人，她相信科学喂养是孩子身体健康的王道。她自身母乳不够，于是努力研读相关书籍、上产后喂养课、观察和分析孩子的饮食规律，最后挑选出适合自己孩子健康成长的奶粉用以替代。孩子6个月以后，她每天亲自到超市选取最好的食材，用最能保留食物营养的方法，做色香味俱全的辅食给孩子。如果孩子不想吃，她就开动脑筋变换花式来吸引他。所以她的孩子身体一直都很棒，2岁多上幼儿园也不怎么生病。她还把对喂养的独到见解放在社交平台上，获得了不少粉丝。

我在一次讲座上听到一位妈妈分享的育儿故事。她说她的女儿小时候很多病，但她怎么也想不明白为什么。后来有一阵因为工作繁忙，她把女儿放到老家让长辈们照顾。在那里，女儿天天在庄稼地里抓小昆虫，玩得满身脏兮兮的，但出乎意料的是，那段时间孩子几乎没有生过病。她反思是否自己平时带孩子太过于讲究卫生，以致女儿的身体对外界毫无抵御能力。后来她接女儿回到身边，一改以往作风，克服自己内心对洁癖的执着，女儿的确比之前健康多了。

这些孜孜不倦的妈妈，在实践中摸索出适合孩子的道路，滋养了自己的积极情绪，从而让孩子也拥有了对付病痛的能量。

●细节的流畅

我们平时对孩子生病的急有万种姿态——会冲着孩子吼："怎么又生病了，

肯定是你光着脚走来走去。我说了多少次，不可以不穿鞋子！”“我要花多少金钱和时间带你看医生呀！”跟孩子急完后，又轮到我们对自己急：“都是我不好，昨天没有及时给孩子吃药。”“如果昨天请假陪伴孩子，现在病情就不会那么严重了。”

急急急，究竟从何而来，真的仅仅是出于对孩子病情的担忧吗？事实并非如此，其中很大一部分源于我们自身对照顾生病孩子的恐惧，而这种恐惧一般源于我们的固有经验以及外界压力。

曾经有一段时间我对孩子生病很烦躁，因为森森病了，我也会跟着病，然后由我再传染给他，这种恶性循环把我的时间和精力完全消耗掉了。我一直以来边带孩子边为多家报社写专栏，这样的话工作便会随之耽误，所以我很恐惧。

前面提到的那个早产儿，她一旦生病，她妈妈就十分焦急。其实这位妈妈担心的并不仅是女儿，更多的是带女儿的婆婆。因为孩子病了便会黏着婆婆哭闹不止，连睡觉也要婆婆抱着，老人根本不能抽身做家务。这还不算，最让婆婆力不从心的就是喂药，即使千方百计喂了进去，孩子也会吐出来。

那段时间她家的矛盾特别大。婆婆认为需要早点带孩子看医生和用强效的药来速战速决，但朋友希望用最基本、没有副作用的治疗让孩子慢慢好起来，所以孩子的病成了双方争执的导火索。朋友一边心疼体力不支的婆婆，一边忍受着猝不及防的分歧和唠叨，这一切都让她很恐惧。

上面所说的都是非常真实的生活写照。

面对这些情况，我能通过把整体的工作量降低来减少恐惧吗？朋友能通过与婆婆达成共识、齐心协力照顾孩子来减少恐惧吗？恐怕我们都不能做到。所以我们很难从宏观层面来处理，那就只能从改善微观的事来把恐惧的源头控制住。

我们应从力所能及的小事入手。例如孩子生病时，掌握好最基本的喂药、看医生、调节食欲和睡眠等技巧。只要这些都做好了，流程畅通了，时间节省了，照顾者的情绪好了，那么如蝴蝶效应那样由初始的极小偏差引起结果的极大差异的情况就不会发生，大事便会逐一被化解，“急”也会随之缓下来。

①喂药。我曾经听一个家长说，她害怕10个月的宝宝不肯吃药，于是把药放到奶里用奶瓶喂。孩子喝了一口就大哭，但妈妈还是强硬地喂下去，孩子从此心存阴影，再也不碰奶瓶了，喂药更是难于登天。后来妈妈认识到自己的操作有误，为了尽快让宝宝忘记吃药的痛苦，就换吃药的场所，尝试在阳台、书房喂药，但收效甚微。

究其原因，首先，家长不要对喂药有紧张的情绪。很多时候，在孩子还没有排斥药物之前，家长就预料孩子会抵触，于是采取一些措施，包括上面提到的用奶瓶喂药。还有一些家庭围着一个孩子各种哄骗，或者轮番命令，甚至恐吓，这样孩子根本不能顺利愉快地吃药。

在森森1岁前，我一般用滴管或塑料管吸入药液来喂。

森森1~2岁时我改用食勺来喂，这时用玩具来转移森森的注意力特别有效。

森森到了2岁，我借他的兴趣点来鼓励他吃药——打开一本他喜欢看的绘本，指着里面的小斑马说：“小斑马病了，斑马妈妈要喂药，小斑马喝了才会好起来哦。”我把装着药的勺子移到小斑马的嘴边，模拟它喝药的声音，再移到森森的嘴边喂他喝，这样的方式孩子会很容易接受。如果孩子确实喝不下，那也不要强行喂药，要采取转移注意力的方式慢慢喂。

喝药后，对孩子的夸奖不要在他完成任务后就停止，到下一次喂药时才临时抱佛脚，而是应该在无关痛痒的平常“夸大其词”地赞扬。

我经常趁着一家人吃饭时，当众称赞森森从小到大喝药都很勇敢。跟森森出去玩时，路过药房，我也会跟森森说：“咦，这不是药房吗？我们森森从来都不怕吃药的，可厉害了。”当碰到朋友时，我也会借机称赞孩子吃药时的了不起，故意让森森听到。这些方法都可以潜移默化地让孩子对药物不惧怕。

森森3岁以后，我就开始实话实说了。例如，我会跟森森说明：“药确实是苦的，但它能够帮助我们打胜仗，恢复健康。”然后采用诱惑的方式，让他明白吃药的好处：“吃药后，宝宝身体好了，我们就可以去海洋世界玩了。”“我们病好了，才能参加幼儿园的春游，要不，就只能在家里休息了。”

另外，在喂药的过程中，我会给予森森自主选择的空间，其实这个空间能够大大加强孩子吃药的积极性。例如，我会尊重森森的意愿，先提问："你想在厅里吃药，还是到房间里吃呀？""你想先喝黄色的药水，还是吃这袋冲剂啊？""你想玩完积木后再吃，还是现在吃完再去玩呢？"在有限的范围内，让孩子决定吃药的方式。

我朋友给她4岁的孩子喂药特别有方法。她特意做了一张小表格，孩子每喝一次药，她就奖励一朵小红花贴在上面。下一次到医院就诊时，孩子把表格拿给医生，就像出色地完成了一项任务一样。

这里要注意的是，喂药时我们不能片面认为孩子能够承受苦味就狠心地连续喂，尤其是对被成人一贯看作是勇敢化身的男孩子。因为他们有时未必能及时表达自己的真实感受，或者为了得到表扬而尽快完成任务，结果很有可能在死撑之后把药物都吐出来。

如果我知道药确实很苦，或者已经观察到森森的面部表情很难受，我就会让他适当休息一下，让他边喝药边吃几口山楂片或蔓越莓干，以减少药在嘴里留下的苦味。如果可能的话，我会尽量选择一些水果味或者包装上印有可爱的卡通人物的药物，大多数孩子不仅不怕吃这些药，而且会对其有所期待。

②看医生。我们时常听到"带孩子去看病真的很麻烦"这样的话。这个"麻烦"，除了医院人满为患，流程复杂，等待时间久，孩子不愿意、不耐烦、容易被交叉感染等原因外，还有医患双方出现沟通障碍的问题。

有一次我到儿科开药，排在我前面的那位老人花了很长时间跟医生沟通，正在发烧的孙子哭哭啼啼地大喊着要走，老人家狼狈，医生无奈。

当医生询问孩子之前用过什么药时，老人支支吾吾地不知怎么回答，因为那些药是孩子父母海淘回来的，都是外文，老人不懂，搞得医生一头雾水。

当医生说孩子的喉咙只是有点红时，老人便很担心地反复质疑道："扁桃体发炎了是吗？""真的不是扁桃体发炎吗？""红了不就是扁桃体严重发炎了吗？"老人一边希望证明自己的判断是正确的，一边又不希望自己是对的。整个沟通过程根本谈不上质量和效率。

所以，看病时，父母还是要尽量跟随孩子的主要照顾人一起上医院。父母能清晰简要地向医生说明病情，主要照顾人清楚孩子的病情发展，分工合作能省去许多麻烦事。

平时我们可以准备一个小本子。像我记忆力不是很好，就会在家记录好孩子生病各个阶段的状况，看病时跟病历本一同带上，以防医生问问题时我一时回忆不起来。

如果我们不清楚或者不记得孩子曾经吃过的药的名称，可以拿着药的包装盒、说明书上医院，医生便会一目了然。像我这种马大哈就经常用这招。

对于看病，我们不需要局限于找熟人介绍的医生或者名家名医，只要是适合自己孩子的医生就是好的。

我曾带森森看过一位学术成就很高的名医。那时森森8个月，进入了认生的阶段，他不肯让陌生人触碰。当那位名医检查时，他一边挣扎一边大哭，名医难以下手，便气愤地冲着我说："看你怎么带孩子的，碰一下都不行！"其实认生的孩子在身体不适时有反抗行为是一件很正常的事，名医连这个都不能体谅，那么再高的学术地位也没意义。

后来我不再纠结于所谓的名医了，而是找到了一位亲和力十足的医生。虽然不是什么特级教授，但他非常了解幼儿心理，说话时会模拟孩子腔来哄孩子，还会利用工作台上的所有工具来转移孩子的注意力。他解释病理清晰详细，还特意放慢语速好让家长理解，而且用药温和、效果佳，不必要的检查坚决不让做。这样的医生不仅能大大降低孩子的惧怕程度，而且能减轻家长的焦虑情绪。

除了看病时要讲究技巧，平时我们也要帮助孩子建立对医生的信任感。

有些父母为达到某种目的，会跟孩子说："你再这样了我就带你去打针！"这种吓唬百害而无一利。当真的需要去看医生时，孩子就惊慌不已、不肯配合了。

相反，我们平时要多给孩子阅读有医生和蔼形象的绘本，如《你好，安东医生》《我可不怕打针！》《第五个》《鳄鱼怕怕 牙医怕怕》《我不要去医院！》等，这样孩子能更好地明白医生的重要性，带他们看医生便事半功倍。

③调节食欲。孩子在生病时大多缺乏食欲，父母常会因为担心孩子不吃东西身体难以康复，最后搞得情绪焦躁。对此，我们可以利用一些小窍门让孩子提高食欲。

像我上面提到的那位美食达人朋友，当她生病的孩子没有胃口时，她会以清淡的食物为主，挑一些孩子不常吃到的东西，把食物拼成各种卡通形象，通过编故事来哄孩子吃。“哇，这是恐龙时代的太阳，跟我们现在见到的太阳不同呢！”其实她指的是鸡蛋。“我们来比一比谁的铁棍长，哪根长就一口吃了它！”其实她指的是淮山。“听说尼斯湖的水怪爱吃水草，现在水草长在我们家里了。”其实她指的是青菜。

她这种引导方法，我们可以参照一下罗伦·乔尔德的绘本《我绝对绝对不吃番茄》，里面说的就是一位哥哥如何用想象力，让他那誓死不吃有益食物的妹妹最后爱上吃番茄、豌豆、胡萝卜的故事。

④调节睡眠。生病的孩子睡眠质量会很差，也会哭闹着醒过来。如果妈妈一早就要起床做各种家务或者上班，那他的情绪就更加不稳定了。

像森森，他3岁前一旦发烧，就会保持高度的兴奋状态，甚至会通宵不眠。在森森入睡前，我会播放一些温柔的曲目，用暖水给他擦背和四肢，接着轻轻地按摩全身，说说温馨的小故事……以此来帮助他入睡。

· Ⅲ · 不要吝啬母亲的积极情绪

学会了在孩子生病时保持积极情绪后，我认为，我们在任何时候都可以将这种情绪无条件地表现出来。

我在之前的一次线上讲座中，收到一个很有代表性的问题：孩子生病期间脾气暴躁、无理取闹，时时要求“抱抱”，与妈妈寸步不离。妈妈非常希望给予孩子温暖的拥抱，但是又很担心会骄纵了孩子，害怕孩子病情好转后会过度依恋、蛮横任性。她该如何是好？

世界上从来不存在被抱坏的孩子，孩子本来就是在妈妈熟悉的嗓音和心跳声中成长起来的。妈妈想抱就抱，尤其在孩子不舒服的时候。

孩子或许会表达，或许不会表达，但他们心里都会想，妈妈的怀抱就是最快乐的场所、最好的药物。妈妈的怀抱对于孩子来说，不仅是积极情绪的输送带，而且是最踏实、最安心、最可以“躲”起来的角落。孩子在里面可以逃避痛楚，可以麻痹自己的感觉，更可以哭闹发泄。妈妈的怀抱表面上看似并不强大，但事实上孩子正从我们身上获取破茧的能量。如果我们连这个要求都不能坦荡、诚然地满足孩子，而以“害怕他们变得依赖”为自己省事，那就更不用谈其他养育的事情了。

可能有读者会问，不是有很多孩子病情好转后真的变娇气了吗？其实这并非是拥抱惹出来的祸，而是妈妈或者其他家人在孩子生病期间表现得过分紧张细致所导致的。

例如孩子精神尚好，没有发脾气或哭闹，家人却不间断地嘘寒问暖；例如孩子本来就能独立吃饭、穿衣、上厕所，可惜家人过分照顾生病的孩子，所有的事情都包办代替了；例如孩子能够自己吃药，但家人认为孩子受苦了，把所有零食都拿出来哄孩子。就是这些多余的消极行为，让孩子领悟到原来生病是可以特殊化的，能获取额外的关注和照顾，因此他们更愿意，甚至变本加厉地去延续这种模式。

如果孩子在病好后确实“倒退”了，那该怎么办？

森森小时候也出现过这种情况，尤其在3岁前。我会暂且延续他生病时的处理方式一段时间，再慢慢过渡到正常，温柔而坚定地详细告诉总黏着我的森森：妈妈将要离开去干什么、离开多久、去哪个地方、为什么要离开，等等，让他清楚妈妈的行踪，清楚妈妈并不是抛弃他。

另外，我会多带森森出去跟小朋友玩，或者请小朋友到我家玩，这样可以分散他的注意力，还可以让他建立一段全新的情感关系。如果森森为了一些无理的要求而大吵大闹，那我会装作若无其事，等到他自己冷静下来了，再跟他共情并说明道理。

总之，父母的积极情绪有利于保护孩子的身心健康，给予孩子努力对抗病魔的力量。可能有些疾病并不只是简简单单的感冒发烧，我们大可以来一场彻夜痛哭，第二天依旧保持积极情绪好好战斗。孩子会感谢那个永远绽放微笑的母亲。

发现问题

孩子生病了，该怎么办?

分析问题

我们的积极情绪能让孩子在乐观的氛围中与疾病顽强斗争。

解决问题

1. 保持积极情绪：通过努力摸索，找出适合孩子的道路；细节的流畅（喂药、看医生、调节食欲和睡眠）。

2. 不吝啬积极情绪：没有被抱坏的孩子。

招式二

先审视教养，再塑造孩子品格

“功夫在诗外。”品格养成并非一味遵循约定俗成的社会准则就能实现，我们要统筹考虑自身的育儿理念、准则对孩子的适合度和有效性等。

1. 金钱观谈的根本不是钱

·1· 金钱背后的人格

以前单位有一位领导，每天身穿一线名牌衣服，手拿价值不菲的包包，脚踩一双 Jimmy Choo 高跟鞋。她表面上是一只高雅得体的花蝴蝶，实质上却对金钱多重算计、对共事者阴鸷乖戾。她多次欠下属垫付的饭钱却不归还，平时见缝插针剥夺别人的报销权利来抵消自己的超标开销。

在同学聚会中，我遇到一位以前发誓要升官发财的老同学，岂料他现在还是频繁跳槽，认为没有一个单位能够给他可观的酬劳。现在他既没有走上专业的道路，也未能积累一定的财富。

我的另一位同学，生意做得红红火火，表现得财大气粗，自我膨胀。他表面很风光，但我确信他的背后是个深渊，他未来的牌很容易打烂在自己手里。

相反，我们身边总会存在着这样的一些人，他们平凡而踏实地工作，不在乎暂时利益，舍弃各种半路遇上的诱惑 ，一步一个脚印积累了人生的巨大财富。同时他们对待别人不吝啬不小气，专业的技能和良好的人缘让他们成为单位里稳稳的“头牌”。

“功夫在诗外。”我们若希望孩子从小，乃至成年后，拥有良好的金钱观，

那么重点要谈的根本不是“钱”，也不是强调“获得”与“使用”的财商培养，而是金钱背后的人格。我们只有扎扎实实地培养孩子谨慎消费的习惯以及消费品德，他们在未来才能真正与幸福并肩同行。

这个观点在《纽约时报》专栏作家荣·莱伯（Ron Lieber）的著作 The *Opposite of Spoiled*（《宠坏的反面》）中有深入的分析。莱伯认为，我们与孩子关于金钱的谈话，重点都应放在金钱背后的价值观上，包括谨慎、耐心、慷慨、分享、心存感激、节俭、明智消费等。

而事实上，现今父母对孩子精神层面的把控并没有随着金钱层面的飞速提升而大步前进。

我曾在网上看过这样一篇文章，一位父亲带着女儿气喘吁吁地跑到兴趣班的前台报到，他们明显是迟到了。当老师说超过15分钟就不能进去时，女孩表示出强烈不满，指着老师说：“我有钱！我就是要进去上课！”从女孩身上或多或少能看到她父母的影子，估计他们平时也会倚仗自身有钱，表现出盛气凌人的样子。

有一个在社交网络上广为流传的段子，童言无忌的孩子看着广告说：“我以后要送我女朋友钻戒！”有的父母说：“你要送女朋友钻戒，那你就得有钱，想挣钱你就要好好读书。”有的父母却会说：“为什么是钻石呢？她可能喜欢，也可能不喜欢钻石呀。送女朋友东西最重要的是送她喜欢的，你要花时间和心思去了解她，发现她喜欢什么再送。”

虽然这只是个段子，但确实存在着这样的父母，他们把读书和物质金钱画上了等号。如果这种思维固定在孩子的脑子中，读书便成了徒然的消耗，有如鸡肋，食之无味，弃之可惜。

如果我们把扭曲了的金钱观灌输给孩子，孩子也会随之扭曲。所以，正确培养孩子金钱观背后的人格尤为重要。

·Ⅱ·培养谨慎消费的习惯

我们只有在日常生活中培养孩子谨慎消费的习惯，在他们长大后自主使用金钱时，才不至于挥金如土、铺张浪费。要注意的是，培养的焦点并不在“谨慎”上，而在于如何让孩子心甘情愿去等待、遵守。

只有家长理解和尊重孩子最初的动机和需求，让孩子获得充分的爱和满足，在真正面对诱惑时孩子才会表现得坚持、忍耐、意志力坚定。凡是发自内心的即长远，如非自愿的即忍受。

●设定月额度

森森4岁时，有一次我们在路上巧遇以前在早教班认识的一对母女。我很是意外，于是和这位妈妈忘我地聊了起来。

刚好身旁有家玩具店，森森跟小女孩进去了。小女孩一直嚷嚷：“妈妈，我要买这个！”“妈妈，我要买那个！”她妈妈多番拒绝后，小女孩还是要买。森森其实也很想买，但他是这样跟我说的：“妈妈，这个玩具我们下个月来买。”我看到他那渴望又自控的眼神，心里挺感动的，因为这是我们一直以来的约定：每个月只能购买一百元的玩具。这个月的月初森森已经买了一架一百元的遥控飞机，他知道不能再买了。

后来小女孩情绪很不好，便说：“妈妈，我们回家吧。”她妈妈说：“你可以先看看周围，等我跟阿姨再说几句吧。”“不说了，我要回家！”小女孩一直在催促，她妈妈觉得有点不好意思，我们便各自回家了。

在整个过程中，森森并没有因为买不到玩具而影响情绪，也没有因为等待妈妈聊天而失去耐性，而是自己无聊了便唱唱歌、耍耍武功，直到离开。

我跟森森约定每个月只能消费一百元，是在满足他欲望的同时让他懂得：根据我们家的经济状况，每月一百元的玩具消费额度是能够承受的，倘若再花更多钱，那就超出父母的能力了。而这种超出可能导致家庭整体生活质量下降，例如父母变得没有足够的钱让他上幼儿园、去游乐场、吃最爱的拿破仑蛋糕，例如父母不得不花更多时间在加班上，以致不能经常陪他或者会累倒生病。

这样长期下来，森森明白玩具肯定是可以买的，但是需要根据实际情况有限购买，这就形成了他谨慎消费的习惯。

有时候，他遇到一件特别喜欢的物品，但当月一百元的额度用光了，我也会酌情满足他，原则是把下个月的金额补上来，例如这个月消费了一百五十元，那么下个月就只能消费五十元了。然而，很多时候，在他丝毫没有心理准备的情况下，我会主动送小礼物给他，例如上面提到的他很喜欢但自愿不买的玩具，作为对他的褒奖。

可能读者会问，你这样送他，会让孩子以后在满额的情况下也得寸进尺地要求买更多玩具吗？或者会让孩子识破妈妈的心软，狡猾地用自控来反控以获得更多玩具吗？

其实不会的，这只是我们用成人的复杂眼光去猜度一个性本善的孩子而已。我的做法只会提升孩子的满足感和幸福感，从而让他更遵守曾对妈妈许下的承诺，这就巩固了他谨慎消费的习惯。

形成和巩固孩子谨慎消费的习惯，这两个环节拼装成链条铺排在孩子的日常生活中，你会发现，不仅孩子变得勤俭节约，而且这种美德还会辐射到生活的各个方面。例如刚说到森森能耐心地等待妈妈聊天，这就是自控的表现。当孩子愿意给予妈妈时间聊天时，他会想办法以自己的方式克服无聊，尽量等待。

那么，这种对月额度的限制，是现在许多育儿书提倡的延迟满足吗？

其实不是的。每月孩子买多买少完全是依据个人家庭的经济条件来做决定的，属于自然范畴，与人为制造阻力的延迟满足有着本质区别。

再说了，我一直认为延迟满足是个荒谬、多余的理论，因为生活本来就充满了许多自然延迟。

例如，当孩子需要喝奶时，我们还在油烟滚滚的厨房忙活着，只能跟孩子说："好的，请等等，要不牛肉就要烧焦了。"又例如，孩子要看电视，我们正在洗澡，只能跟孩子说："好的，等妈妈洗完出来给你开。"又例如，孩子要我们讲故事，但正好有人打电话来，我们只能跟孩子说："请等等，叔叔找妈妈聊些事情。"

只要我们用平常心去尊重一切自然延迟，不为孩子的"急"而焦躁、迁就，那么对他们来说就是一种锻炼。这里说的谨慎消费就是其中一种。

●列清单

森森3岁后，我带他购物前，一般会跟他一起简单地列清单，这张清单涉及必须买的、想要买的、可有可无的物品，然后用不同颜色或者图形来做区分。我多次引导，是想让森森明白，在购物时应该优先考虑必须买的，再买想要买的，最后还有余钱才购买可有可无的商品。在整个购物过程中，我们依单执行，凡是购买了的物品就把它画掉。

不仅仅逛超市，这种列清单的方式我是见缝插针地采用。有时候我妈会到社区医院开药，她会让我列清单。一般来说，开药金额是有上限的，但我不知道药的价格，所以我会把必须开的、想要开的、可有可无的药都列出来。

这个过程我会大声念给森森听："清开灵、维C、抗病毒口服液必须要开，我们都吃完了，如果下次感冒就没药吃了。"我尽可能详细地描述我思考开药的过程，让森森明白这些药必须开的原因。

总之，我会"唠叨"购买清单上的三层分类，这样既能让孩子感知生活物品的轻重之分，避免日后本末倒置、因小失大，也能让孩子明白自己必须要有的别人不一定会有，别人有的自己不一定必须要有，一切得按自身的真实需求来办。

●多实战

孩子2岁多时，对金钱“取之有道，用之有度”的理性消费观便可以逐步开始培养了。

在家里，我一边教森森认识硬币，分辨它们的名称和价值，一边玩开店游戏。虽然他不懂得计算，会把“买”“卖”混淆，我也随着他的好奇心玩下去。我们轮流做老板和顾客，用真钱来交易，在这个过程中让他慢慢体会到手上的钱买完东西就没有了，不可能再获得其他物品。

在商场，凡是有标价的，我都跟森森指着来读，并渗透简单的加减法计算。结账时我把钱交到他手上，让他亲自付费、找零。在这个过程中，我告诉森森纸币的金额，要付多少钱，找回多少钱，我们的钱包剩下多少钱，剩下的钱要留待以后才能使用，如果一次性用完，下次就什么都买不了了。

森森3岁以后，我更倾向于给他设置购物难题。

我家楼下有三家面包店，森森爱吃菠萝包，我就跟他比一比谁能够找到价格合适和新鲜的菠萝包。

例如，我们走到第一家店，我会让森森看标价，然后记住。走到第二家店，我们再看标价，我问他：“你觉得这个看上去新鲜点，还是刚才那家新鲜点？”如果他说这家新鲜，那么我们就会排除不新鲜的那家。再去第三家店，如果看到这家价钱不是最贵，而且面包刚刚出炉，香喷喷的，那么我就会引导他买这家的面包。

在这个过程中，我让森森认识到买东西不能一时冲动，而应当挑选出物美价廉的商品。如果不存在这样的商品，就可以根据自身经济条件，在价格差不多的情况下，舍弃价廉的而选择物美的。这种对物美价廉的判断不仅仅适用于购买食物，还适用于孩子经常购买的彩色笔、文具盒、玩具，等等。

另外，孩子3岁以后，我们还可以与孩子共同管理账务。

例如，喜欢小动物的孩子可以用自己的压岁钱来购买动物园门票，喜欢画画的孩子可以用压岁钱来购买艺术展门票，我们还可以鼓励孩子用压岁钱为贫困山区的孩子奉献爱心……这些支出都可以用文字或图画简单地在账本上记录下来。这是一种对规划习惯的培养，可以防止无目的无节制的花钱行为。

放压岁钱的存钱罐，我们可以在孩子只有几个月的时候就为他们准备好，这样能让孩子感受到自己支配金钱的力量，与来自他人的寄望祝愿。

4岁的森森学会了讨价还价。讨价还价不仅能锻炼孩子的批判性思维，更是一种克制他头脑发热的方法。

我每个星期习惯到街口的花店买花，森森经常听我跟老板娘说："我们都是常客了，便宜点吧。"后来每当我结算时，森森都会议价一番："我妈妈经常买你们的花，便宜点吧。""阿姨，花很漂亮，但贵了点呀。"老板娘特别喜欢森森，听他这么一说，每次都能给上更优惠的价格、更大捆的鲜花。

许多人会问，那么小的孩子就斤斤计较，长大不会吝啬吗？**对此，家长不需要过于敏感，这是一种再正常不过的社交谈判。采用任何一种正当手段去获取个人最大收益，从来就是人生的标配，更是生存的王道。**

类似的，我们平时可以多保留一些优惠券、打折券，跟孩子说明这些券的使用日期和范围。像森森很想买一套北极动物玩具，但是该产品的优惠期在下一个月，那么我就让他把券放在自己的小书包里，拿起日历跟森森解释究竟要等多少天，到了上面被圈起来的那一天我们就可以出手了，这样就能以更加便宜的价格买到心仪的东西。

在孩子五六岁时，我们可以跟孩子一起用本子记录水费、电费、银行流水、信用卡记录，等等。

一开始孩子对于这些可能是懵懂的，但他一旦明白我们每一天都在努力地为各种项目付费，而且这就是真实的生活成本时，就会慢慢有针对性地去控制一些行为。

例如森森以前从来不会一离开房间就关灯，但是在长期帮我收集、记录电费，听我说交电费的原因和方式之后，不用我提醒，自己就变得节约用电了。整个过程是在没有压力和任务的情况下，森森通过认知的增长而对家庭负责起来。

森森6岁时，我还会带他参加外资银行举办的“财商”集体活动。银行会跟孩子介绍金钱对人生的意义，让孩子拿着存折到柜台模拟办理业务，这样，孩子就更能明白自己需要对钱做出理性的储备。我也会带他参加卖报、摆摊活动，一边呼喊叫卖，一边进行收支的管理，在有趣的亲身体验中让他明白交易的意义和赚钱的不易。

尽管培养孩子谨慎消费习惯的方法有很多，但现在孩子们在这方面普遍存在能力不足的问题，究竟是什么导致的呢?

① 父母的情绪波动。我们在工作特别顺利或者工资刚拿到手时会特别开心，于是毫无节制地买许多东西给孩子；但是当我们在单位受气了或者跟家人闹矛盾时，心情不舒畅，孩子要求买东西时我们则会一口拒绝。父母飘忽不定、变幻莫测的购买节奏，让孩子无所适从，也不知道什么是谨慎。

② 父母竭尽所能地去制止孩子买自己喜爱的东西，孩子一旦有机会便会变本加厉。我曾经看过这样的案例，家人从小禁止孩子吃雪糕，这个孩子上了大学后，天天买一大堆雪糕在宿舍里请所有同学一起吃，每月花在雪糕上的钱已是上千元。

③ 父母不顾自身状况，无穷无尽地满足孩子的所有欲望，希望日后孩子能够自己适度“收手”，殊不知将积重难返。我之前看过一个名叫《真情追踪》的节目，说的是一个妈妈家里并不富裕，还要负担老人高额的医疗费，但她不希望“穷养”孩子，便无节制地为孩子购买衣服、玩具，孩子也有样学样地消费起来。最终孩子习惯成自然，妈妈无法承受来自各方的经济压力，只能考虑抵押房屋。

· Ⅲ · 培养谨慎消费的习惯并不等于推崇盲目节俭

我家每月购买玩具的上限金额是一百元，以及买面包时我鼓励森森在价格接近时放弃价廉的选择物美的，都多次强调了是以自身经济情况为前提。

我们应该让孩子明白，不管家境是贫是富，他能享受家庭经济能够承受的上限，这既是孩子感受到被深切爱着的途径，也是真正意义上的节俭。跟传统上禁止或压抑孩子消费的盲目节俭刚好相反，从这种生活环境出来的孩子必然是幸福的、温和的、理性的。

开篇提到的刘教授，他经济上不算富裕。在工作上，他白天忙活教学事务，晚上撰写学术报告，天天只睡五个小时。但是，他既不会跟女儿唠叨要珍惜来之不易的钱，也不会跟女儿诉工作的苦，相反，他让女儿感受到适当花钱不仅是种快乐，而且是精神富足的表现。

例如，女儿喜欢雪地靴，每年冬天刘教授都会送一双高品质的雪地靴给她；刘太太喜欢口红，每逢她的生日，刘教授就会送上一支特别贵重的口红。

从这些相处之道中，他女儿被灌输的价值观是：考量是否花钱，关键是值得与不值得的问题。因此，5岁的她已经学会了以买某个有意义的礼品给家人为目标，来做金钱储备。**让孩子在经济允许的范畴内不委屈、不羞惭地去满足欲望，能建立他们对金钱的安全感，换来的是他们的“不过界”。**

相反，我们经常听到很多家长说这样的话：“别再买了，我的钱都被你花光了。”“这么漂亮精致的玩意，给你当作玩具真是太浪费了。”“你的玩具这么贵，钱怎么来的？是我们辛辛苦苦赚回来的。”这些父母没有充分满足孩子的欲望，是因为他们怕“富养”了孩子，孩子将来贪得无厌，成为物欲主义者。

孩子一旦被厚重的负罪感、内疚感、匮乏感包裹起来，这种“封印”只会迫使他们反其道而行之。

就像我的一个同学，以前她的妈妈总埋怨学费贵。每当她走过妈妈的房间时，妈妈如果恰巧在清点现金，总会紧张兮兮地一边关门一边摆手示意她快离开，生怕她看到自己的钱。这位同学内心憋着自责，成年后逐渐转为对妈妈的怨恨。现在她只一心憧憬着嫁个有钱人，然后立即远离妈妈。

· Ⅳ · 培养消费品德

世界上存在着一些黑白颠倒的事情。有些富人欠着穷人的钱不还，有些穷人却终其一生帮助那些并不窘迫的人，即“富人比穷人还穷，穷人比富人还富”。可见，消费品德，如大方不吝啬、慷慨施爱、有借必还，只与人的品格有关，与掌控财富的多少无关。

●大方不吝啬

森森4岁多时，有两个星期我爸妈出国旅游，丈夫出差，家里只剩下我和森森。其间，每天的碗筷都是森森洗，地也是他拖，他照顾了我生活的多个方面。确实他很努力去做了，于是我大幅度地涨了他当月的零用钱。

我跟森森说：“森森洗碗拖地，一直坚持照顾妈妈，这个月我奖励额外的零用钱给你。钱已经放到你的存钱罐里了，之后你可以自由使用。”这样，孩子不但掌握了正确的赚钱方式，能深入地理解父母在外工作赚钱的原理，更重要的是能感受到父母对金钱的大方。

也许读者会问，这样做会不会造成孩子以后为了涨钱去帮忙，而并非出自真心？又或者纵容了孩子讨价还价，一旦帮忙做事就要妈妈涨钱呢？答案是否定的。只要父母让孩子明白：像帮妈妈擦汗、搬凳子，这些都不在涨零用钱的范围内，因为这是关怀的表现；而那些超出能力但依然努力去做的事，才是值得涨零用钱的。父母的大方是爱和欣赏的表达，你也可以用这样的方式对待他人，这是有素养的体现。

●慷慨施爱

森森2岁多的时候，很喜爱停下来听街头流浪者自弹自唱，我跟他一起放钱到吉他皮套里，这就是对孩子慷慨、爱心的培养。当然了，有些流浪者是不希望别人给钱的，但孩子偏要给的时候，我们需要跟他解释："这位叔叔真的不需要钱，因为他能够自食其力。我们尊重他，给予他微笑，便是我们的爱了。"

平时，我喜欢把自己干净漂亮的衣服送到慈善组织，让他们寄给需要的人，我也让森森自己挑选旧物捐赠或在跳蚤市场出售。把闲置玩具、绘本、文具捐赠给有需要的人，这也是培养孩子无私品德的好方法。

●有借必还

森森1岁7个月时，有一次不小心把借来的小船摔得粉碎。我和他粘了整整一天都粘不好，最后走了好几个店铺才找到一模一样的买来还了。虽然这是小事，但孩子养成了有借必还的习惯，日后便会延伸至金钱的借还问题上，道理是一样的。

到图书馆借书也是培养有借必还的一个好办法。森森2岁多时，我跟他去图书馆借书，我会提醒他按时间规定分批归还。当森森熟悉了借还的流程后，书放在家里的时间久了，不需要我的提醒，森森会反过来催促我："书放这里那么久，到时间还啦！"当然了，他的时间观念并不强，但重点是弄明白了"有借必还"的规则。

金钱观对孩子来说意义重大。我们并非指引孩子追求金钱人生，而是帮助孩子理清人与金钱的关系：**让金钱成为我们的盟友，那么人生终会迎来真正的财富自由；相反，如果金钱变成了我们的驱使者，那么我们的人生终将失守，甚至会走错道路，悔恨一生。**

发现问题

如何培养孩子的金钱观?

分析问题

若要孩子拥有良好的金钱观，重点要谈的根本不是金钱，而是金钱背后的人格。

解决问题

1. 培养孩子谨慎消费的习惯：设定月额度、列清单、多实战；

2. 培养孩子的消费品德：大方不吝啬、慷慨施爱、有借必还。

2. 孩子道歉，是教养还是套路？

·1·离“教养”越近，对孩子越残酷

有一次我和森森在一个小广场里玩，广场边上有个卖水果的摊贩。一个3岁多的男孩故意把其中一小箩橙子推倒在地上，橙子都滚出来了。那一刻男孩显得有点惊讶，也许他之前没预料到事情会如此严重。

那个摊贩凶巴巴地问男孩：“你怎么这样子？你是谁家的孩子呀？”男孩赶紧说了句“对不起”，然后拔腿就跑。旁边有个看不过眼的路人对着逃跑的男孩大嚷：“小朋友，快捡回橙子呀！”男孩边跑边回头喊：“我已经说‘对不起’了！”之后，男孩瞬间消失在人群中。

男孩以社会所推崇的“教养”来“办事”，做错事后立即说了“对不起”，有错吗？

孟子说：“是非之心，智之端也。”一直以来，我们将孩子明辨是非的能力摆在重要的位置。当孩子犯了错，许多妈妈第一时间便要求孩子道歉认错。我们的思路是：孩子这样做有教养、有品德，符合一贯的社会准则；受害者能出一口气，立即回应“没关系”，甚至回应“你真棒”，事情就此完满解决了；家长感到很欣慰，为自己成功的教育而自豪。

但是，家长并不知道孩子是否已经拥有清晰明确的是非观。究竟孩子是真情——将心比心、体恤他人，还是假意——平息纠纷、讨好他人，运用“对不起”来逃避责任、操控他人情绪？就像广场上的小男孩，他的道歉只是件“盔甲”，不但不带丝毫歉意，还带有“你的事与我何干”的轻蔑之意，对受害者来说更是二次伤害。

我们热衷于沉溺在“道德”的海洋里，希望被认可、被称颂，这种心态淹死了许多人。**很多时候，并非我们没有尽心尽力去教育，而是没有找到跟以往不同的质疑和思考方式，从而难以开创更好的局面。**

我认为，孩子犯了错，当时当刻的道歉并不重要，而是应该走这两步：第一步是歉意的建立；第二步是直接用实际行动来负责任，引导孩子自己收拾残局、摆平冲突。我们需要给予孩子安静的空间和一定的时间去理清思路，多次之后他们便会形成自己专属的应对机制。

· Ⅱ · 建立歉意

要求立即道歉是一种强盗逻辑，歉意的建立才能拉近人与人之间的距离。

首先，我们需要让孩子认识到人人都有犯错的权利和自由。谁人无过？犯错并不可怕，也无法杜绝，它不仅是个人成长的标志，还是人与人之间交往的基本环节，更是我们在社群中建立自我价值的前提。其次，我们要引导孩子把心里所想大胆表达出来，让他们闭塞的内心逐渐流通，这样才能促进孩子了解他人的感受。

森森4岁时，有一段时间，他很喜欢跟我玩“挠痒痒”，但他一兴奋就拳打脚踢、用力过猛，弄得我很疼。于是我假装生气地说：“森森，你弄疼我了，要跟我道歉！”森森便跟我说：“对不起，我知错了。”因为我内心非常认可这种“道歉—原谅”的模式，所以，在其他事情上他一旦犯错，我就要求他跟我说“对不起”。

后来我慢慢发现，森森在我的不当引导下把“对不起”看成是挡箭牌，他不仅多次犯同样的错误，而且擅于利用“万事万灵”的“对不起”来营救自己。很明显，对于这些“对不起”，森森并没有真正理解个中含义，也不能明白对方受到的伤害和不高兴，只是在我的要挟下运用的“套路”。

自省后，我没有再要求森森道歉，而是设身处地从他的内心出发，把事件摊开来说，让他感受到我对他的理解和爱，也让他明白自己的行为带来的不良后果。我说：“我知道你玩得很兴奋、很开心，但你的力量太大了，我觉得像一根硬棍打了我一样，这样会让我不舒服。我也想跟你玩下去，但你要轻轻的。”

有时候森森听了后会稍微理解我的疼，当他发现我的疼与他要玩的意愿相矛盾时，便会把心里的不解吐出来：“但我就是想这样玩！”这时候我的共情就派上用场了：“对呀，森森想跟妈妈玩，妈妈也一样哦，很想跟森森玩。但是轻轻的才最好玩、最开心，要不我受伤了，就不能陪你玩了。”

森森听了后便形象俏皮地模拟轻轻触碰我的手势，特意让我看到他那矫揉造作的样子，逗得我捧腹大笑。我打趣地说：“对了对了，你的‘轻轻’真的是很轻啊，哈哈！”他虽然没说“对不起”，但起码意识到怎么样做才能不让别人疼了。

但是，如果森森很快就忘记了我的话，还是没有减轻力度，那我就会重复说：“太用力会伤害到别人。其实妈妈小时候也跟你一样，会用力打别人，但我后来明白，这样对方是不喜欢的，会不愿意跟我玩。”

总之，当孩子能大致理解别人的感受时，我们才分享自己的做事经验：“当我们侵犯了别人时，是需要道歉的。”孩子道不道歉无所谓，主要是把歉意建立起来。

当然了，我们需要明白，如果多次提醒孩子，他们仍然不能控制自己和改正过来，这也是一件正常的事情。他们并非对着干，而是理解能力、自我控制和是非观还没发展完全，此时父母的耐心引导尤为重要。

与我相似的还有小山妈妈，她曾一度把道歉视为利器。无论原因是什么，她2岁多的儿子小山打了别人，她就立刻让孩子道歉，因为这样做双方很快便能停止争执，对方家长也不再追究；无论原因是什么，小山把家里的东西打翻了，她也立刻让孩子道歉，因为这样孩子既不再撒野，家人的怒火也一下子给浇灭了；无论原因是什么，小山受到幼儿园老师投诉批评，她依旧立刻让孩子道歉，因为这样老师会认为家长很配合也很会教育，一切问题都迎刃而解了。

所以说“对不起”在小山心目中是一道必经的程序，根深蒂固地存在着，却不知其所以然。

在家里，小山会对妈妈的小过失大发脾气，哭得天崩地裂，大喊：“你要道歉！你要道歉！”妈妈如果一时如鲠在喉，小山就会一边挣扎一边不停地念着“你要道歉”的话。在幼儿园里，小山对同学的小碰撞很敏感，即使是再正常不过的身体摩擦，小山都会一边拉扯着别人的衣服，一边要求别人向他道歉，如果追究无效，就直接打人。妈妈了解了小山的种种过激行为后，对要求孩子道歉的做法后悔不已。

妈妈要求小山道歉，本意是希望小山能够认识错误并体谅他人，现在却弄巧成拙，让小山变得过分纠结、呆板、顽固、狭隘。于是，妈妈意识到必须要放弃这个“利器”了。

之后，当小山打了别人后，妈妈不再立刻让小山道歉，而是倾听他对事件的理解，让他认识到打人会严重伤害到他人，再商讨解决办法。

小山把家里的东西打翻了，妈妈也不再立刻让小山道歉，而是告诉他，即便这是件让人不痛快的事情，但也没什么大不了的，以后小心就是。

得知小山在幼儿园受到老师批评时，妈妈也不再立刻让小山道歉，而是跟他一起讨论原因和分析对他人的影响，寻找其他方式来代替不当行为。

总之，妈妈对小山的日常犯错更加宽宏大量，不执着于让他道歉，只要小山有了歉意就不再多说了。

・Ⅲ・引导孩子负责任

读者可能会问，我们不要求孩子道歉，孩子将来会不会没有礼貌或者不懂尊重别人呢？其实不会的，只要孩子的理解能力和语言表达能力达到一定水平，只要平时父母对人对事真挚而诚恳，做错事勇于自责和承认过失，孩子未来的心理健康和道德意识发展是不会偏离的。

相反，那些童年被父母强迫道歉的人，长大后往往会处事软弱、没有主见、过于重视他人眼光。所以我们看到日常生活中总有些人即使面对与自己无关的事，也会把所有责任归咎于自己身上，同时他们也是弱肉强食生态链中的被宰割者。

当孩子建立了歉意之后，我们应该艺术地引导他们以实际行动来负责任，想办法化干戈为玉帛。**我们通过说教或绘本传授知识，孩子得到的并不是一个真实的世界，而是抽象虚拟思维。孩子只有拥有开放的体验、鲜活的经历，才会直观地与现实相碰撞，滋生出丰富的情感，从而发现自己对他人造成麻烦或伤害是需要付出相应代价的。**

森森3岁时，有一次我跟他走在大街上，他兴奋地边走边拆开刚买的玩具，无意识地把包装纸丢在地上。绝大多数妈妈可能会立即告诉孩子不能随便扔垃圾，要赶快把它捡起来并丢进垃圾桶里，但我没有这样做。那时我发现在几步之遥处有一个环卫工人正在扫垃圾，我牵着森森走到她身边。

我们看到这位阿姨在酷暑中戴着严实的口罩，脸上流淌着豆大的汗珠，衣服和裤子都湿透了。她费了好大的力气来扫地，还不时抬高沉重的大帽子。森森很好奇，他主动问阿姨能否给扫帚让他扫。阿姨觉得森森很有意思，开心地同意了。森森接过沉重的大扫帚，用上九牛二虎之力摆动它并瞄准目标扫过去，三两下他已大汗淋漓。

归还了扫帚后，我跟森森回到原位，我问他：“阿姨在烈日下扫地辛苦吗?”森森点点头说：“辛苦呀，实在太辛苦了!”我继续问：“那我们随地丢垃圾，让阿姨来扫，这样对吗?”森森干脆响亮地回答：“这样不对!”然后他自觉弯下腰捡起包装纸扔到附近的垃圾桶里去了。

整个过程，我没有指责森森，也没有要求他道歉，只是让他亲身感受环卫工作者的艰苦，从而唤起他内心深处的责任感，对自己的行为负责。

又例如，我一位朋友的二孩家庭，哥哥5岁，弟弟3岁半，两兄弟经常厮打，谁也不让谁。妈妈无论怎么喊停或事后责备都没有用。

有一次，哥哥跟弟弟为争看电视节目吵了起来，不知谁先动的手，双方打了起来，在拉扯中弟弟的手关节竟然脱臼了！这真是晴天霹雳，妈妈心乱如麻、惊慌失措，但尽量压抑着自己的情绪，没有指责和怨恨哥哥，而是特意带着哥哥一起上了医院，让他目睹弟弟的治疗过程。

弟弟因为疼痛，在路上和急诊室里哭闹得响彻天际，妈妈一边照顾弟弟，一边忙碌地办着手续，自己也是急得差不多要哭出来了。在整个过程中哥哥没有说一句话，只是默默地低着头。

回到家，等一切安顿好了，弟弟也睡着了，哥哥悄悄地找妈妈，愧疚地说：“我很伤心。”妈妈轻轻地说：“没关系，一切都过去了，你们相亲相爱就好。”对于哥哥来说，这次真真切切的亲身体验是一场难以磨灭的煎熬。

后来，哥哥对弟弟表现出从来没有过的体贴入微，例如主动给弟弟喂饭，帮弟弟敷药，给弟弟讲绘本故事，教弟弟玩他的玩具，家里一派和谐的景象。

有了这次经验，妈妈擅于利用这一招来制止兄弟间的争斗：无论是哥哥侵犯了弟弟，还是弟弟冒犯了哥哥，妈妈都不责骂，也不要求道歉，只是让伤害者参与整个善后过程，自然地激起他对受害者发自内心的责任感。

· Ⅳ · 真正的道歉，源于内心，直抵内心

从上述的案例可见，真正的道歉根本不拘束于说“对不起”，无论什么形式，都是以把别人放在心里为前提的，它能够直抵内心深处，并能将亲密关系调到黄金比例。

森森4岁多时，有一天我正在午睡，他好几次过来打扰我。我确实太累了，生气地说了他几句，他便灰溜溜地回客厅里等我。当我睡醒时，发现他正在里三层、外三层地搭积木，他看了看睡眼惺忪的我，说：“这是搭给你睡觉的小花园，门口在这里，我帮你关上它吧。”“这是特意给你睡觉的。”这是弥足珍贵的觉察与理解，我完全接受了森森的道歉。

还记得有一次吃完晚饭，森森在舞他的“金箍棒”，我在一旁坐着喝酸奶，棒子一不小心落到我的手臂上。他走过来把我手上的酸奶抢了过去，我以为他要干什么，结果他说：“我喂你喝，你手很疼，下次我不再这样子了。”他拿着酸奶喂我，就像我以前喂他那样。那晚收拾碗筷、洗碗的工作都是他主动做的，我感到很温暖。

这种无声胜有声的道歉不仅仅存在于孩子的世界里，成人也是一样的。

我一位朋友最近回了趟老家，有一天她妈妈突然说，现在回想起以前经常打骂她，挺后悔的，真希望自己能把坏脾气通通收起来。一听妈妈这样说，我朋友当场就哽咽起来，跟我倾诉这件事时也泪流满面。她明白了原来妈妈是理解她的感受的，这种道歉就像柔风吹过，把容忍者积怨已久、苦涩委屈的事情一抹而空，一切都轻了、淡了。

总之，所有穷追猛打地“讨说法”“认死理儿”的思维，终究与理性的教育站不到一边，它不能把歉意内化于心。这就像我们在学校念书时，经常被要求看书，但离开了学校进入社会，还有多少人每周坚持看一本书？又像我们在学校上体育课时，经常被要求锻炼，但离开了学校后，又有多少人主动

健身？只有那些已经内化于心的人，才会在没有逼迫的情况下长期做下去。

说到底，道歉的根源来自宽仁。只有具备了恻隐之心，才能换位思考、推己及人；只有内心有花，才能结果。所以，父母对孩子和他人宽仁，孩子的精神胚胎才能萌发，孩子才会把宽仁藏于体内，从而更容易做到真真正正的知错能改。

发现问题

如何让孩子知错并道歉？

分析问题

道歉虽显得有教养，但也可能只是孩子的“盔甲”，道歉与否并不重要。

解决问题

1. 歉意的建立：让孩子明白谁人无过，让孩子闭塞的内心流通起来。
2. 引导孩子负责任：从开放性的体验中获得。

方法延伸

只要道歉源于宽仁之心，就能直抵他人内心。

3. 我们不需要感恩教育

进入文章的“主菜”之前，我首先把两道“前菜”端出来供大家思考：

①为什么我们要孩子接受感恩教育，让他们感恩我们、感恩这个世界，而不是我们接受感恩教育，让自己感恩孩子、感恩身边的人呢？

②为什么我们认定了孩子不感恩就注定是一场失败的教育，而不想想从人性出发的感恩其实根本无需由教育来定义？

· I · 感恩教育的问题

●场景一

有一次，一位朋友跟我说，前几天他的妻子为孩子削苹果时不小心把手指头割伤了，2岁多的孩子非但没有好声安慰，还继续沉迷于动画片。妻子很生气，拿起遥控器就把电视给关了，孩子一头雾水、不知所措。紧接着就是妻子的呵斥：“我为了给你削苹果，弄伤手了，你还不快过来看看我的伤势！”

孩子怯怯地伸过头去，望了望流出来的血，好奇地问：“妈妈，为什么血会这样流呢？为什么血是红色的呀？”妻子觉得孩子根本不是在安抚自己，而是把这件事当作了科普体验，便责备孩子："你平时磕磕碰碰我都紧张得不得了，现在我流血了，难道你不心疼的吗？我教过你碰到这种情况应该怎样安慰我的呀！"孩子在逼迫之下用力回忆，缓缓地说："别怕别怕，有我在！"

这位妈妈的弊病在于太希望孩子感恩、懂事，宁愿教会孩子用套路的话语来取悦他人，也不承认孩子压根没有将心比心。这种满足家长自己私欲的感恩教育只会让孩子日夜提防，以虚情假意敷衍对方。

●场景二

森森3岁时，有一天晚上，我们在外面吃完饭回家，家人走在前面，我牵着森森走在后面。他灵活地穿梭在拥挤的人流中，我跟不上他的步伐，笨拙地避开人群时左脚绊到右脚，"扑通"一声摔倒在地上，两边膝盖都擦伤了。

家人听到声音赶紧过来扶起我，皱着眉头对森森说："你看，妈妈为了牵着你，摔倒在地上了，还不过来看看妈妈哪里疼了？快亲亲妈妈吧。"接着又问我："是不是森森走路太调皮害你摔倒了？"这时候，森森神情茫然，他得到了两个信息：妈妈受伤了，是因为照顾自己；自己没有马上对妈妈的受伤做出反应是个错误的行为。

很多时候，我们在没有搞明白事情的真相前，就"耍赖"把"祸根"推给了接受别人付出的那一方，勒令他们感恩、负责任，说到底就是我们不相信或者无视对方本能的感恩和愧疚。

●场景三

有一次我们几个好友聊天，其中一个朋友突然愤怒地把手机往桌上一甩，赌气地说："我妈每天发一些无聊视频给我，真是烦透了！"我们一边挖苦取笑，一边八卦究竟是什么东西让她控制不了情绪，一看原来是这种视频：

演说家在台上气势磅礴地陈述对父母的感恩之道，声泪俱下地讲父母如何含辛茹苦地把他带大，评委们都泪如泉涌，有的观众甚至低着头跪了下来。朋友忍不住了，喊了出来："我现在哪里不孝顺了！"

朋友妈妈利用社会上的感恩教育来绑架她，朋友就像被逼到墙角的贼，仿佛是她偷取了父母的青春和精力。如果不感恩回报，就会被社会规范审判，被“百善孝为先”的传统道德裁决。

近几年，感恩教育越来越流行，然而它的轨迹也越来越偏离。像上面的案例那样，父母错把感恩当作了回报，他们并不正视孩子发自内心纯粹的感恩，而是希望从孩子身上得到甜言蜜语、孝义行径，甚至是精神保障，以此来抚慰自身的焦虑感和不安全感。

那么，我们究竟为什么会如此看重回报呢？这跟我们的社会、历史有关。

要求回报，本质上是父母自身的危机感。它表现为一种低级的呼唤方式，就像原始人的物物交换一样，又像生意上只能赚不能赔的狭隘投资观念。

父母为了生存，起早贪黑，席不暇暖，尤其是处于社会底层的祖辈那代人，他们害怕老无所依，失去物质的保障和精神的支柱。强烈的不安全感、匮乏感、无力感让他们把下一代视为唯一的救命稻草，倘若孩子将来不回报，对于他们来说，天必定塌下来了。

而且，一直以来，我们用千条丝、万条线，把施恩与回报捆绑在一起，成了一个共同体，像孟郊的“谁言寸草心，报得三春晖”，《诗经》的“欲报之德，昊天罔极”，《出师表》的“盖追先帝之殊遇，欲报之于陛下也”……这种历史文化间接造就了一批抱着“养儿防老”心态的人。

看到这里，我们就不难理解，为什么受教育水平、经济水平、把控资源能力越低的人，他们对待孩子就越执着，越需要回报，反之则会越开明。

· Ⅱ · 我们怎样做，孩子才会感恩

上述这些感恩教育的问题，父母把主体给搞错了。我们往往会想“孩子应该……”，而正确的应该是“父母应该……”

●不是孩子感恩我们，而是我们感恩孩子

我一直都很奇怪，当谈论教育孩子感恩时，我们怎么就只一心想着对孩子进行感恩教育，而不是我们自己感恩孩子？

从孩子诞生的那一天起，他们就无私地为我们创造欢笑、奇迹。我们从他们的生命里找回自己内在的那个遗忘已久的小孩，从他们的内核里感受到柔软、感性、真实的自己，从他们的光芒里看清焕然一新的自己，开启惊喜不断的人生旅程。

所有看似成就孩子的行为，实质上是成就了自己；所有看似实现孩子的价值，实质上是实现了自己的美好。与其说我们是孩子的参天大树，倒不如说孩子是我们的一片森林，提供无尽的氧气让我们有足够的力量打拼下去。

从孩子出生到现在，我几乎每天都衷心地跟森森说："妈妈真的很感谢你，很爱你，是你让我踏进了全新的人生。"每当听到我这样说，森森就会抱紧我说："妈妈，我最爱你了。"只有对孩子感恩，我们的爱才不会变成施舍、恩惠，更加不会是任务、目标，而是天经地义地用我们的生命来做有意义的事情。

要孩子感恩，真的不在于那些刻意的感恩教育，而在于我们那颗感恩孩子的心。

孩子只要感受到深情相待、温柔以对的爱，便能获取巨大的能量，将人性的优点一脉相承，如薪传火；孩子只要领悟到漫无边际、取之不尽的善意，便能把感激结成茧，从而羽化成蝶，步入成熟的生命状态。沿着这条"你是父母的骄傲，你是父母的珍宝"的路往前走，孩子自然就会拥有感恩他人的能力，并倾力反馈给那些曾经无私爱过他的人。尤其对于0~6岁的孩子，我们更需要用爱来表达我们的意愿，解开孩子的心结，他们便会模仿父母、老师、朋友去爱别人。

例如上面说到的妈妈削苹果弄伤手的案例，其实2岁多的孩子并不是不感恩，只是父母太敏感。孩子还没有从家人那里成功学习到感恩，然后内化，就是说，他还没有成熟到能模仿那些深切的爱。但我相信，只要他长期接受爱的熏陶，到一定时候便会顺理成章学会感恩了。

像我爸爸，他从我小时候就对我千百般爱护，他是我的避风港，我是他的小勋章。他从来都不会说："我辛苦赚钱养家都是为了你，等我年老了你对我好些。"他甚至早早就跟我说明白，是我让他更加勇敢地面对未来，是我让他改变了人生轨迹，向更好的方向奔跑，如果有一天他成了我的绊脚石，他宁愿我放弃他而坚守自己的世界。

我爸爸从来不会让我对他有丝毫内疚和委屈感。记得小时候，有一次爸爸帮我安装衣柜的镜子，镜子掉了下来，锋利的碎片把他的手臂割开一条长长的口子，缝了整整十针。为了不让爸爸看到我的伤心，我晚上躲在房间里哭了一个月，白天却假装什么都没发生过。爸爸并没有问为什么他为我做事受了伤而我不关心他之类的话，只是开玩笑说："哇，女儿，是你让爸爸当上黑社会老大了啊，哈哈！"

多年以来，我在爸爸无声无息的爱、意味深长的幽默中，眺望他的高度，感恩他的守护。

●以身作则，我们感恩家人

在网络上有这样一种流行的说法："我们把最好的情绪给了别人，却把最坏的脾气给了家人。"有多少人不断索取父母无微不至的爱，却对此麻木无感？倘若有一天父母没有做、做少了或做得不够好，他们便对父母刻薄毒舌、肆意妄为。

当我们致力于家里一百来平方米的战区时，孩子能嗅到火药味而敏感地逃开，价值观也就逐渐被摧毁；当我们对父母冷淡无情、嫌弃疏离时，孩子连什么是感恩都不知道，只知道与长辈的感情就应该是暗伤隐隐、阵痛不断。

例如有一次，我在儿童医院看过这样一幕，一个老人抱着一个大约1岁的孩子坐在长凳子上，妈妈站在诊室门口焦急地团团转，她怒斥道："发烧了怎么还穿那么厚的衣服，你这个外婆究竟怎么带孩子的啊！"老人欲说还休，用满布皱纹、微微颤抖的手把孩子的衣服慢慢脱了下来，妈妈又咆哮："早不脱，晚不脱，现在才脱！”过了一会儿，当轮到她们就诊时，妈妈一把抱过孩子，瞥了一下老人，说：“你什么都不懂，坐在这里吧，等我出来！”然后转过头，马上对医生护士热情地打招呼……

孩子虽然只有1岁左右，但不要说等他慢慢长大，就算是现在，他都能够明白自己已经凌驾于外婆之上了。妈妈推卸责任给老人、到处找碴的行为都会印刻在孩子心上，日后再谈让孩子感恩几乎是不可能的。

我们应该做个好榜样，对于老人，除了给予物质的保障，更多的应该是关心、倾听、宽慰。遇到冲突，我们大可以内心不服气，但要适当地忍气吞声，语气上要礼貌、温和、通达、留有余地。我们也可以用为人处世之道对待老人，和颜悦色不仅可以保持良好的家庭氛围，更是我们美好人格的体现。

有时候，在森森外婆煮了一餐香喷喷的饭菜后，我会跟森森说：“饭菜做得真的很香，妈妈很感动。”然后跟孩子一起对外婆说声：“谢谢，辛苦了。”或者说：“煮得太棒了！”

有时候，雨下个不停，但家人还在外面，爸爸会跟森森一起拿雨伞去接他们，告诉森森不仅要保护自己，还要想方设法保护家人。

有时候，家人买了很重的东西需要搬上楼，爸爸会带着森森下楼帮忙拿上来，然后递上纸巾给家人擦擦汗，并送上一句“辛苦了”。

有时候，家人不舒服，我会跟森森一起用心煮上一餐清淡的饭菜、熬上一煲白粥、倒上一杯温水、送上几句问候。

有些节假日，我们没有外出，我会跟森森一起打扫屋子卫生，并告诉他：“我们这样做，就可以给外公外婆营造舒适的环境了。妈妈以你为自豪，家人也会感受到你的心意的。”

我们潜移默化地熏陶孩子，让他们明白自己就是那盏温柔而不刺眼的顶灯，能照亮家里每个角落，更能直射到家人内心深处。孩子也能直接认识到，为家人付出，其实自己更容易快乐。

●我们尊重孩子自发的回报

我听到很多家长这样跟孩子说："不让你做的时候就来捣乱，真正让你做的时候就不做了。"这句话的背后是当孩子很小的时候，他们希望帮助家人做事，但大人怕增加时间成本，或者不想收拾烂摊子，总是不让孩子帮忙，直接命令他们去玩、做作业或看书。当孩子多次被父母拒绝后，习惯了不帮忙、不动手，不再对共事有好奇心和欲望了，这时大人却埋怨孩子不劳动、不感恩，是不可理喻的大懒虫。

当孩子还小时，他们曾是父母的"跟屁虫""好助理"，长大却摇身一变，成了我们"眼中的沙子"。孩子不仅不表达谢意，跟我们之间的默契也烟消云散，这究竟是为什么？

尊重是最基本的爱。如果我们连尊重都做不到，那就等于告诉孩子，你值不值得爱是不确定的。因此，孩子表面上成了父母的附庸和傀儡，内在却充满了自卑、怀疑和沮丧。当他们有足够能力的时候，便会"随心所欲"地跟父母渐行渐远。

孩子一旦有帮忙的欲望，家长不要以任何借口或理由拒绝。

森森1岁开始自己吃饭时，他就会拿着自己的勺子给家人喂饭、喂菜，我不会因为饭菜我不喜欢吃而不让他分享。

从森森1岁2个月开始，他进入了模仿阶段。平时看到大人用拳头捶背，当他也学着轻轻地捶向我的身体时，我不会因为感到不舒服而拒绝他；平时看到大人梳头发，当他也想为我梳头时，我不会因为害怕自己整齐洁净的头发被搞得一团糟而拒绝他；平时看到大人使用工具，当他希望递螺丝刀给正在修空调的爸爸时，爸爸不会认为很危险而不让他帮忙。

森森接近2岁时，就开始有收拾整理的能力了。如果森森希望帮忙倒垃圾，我不会认为垃圾太脏而不让他倒；如果森森要自己收拾床铺，我不会因为赶着出门而不让他整理。

无论是2岁时上课外班，还是4岁时上兴趣班，每当下课了所有同学都走光后，森森喜欢留下来把所有的椅子摆放好。每次森森摆放好，我都会感谢他。如果老师还没有离开而又看到他的举动，也会过来道谢。这时孩子内心是充裕的，他明白了原来为班级做出贡献会收获满满的幸福感。也就是说，他对世界感恩，同时世界也在回馈他。

此外要注意，当孩子帮忙做事情时，我们要对他所做的一切表示感谢：“谢谢你，你扫得很干净，大家都觉得很舒适。”并且抓住机会在家人面前多表扬他，但千万不要跟孩子说：“今天你感受到扫地的艰辛了吧？你看我平时就是这样过日子的。”也不要说：“你都扫漏了。如果我像你这样干活，家里早就成垃圾场了。”这些话表明了父母利用一切机会来显摆自己的付出，希望孩子通过亲身体验来感激自己，而并非真心真意欣赏、感谢孩子。

●我们让生活充满仪式感

仪式感，并非花尽心思的刻意，而是回顾与交融；仪式感，并非轰动的惊喜，而是平凡细节里的调味料。

那么，仪式感为什么会被人忘却呢？举个例子，在一个家庭里，尤其在有了孩子后，每个人都会周而复始地被琐碎的事情烦得一塌糊涂，诸如尿片、奶瓶之类的小事都会激起千层浪。在这种情况下，我们再也没有精力和欲望去提醒大家：你们都是被爱着的。

但是生活总不能只剩下柴米油盐，人的灵魂总不能像被关押坐牢那样，一直煎熬到刑满的那一天。

对于家人来说，仪式感就是让我们重新穿上华丽的袍子，庄重地“入戏”，用丰富的情感来唤醒大家；对于孩子来说，仪式感就更重要了，他们在仪式感里看到了诗意的世界，得到了感动、尊重、认同、信心。当连续几场仪式组成一串精致的生活趣事时，积极、乐观、豁达会渗透于他们的价值观体系中，也会通通转化为孩子感恩的能力。

到了儿童节，我们为孩子准备一份特别的礼物，跟他们到盼望已久的乐园游玩，让他们吃上梦寐以求的大蛋糕，用五颜六色的气球装饰房子，买泡泡机营造欢乐的气氛，约上他们的好朋友一起度过。

到了父亲节，妈妈跟孩子一起准备礼物给爷爷和爸爸，到平时少去的地方吃大餐，往爷爷和爸爸的脸上狠狠地亲过去。

到了结婚周年纪念日，让孩子看看父母结婚当天的视频和相片，感知感情的难能可贵，明白生命的美好交集在于相知相守、相依相偎。

每一天，我们都对孩子说“我爱你”，让他知道无论自己身在何方，都可以展翅飞翔，因为父母永远是他坚实的后盾。

外出旅游时，我们跟孩子一起买手信或是寄明信片给家人、老师、朋友，让孩子明白自己不仅仅是在旅行，还承载着别人的遐想、祝福和心愿。

参加音乐会时，我们让孩子西装革履提前进场，安静庄重地欣赏演奏者的作品，并向他们致敬……

●读绘本，我们让孩子感受到世界万物拥有相通的爱和情感

我们不必口口声声告诉孩子要感恩，而是应该以“随风潜入夜，润物细无声”的间接手段渗透到孩子的内心，通过读绘本，让孩子感知世间入眼而来的微光、附耳而至的雨声、拂面而来的春风。一副健康的体魄、一份称心的学业、一帮值得信赖的朋友，这些都是生命的恩泽和赐予。

以下列举的，是我从森森快2岁时一直共读到6岁的三本绘本，它们在森森的心中播撒下了美好、善良和幸福的种子。

第一本是《树真好》，它纯粹、亲切地表达了人类对大自然、树木的赞叹：“树真好，高高的大树遮住了天空。”“树长在河边，树长在山谷，树长在高高的山顶上。”“很多很多树在一起，就叫作大森林。”“树让一切都变得那么好。”

树木无处不在，我和森森对它们却早已视而不见，忘记了这是上天的恩赐，绘本唤起了我俩对树木心怀感激、爱如珍宝之情。其实不仅仅是树，还有我们周遭寻常的一切。

第二本是《狼大叔的红焖鸡》。绘本中的狼大叔遇到一只让他垂涎欲滴的母鸡，他准备了煎饼、甜甜圈和蛋糕给她吃，希望这只鸡再胖点，自己就能大饱口福了。当他最后一次去母鸡家准备抓她来焖时，却发现母鸡和她的宝宝们对他感恩不已，于是他决定明天再给母鸡送去小饼干以表达感谢。

这个情节曲折的故事让森森出乎意料：一只凶狠的狼竟然会对母鸡温情脉脉、照顾有加。绘本告诉了森森，爱是一种温度，当我们温暖了他人时，他人也会给予自己大大的拥抱。

第三本是《阿莫的生病日》。绘本中的阿莫是一位动物园管理员，他每天总挤出时间陪大象下棋、陪乌龟赛跑、陪企鹅闲坐、给流鼻涕的犀牛递手绢、给猫头鹰讲故事。有一天他病倒了，这些动物都来到阿莫家，于是生病日变得有爱、有关怀。

简洁淡雅的绘本让森森感受到了朴素的友谊和爱，也让他明白，只要真心关心帮助别人，即使没有鲜花、礼物和卡片，自己也是受欢迎的人，如果遇到了困难，别人都会回馈给自己友谊和爱，难熬的日子便一点儿都不难熬了。

透过这些让孩子真正学会感恩的举措，我们父母轻轻打开了那扇让孩子构建自我的门。看见他、欣赏他、爱他，当这些转化为孩子的自我成长、自我欣赏时，他就会效仿或以更好的方式感恩、尊重、爱护每个生命，并与外界共鸣。

与之恰好相反的感恩教育，实质上是从上而下的权威家长制的衍生品，它往往带有管制和强迫性，父母与孩子之间没有一个平等的关系，这种“感恩教育”最终会把孩子活活锁死。

发现问题

如何让孩子学会感恩?

分析问题

父母错把感恩看成了回报，希望从孩子身上得到甜言蜜语、孝义行径、精神保障，以此来抚慰自身的焦虑感。

解决问题

如何让孩子构建自我：1. 感恩孩子；2. 以身作则；3. 尊重孩子自发的回报；4. 让生活充满仪式感；5. 读绘本，让孩子感受万物的爱。

4. 被打的孩子，如何“铠甲加身”？

·1·假的被打与真的被打

“人在江湖飘，哪能不挨刀？”

学龄前，孩子在外被同龄孩子打的情况很多。有些父母恨不得孩子立即变成李小龙；有些父母让孩子在泪如泉涌中学会忍让；有些父母则希望自己成为孩子的救赎者，努力思考各种办法帮孩子把教训转化为智慧。

无论被打的过程和结果是怎么样的，我们都要认识到所有应对的方法和观点皆不能纸上谈兵，更非放诸四海而皆准，但有三点是共通的：

①我们得自行咽下怨气，松开眉头，宽容一点去看待问题；②我们对孩子最好的保护，就是让他们学会自我保护；③我们在与孩子共同解决纠纷时，要创造一个快乐的过程。

●假的被打，“没所谓”

我一位前同事有两个孩子，老二一挥手就噼里啪啦地往老大脸上拍，留下了通红的手指印，老大没吱声也没避开。前同事看到这样的情况，非常生气，朝着老二吼：“你怎么敢打姐姐！”然后又对老大说：“你怎么就那么好欺负，要争气点！”

森森2岁多的时候，有一次我带他下楼买东西，遇见一个比他小3个月的男孩。森森突然用头猛地顶了男孩一下，男孩没有哭，反而“哈哈”地笑了起来，然后他俩你顶我、我顶你。但男孩的妈妈似乎觉得孩子受了欺负，生气地一个劲拉扯着儿子走，即使他千百般不愿意。

在早教班上，有个3岁多的小男孩，他对同伴非常谦让。即使小朋友从他手中抢东西，他都不抢回来；即使小朋友推倒他，他都不在乎，而且还觉得很好玩。有一次他被人打了，对方受到父母的责骂，他还开心地递纸巾给对方擦眼泪。男孩的妈妈很担心孩子进入幼儿园后会成为受气包，于是不停地在儿子耳边唠叨要保护自己，但孩子还是一如既往。

“被打即受欺负”的狭隘观念，反映了我们对孩子的肤浅理解和过分操心，有时候这并非孩子的想法。如果我们用惯常的道德标准去评判双方，甚至插足，暗示被打者“你就是弱者，你胆小如鼠”，这无异于病理性的诅咒。

有心理学家经过实验研究发现，学龄前儿童平均每小时起争执超过9次，每次冲突平均持续时间为24 秒。有些冲突在短暂停止之后又重新开始，而大多数问题是他们自己终止与解决的。

小一些的孩子往往用肢体动作来代替表达情绪的语言，以期引起对方的注意；或者很希望跟小朋友玩，但是还没掌握正确的表达方式。被打的孩子反应迟缓，要么他们也认同“不打不相识”的沟通交流模式，这与成人的思维截然不同；要么他们的大脑正在吸收信息，内心正在对抗不快乐和怒气，这也是一种难得的力量和气度。等孩子积累一定经验后，自然会用自己的方式来保护自己和回应对方。

因此，如果孩子之间的冲突并没有什么危险性，肢体上的强烈动作并没有造成什么严重后果，而且孩子双方表现得无所谓、不在乎，那么我们只要确保孩子安全就可以了。

有一次，我看到一个小卖部前有好几个四五岁的孩子聚在一起吃糖。其中两个男孩不知道为何闹起别扭来，嬉皮笑脸地打来打去，还越打越重，谁也不让着谁。

老板娘看在眼里，但没有阻止，只是问其他小朋友："谁能告诉我糖是什么味道的？""谁有草莓味啊？我最喜欢了。"其中打斗的一个男孩扭过头来说："我的就是草莓味！"另一个男孩也跟着说："我的是西瓜味。"然后他俩像中场休息一样，乖乖地各吃各的，但没过多久又打起来了。

老板娘依然没有劝架，淡淡地说："现在我们把糖纸拿出来，一起折小鸟，看谁的飞得远。"其他小朋友们都纷纷折了起来。那两个打斗的男孩看到大家都折好了，就立刻停止纷争加入了比赛，好胜心让他俩全心投入在折小鸟和放飞上。

老板娘善于利用积极的信息来消除负面的行为，这个既简单又充满智慧的解决方法，实在令人赞赏。

拳头和战场本身并不可怕，可怕的是孩子对拳头和战场的理解得不到父母的尊重，而这种尊重就体现在恰当而艺术的引导中。

●真的被打，必穿"软猬甲"

曾经有一个妈妈跟我说，她想帮读中班的儿子调班，但又担心会带来不良影响。我很奇怪，为什么要调班呢？原来是班上有个叫小胖的同学经常欺负她儿子，她儿子放学后总跟她提起小胖会无端袭击他。那个妈妈曾经询问过老师，老师说确有其事。

我想，调班不能从根本上解决问题。如果另一个班有比小胖更喜欢欺负人的孩子呢，难道就要转幼儿园吗？即使转了幼儿园，也不能保证那里一个小霸王都没有。所以我们还是要在自己的孩子身上下功夫，毕竟我们在孩子身上看到的问题，只是自身教育缺陷的投射。

如果我们一开始就急切追问"为什么""怎么样"的问题，或者一味地批评打人的孩子，这样一点儿用都没有，只会把焦虑投射到孩子身上，让他们感到压迫、羞耻、害怕。

有一次，森森的同班同学脸上不知怎么弄了条明显的血痕。放学时她的奶奶来接她，一看到这情况就表现得很紧张，心痛得差不多要当场掉眼泪了，追问孩子：“谁划到你了？”“谁打你了？”“为什么被弄成这样呢？”“老师不是看着你的吗？”孩子并没有因此而得到安抚，原本平静的她反倒突然大哭了起来。

很多家长都有这样的通病：明知道焦急不能解决问题，当孩子遇到困难时自己却控制不住焦躁；明知道自己的情绪会直接影响孩子，当自己都还没冷静下来时却要求孩子比自己更淡定地理清问题。

我们需要和孩子共同平静下来，再慢慢沟通，倾听孩子的感受和需求，最后寻求解决方案。

我曾亲眼看到一个幼儿园小班老师陪伴一个被打的女孩许久，直到她不再哭，老师才开口说：“我知道你很难过，老师也很难过。能告诉我你和娜娜之间发生了什么事情吗？跟你手上这块小拼图有关吗？”“这块拼图是我的。”“嗯，那就是说是你先拿到拼图是吗？”“是的，拼图我先拿到的。”“还有吗？”“娜娜抢了我的拼图。”“哦，原来刚才她这样对你。”“她还说拼图是她的。”“那可能她以为她先拿到拼图了。”老师并没有急着去评论孩子，只是重复或者扩充她的话来引导孩子把全部事情说出来。

女孩继续回答：“我不肯，她就打我了。”“哦，她打你了，然后你就……”“就哭了。”“嗯，老师明白了。同时老师也希望你能明白，如果有人动手打你，你必须直接大声喊停：‘不可以打人！’”

好了，我们可以看到，这位老师在耐心倾听后，教被打的孩子利用洪亮的声音来震慑对方。其实除了大喝“不可以！”，还有“住手！”“你打人不对！”“老师来了！”“干吗！”等短语，这些都能让对方知难而退。

另外，我们还要教会孩子说话时横眉怒目，这样的表情更能清晰表达自己的生气、不畏惧。美国儿童心理专家迈克尔·保巴说：“在被欺负时，你脸上怎样的表情比你说的是什么更重要。”尤其是经常被打的孩子，父母更应该经常提醒他们使用这些方法，当真的面临危险时自然就形成反应了。

如果我们的孩子不像上面说的女孩那样能尽诉心中不满，抵触跟父母、老师沟通类似的问题，那么我们可以通过读绘本或自编故事来打开孩子的心扉，再进行无痕引导。

例如，从森森2岁多我就开始给他读《别想欺负我》《胆小鬼威利》《我懂得寻求帮助》《我能保护自己》，用绘本来强化他的自我保护意识。有时候，当我们耐心地读这些故事时，可以自然地套出孩子平时不会说出口却曾经发生过的事情，悄悄地攻破他们的防线。

培养森森的自我保护能力这件事，我从他1岁多就提上日程了。

那时我跟他在外面玩，有时会遇上四五岁的孩子。如果他们抢玩具，我会毫不留情地帮助森森要回来，其实我是在做示范，让孩子懂得如何解决问题。这时的“被抢”和日后的“被打”道理其实是一样的，孩子是受害者。只有我从小就带着森森站出来，他才能顺利发展强大的抵御暴力的能力，即使被打时也能毫不畏惧地做出反抗。

过程是这样的：我会不断鼓励森森表达自己的需求，如果没法表达，就用手指出抢他的人和被抢的物品，我再抱抱森森，说：“玩具被抢了，森森很伤心，我能理解，我们去要回来。”然后和森森一起对抢玩具的孩子说：“这个玩具是森森的，他正在玩，你要还给他。如果你想玩，必须征求森森的意见。”这时候，我的话语是强硬的，但绝对不是愤怒，因为抢玩具的孩子也是无辜的，他只是不懂表达或者交际能力上有所欠缺而已。

我们要按照不同孩子的能力做具体分析和实操。在森森2岁多，也就是他能清晰表达并有一定的社交经验之后，遇上类似状况，我才逐渐放手。如果有些孩子沟通能力特别欠缺，对个头比自己大、能力比自己强的孩子特别畏惧，那么我们就要增加示范行为并延长时间，等到孩子解决这类问题的能力提升了，再尝试放手，稳健地让孩子增强自我保护能力。

森森2岁半时，他爸爸开始跟他玩拳击游戏，过程中爸爸故意“打”他，教他如何避开、大声呼叫。我们在家里可以反复模拟练习被打后的处理方法，这样当孩子真正遇上麻烦时，他就能信心十足地做出反应了。

森森3岁多进入幼儿园后，我特别喜欢给他读《小黑鱼》。这个故事说的是小鱼们为了避免被大金枪鱼吃掉，它们各就各位，紧紧地靠在一起。等到它们游得像一条大鱼时，小黑鱼充当了“大鱼”的眼睛，整个群体共同前进，结果海洋里面真正的大鱼都不敢靠近它们了。

这个故事生动地告诉了森森：一滴水只有放进大海里，才永远不会干涸。他要学会广交朋友、融合力量，这样弱势就能化成强势，打人者自然不会时常招惹一呼百应的他了。再说了，的确有科学研究发现，打人者是有选择性的，他们倾向于针对那些胆小、默默忍受和自我评价较低的人。

森森过了5岁，我尤其喜欢给他读《西游记》，即使忙起来不能亲自读，也会播放音频给他听。因为《西游记》里蕴含着如何应对被打的大智慧。

例如孙悟空，森森最喜欢的角色，我没有像其他父母那样过多地去强调他的神通广大，而是着重赞颂他虽然智勇双全，但也非常善于寻求各方帮助：孙悟空几乎每次遇上厉害的妖精鬼怪，都会找相应的神仙帮忙。

这些故事能让森森深刻地明白，遇到危险不一定要逞强。“三十六计走为上”，用力推开打人者迅速跑开，然后大声呼喊寻求帮助：“他打我！他打我！”或者“快来帮帮我呀！”旁边的小朋友们和老师就能立即知道是怎么回事，大家会及时制止打人者。这时候，父母、老师、同学实质上就成了除暴打怪的好帮手。

这些方法如果运用得当，见效还是很快的。森森就是在我们的引导下，加上亲身体验“江湖路数”，变得越来越懂得自我保护。他不“拔刀亮剑”，却能对打人的孩子迅速做出反应，很有技巧地“驾驭”对方，让他们转而跟自己一起嬉笑怒骂。

除了以上的方法，还有就是让孩子拥有特殊的技能。

我自己小时候曾经有一段被欺负的日子，但是特殊的技能完美地拯救了我。其实，这个方法不仅仅适用于孩子，还能够贯穿于人的一生。

那时我读小学，因为搬家，转到了一所新的学校。新学校与原来的相比，存在很大的地域和文化差异，我无法适应它，它也无法接纳我。正好这时学校要挑选学生去参加市里的踢毽子比赛，这里每个考试出色、家庭背景优越的孩子居然一丁点都不懂这个体育项目，要知道，踢毽子在我原来的学校是每个学生都要掌握的最基本的技能。后来我顺理成章地代表学校出赛，也不负众望地拿了好成绩。我凭借这个机会换来了所有老师、同学的敬佩和尊重，从此没人再敢欺负我，我也慢慢适应了新学校的环境。

另外，我们还可以引导孩子利用转移注意力的心理战术来应付被打，这个是我从一位朋友的二孩家庭中体会到的。

她家3岁的弟弟经常为了抢夺玩具而打快6岁的哥哥。我朋友没说什么，只是多次在哥哥面前示范用其他玩具吸引弟弟，让弟弟跟着她走开。哥哥有了经验后，很聪明地把妈妈的方法升级为协商谈判。

例如，弟弟为了玩具要向哥哥下手时，哥哥说："你别打！你拿我另一个玩具玩吧，就在电视机旁，它可以唱歌和发光，非常好玩，连我自己都不舍得玩，但我手上这个什么都不会。"弟弟听了，就立即向电视机走去。

· Ⅱ · 究竟要不要打回去

如果孩子真的被打了，当孩子没有打回去时，我们需要教他打回去吗？当孩子打回去时，我们需要制止吗？我相信许多妈妈对此是心存疑惑的。

●当孩子不打回去时

最近我在小区里看到一个男孩被另一个孩子推了几下，"啪"的一声摔倒，哇哇地哭起来。男孩的妈妈走过来懊恼地说："你只懂得哭有什么用？打回去呀！"听了这话，男孩可怜地望着妈妈，哭得更伤心了。

不要认为父母狭隘的思维只是孩子的包袱和枷锁，这更是一条越走越下沉的育儿路，它是泥泞的沼泽，而非坚实的泥土。

逼孩子打回去的直接后果，就是让孩子成为囚徒，困在痛苦和自卑中，也生硬地扭曲了孩子不计前嫌的好品格。如果以后再被打，孩子会认为这是天理不容之事，内心会更加恐惧和心灰意冷，更不会告诉曾经暗示过他、对他没有信心的妈妈。

打回去很有可能会遭受更粗暴的对待，甚至自信心被再次打压。记得我小时候，有一个男生推开我把位置给占了，我不知道从哪来的勇气，往他脸上打了一巴掌，他立即狠狠地回敬了我。到现在我还对被打的那巴掌记忆犹新、阴影重重。

“以牙还牙，以眼还眼”，看似让我们出了气，实际上只会让理亏的人变得理直气壮，自己却申冤无路。亲戚的儿子辉辉，有一天在幼儿园跟三个孩子在娃娃屋里面玩，外面有一个女孩也想进去，但由于相当拥挤，辉辉不让她进，女孩偏要进，于是她把辉辉拖了出来。辉辉本想呼喊老师，但刚好老师不在，他就打了女孩几下。当老师回来后，辉辉去告状，老师却不受理，因为女孩直指他动手打人，这下原本是受害者的他反而没道理了。

虽然孩子表面是平静的，但他们的内心有可能惊涛骇浪。很多时候孩子有自己权衡利弊的方法，明白打得过谁，打不过谁，只是作为家长的我们不相信孩子有能力应付而已。所以我身边的一部分家长会大力鼓动孩子参加武术班、击剑班，一厢情愿地希望借此让孩子在现实生活的各种博弈中能胜出、占上风。

但是，这明显偏离了体育运动的精神和内涵。这种让孩子能打得回去的成本也太高了，万一孩子哪一天遇上的对手是李连杰级别的，孩子依旧招架不住，最后只会自讨苦吃。

可见，有时我们认为很安全的一些做法，其实是危险的。凡事以报复、打回去的立场来处理，永远都是高风险的。

●当孩子打回去时

有一次，我在公园里看到有个男孩踢了一个正在吃棉花糖的女孩一脚，女孩毫不客气地追上那个男孩回踢了他。女孩爸爸批评她说：“别人打你，你不可以打回去，明白吗？你这样做跟那个粗暴的哥哥又有什么区别呢？”

孩子被打后，他自己打回去可以吗？这是个备受争议的话题。

我一直认为，传统文化教导我们要以德报怨，但是“德”很可能把孩子黑白分明的判断给局限了；教育专家要求我们培养孩子善良的人格，但是并不等于我们就得把底线藏着掖着，以致身体受到伤害；大众思维拒绝我们以暴制暴，但是不铿锵有力地把人类最基本的自卫本能展示出来，又何来健全的精神？

我完全相信孩子自己的判断与选择，坚定不移地尊重孩子的决定与坚持。也就是说，如果森森被打了，他以其人之道还治其人之身，我将选择袖手旁观，并做到“三不”：不介入、不批评、不责骂。

教养并不是忍气吞声，厚道并不是没有原则。应该如王粲《为刘荆州与袁尚书》中所提及的“金木水火以刚柔相济，然后克得其和”，“刚”乃不可或缺的处事之道。

但是，我也会提醒孩子自卫必须有度，不能太过分而伤及他人，让别人明白他的恶意行径是会受到惩罚的即可。有一次森森就是自卫过度，打人者没伤到他，他却把对方划破皮了，虽然对方也不能说什么，但是万一要追究起来，森森也是要负责任的。

我有个初中同学，他的父母就是坚决站在打回去的对立面上，最后孩子正常成长的秩序都被打乱了。

刚开始，那位同学在学校里受欺负时会积极反抗，但父母认为他人就是一面镜子，他们觉得是儿子太调皮任性、不懂圆滑讨好才招惹了那些人，多次质疑和批评他，他在“活该”的声音中慢慢变得越来越反叛。后来他在外面遇到什么事情都不跟父母说，每次考试的试卷都是自己冒签的，放学不回家，只跟社会上的流氓泡网吧，夜不归宿，正式成了学校里面最响当当的“问题”学生。父母与孩子之间的距离，分明就是他们自己亲手拉开的。

道理真的是一样的，如果把上述案例中的主人翁换成一个6岁以下的小孩，他的心理轨迹也会如此，后果可能会更加严重。

家长的意图应该是缓解孩子的冲突，而并非减少自身的焦虑，因此一切问题都要站在孩子的立场上去看待：孩子被打了，当他不打回去时，我们认可他的想法；孩子被打了，当他打回去时，我们赞成他的做法。

我确信，不管与社会道德、行为规范是否一致，只要父母用同理心去接纳和肯定孩子，就为孩子打造了最牢不可破的铠甲、最坚如磐石的后盾。

发现问题

孩子被打，怎么办?

解决问题

1. 假的被打：一笑置之；

2. 真的被打：做心理疏解并引导孩子大声喊停；为孩子做示范；与孩子玩拳击游戏；引导孩子团结同学、寻求帮助、转移注意力；让孩子掌握特殊的技能。

方法延伸

孩子被打了，他打不打回去我们都接纳和肯定，这才是孩子牢不可破的铠甲。

5. 接纳孩子的同时，也让孩子接纳我们

·1· 教育是双向的

近几年来，挂在我们嘴边最多的一句话就是：“接纳孩子。”

我带森森到早教班上课时，老师提倡父母亲身体验和感受孩子的真实世界：让我们蹲下来听一个高高大大的成年人说话，让我们钻到小角落里去看外面喧哗的世界，让我们坐在秋千上荡来荡去……在视觉高度、宽度完全不同的情况下，我们有如穿过时光隧道，回到孩童时期，体会人生最初的感受，例如恐惧、害羞、无助等。

我打开电视时，一位演说家正在分享一则教育案例：台湾著名作家吴念真的儿子数学只考了七八十分，吴太太臭骂了儿子一顿，吴念真马上说：“我也很烂！大学联考才10分。”然后他俩认真地思考：我们自己都做不到的事情，怎么可以让自己的小孩实现？① 最后演说家总结：接纳孩子的平凡，他的一生才会留下幸福的脚印。

“接纳孩子”当然是无比正确的，也已被妈妈们普遍理解、接受和应用。

---

① 该素材来自吴念真的《我们的孩子很寂寞》。

但我发现，大多数与时俱进的妈妈在接纳孩子的实践中过分强调孩子的自我和释放他们的天性，而没有让孩子学会对他人的心情感同身受，久而久之，逐渐产生了与现实“水土不服”的两个问题：

第一个问题，家人成了受气包，每天扮演着凡事忍让、克制情绪的角色。

我一位朋友的儿子爱把她的香水喷到作业本上，爱把她的口红当画笔在镜子上画画，爱把收拾好的衣物乱翻个遍。一直以来，我朋友对孩子的行为有着细腻的感知、包容和理解，但是她并没有让孩子理解自己的感受和情绪。长此以往，她的负面情绪在内心累积，日后很可能会忍无可忍而“火山爆发”。

第二个问题，孩子一旦进入集体、社会就难以适应，不能很好地理解他人和遵守规则。

我曾看到一位爸爸带着孩子坐公交车，刚好那时公交车上的电视正在播放吊环比赛。孩子看得兴奋，好奇地把手伸向旁边头顶的扶手环处，想当一回体操运动员。爸爸顺势把儿子抱起，好让儿子的手够得着扶手环，但发觉车上的人投来异样的眼神，他便为自己的行为辩解说：“孩子嘛，就是好奇心强啊，就让他试试。”

这位爸爸接纳儿子积极探索世界的行为是无可非议的，但他忘了引导儿子遵守社会规则。如果他不改变教育手段，日后孩子在社会中不能收敛就麻烦了。

无原则无底线的接纳，最终危害的正是孩子自身：孩子凡事只想到自己，感觉一切都理所当然，从而变得不能理解他人，对外界没有敬畏、恻隐之心。**教育是双向互动的，所以，我们的精力不能全部放在接纳孩子上，而应该同时让孩子懂得接纳家人、接纳社会，这样的教育才全面。**

· Ⅱ · 接纳家人

●从小建立接纳意识

孩子从8个月开始就有接纳家人的能力了，我认为可以用轻松的方式来让他们懂得如何接纳家人。

森森8~9个月时，会不停地把我戴着的眼镜打掉，或者死死地拽着我的头发。我知道他的本意是觉得这样很好玩，希望跟家人做游戏，是一种爱的体现，但是，打我的眼镜是高度危险的，可能会让我的眼睛受伤，即使是扯头发，我也会很痛的。这时，我会轻轻地说“不”，以这样的方式来表示我对这种动作的不接受。

哈佛大学“哈佛学前项目”总负责人波顿·L.怀特说过，7~10个月的孩子对“不”已经有稍微的理解了，所以我们是可以用“不”来表达我们的意见的，但绝对不能高频率地使用。家长只在必要的情况下说出来，这样才能把力用在点子上。

例如，11个月大的孩子咬人，家长就可以使用刚才的方法让他明白我们的痛苦，感知我们的拒绝。但是我发现早教班上有些妈妈被孩子咬了后，她们会跟孩子解释“咬”是个不好的事。其实这是没有必要的，因为这个月龄的宝宝解释听得越多，就越对“咬”感兴趣，妈妈就越痛苦。

森森1岁半的时候曾经狠狠地咬过外婆一口，当时我就采用了简单的言语来沟通：“妈妈知道你很想跟外婆玩，外婆也很爱跟你玩。但你咬外婆，外婆会很痛。”然后让他玩其他东西以转移注意力。

其实对于处在探索期的孩子来说，这样的话说三四次都不会起作用，但是只要我们再耐心地多说几次，他是会懂得和记得的。

如果孩子从小不懂如何接纳家人，就会很容易进入被称为“可怕的2岁”的阶段。如果孩子在2岁前已经有了正确的接纳家人的意识，那么2岁的孩子是能“将心比心”的。

●以沟通来引导孩子

我总能听到孩子进入2~4岁“违拗期”的家长倾诉烦恼：

“我女儿今天早上穿衣服、刷牙、洗脸花掉了整整40分钟。眼看就要迟到了，我一急就劈头盖脸地吼得她大哭。我后悔极了，其实哪个孩子会有时间观念呢？我应该好好理解她。”

“今天一早起来，我跟着电台哼歌，儿子毫不客气地说我唱得太难听了，我很不开心，但没跟他计较。到了幼儿园，他竟然跟同学讲我唱歌让他很难受，我顿时火冒三丈，在众目睽睽之下把他狠狠地批评了一顿。我现在很内疚，其实哪个孩子不是直肠直肚的？我应该接纳他。”

要知道，父母也是有血有肉、有付出有索取、情绪有好也有坏的平凡人。如果硬要把七情六欲拘禁起来，对直戳痛点的话语一笑置之，那么父母的坏情绪只在自己体内长期发酵，蚕食身体健康，一旦到达极点，父母和孩子会两败俱伤。

我的意思并不是说只要我们一有情绪就可以冷峭得如冰刀伤人、暴躁得如火山爆发，大发无名火、翻旧账、冷嘲热讽甚至拳打脚踢。我们大可以将情绪合理发泄，亮出底线，实话实说，让孩子感同身受、学会换位思考，掌握说话做事的分寸和力量。

与其说家长的自我克制是接纳，倒不如说收放自如才是爱。

有一次我和森森参加琪琪的3岁生日会，小朋友们都把分到的蛋糕分享给自己的妈妈吃，唯独琪琪没有。琪琪妈很羡慕我们，便问女儿：“琪琪，能够分点蛋糕给妈妈吃吗？”琪琪正沉浸在自己的世界中，说：“不，我生日，蛋糕是我的。”

到了吃水果的环节，妈妈又问琪琪：“能给妈妈吃点葡萄吗？”琪琪说：“不能，就是不能，别问了！”看得出来，琪琪妈挺失落的。

虽然父母要接纳孩子，不能强迫孩子分享，要维护他们的物权意识，尊重他们的选择权，但如果妈妈确实对琪琪的“自私”不高兴、不满意，或者希望琪琪能变得温和、有爱心一点儿，那么就应该私下跟孩子说出自己的感受，可以坦白地说：“妈妈知道你在生日会上非常高兴，妈妈也为你高兴。如果你愿意跟妈妈分享食物，妈妈会感到更加高兴。现在你坚决不让妈妈碰你的食物，妈妈辛劳了一天却没吃上一口食物，妈妈非常难过。”接下来我们再让孩子换位思考：“如果你是妈妈，自己的宝宝不让你吃好吃的东西，那你会怎么样呢？”

当然了，当场沟通作用不太大，妈妈应该抓住平时的机会让孩子体会他人的感受。

例如，既然为孩子举办了生日会，那么家里所有成员也要如此隆重地办生日会。妈妈可以跟孩子说：“后天是外婆的生日，我们一起准备礼物和好吃的东西送给外婆吧，让她开心一下！”又或者：“生日会上全家人都在，你想想我们应该做点什么来给大家制造惊喜？”

又例如，妈妈跟孩子在外看到其他孩子帮家人擦汗、搬东西时，妈妈可以赞美这种行为，对孩子说：“这位小朋友一定明白家人的辛苦，所以这么热心地帮忙。他跟你一样，都是能站在别人角度的好孩子。”

这些做法和说法都能在孩子内心深处埋下推己及人的种子。

再举个例子，我一位朋友的女儿5岁，每当看到我朋友出门前化妆，就会说：“太难看了！”我朋友跟我埋怨：“为什么你们家宝贝的嘴巴那么甜，总是说‘妈妈很漂亮’，而我的女儿就爱说我丑？多气人！”

我太了解我的朋友了，她是个特别爱美的女人，对于容貌，别人绝对不能说她半点儿坏话。我建议道：“如果你确实觉得孩子的话伤害了你的自尊心，就直接跟她说，然后让她帮你化妆吧。”

后来有一次，她女儿对着正在化妆的她说：“妈妈上班怎么化成这样子啊！”她终于忍不住了，便跟女儿开门见山地说：“如果你觉得我化妆不好看，可以请我不要这样化，或者你来挑选颜色，然后帮我化妆，但是不可以说我难看，这样我会很伤心。”她女儿听了后，挑了一支颜色淡淡的口红，认真地帮她上色，化完妆后开心地咧嘴笑了，说："这样就漂亮啦!"

我朋友这才意识到，原来女儿不喜欢她平时涂的深红色口红。她看看镜中清新自然的妆容，抱着女儿笑了。女儿看到她的表情，在她耳边轻声地说了句"对不起"。此刻，女儿已经完全明白了妈妈的感受。

●父母当榜样来引导孩子

除了调整孩子，父母如果能以身作则，对家里长辈多一分理解和体贴，孩子会更容易接纳家人。

但是，几乎每个家庭一旦有了孩子就会产生让人心力交瘁的隔代矛盾，家庭成了凡事都要分高下对错的主战场，各方关系和育儿环境恶化。连我们自身都难以接纳家人，更何况是孩子呢?

我曾经跟大多数妈妈一样，对长辈带孩子的方式心怀抱怨。

例如，我带森森时，他专注于路边的毛毛虫，长辈会担心地说："你怎么能让他那么近距离看虫子呢，一旦碰到就不得了啦。"然后我会表现得很不耐烦，当着孩子的面让他们不要再说下去，以免影响孩子专注地观察事物。

又例如，长辈跟森森玩时，会特意用一些以孩子的智商不能识破的"鬼主意"来挑逗他，试图以挫折来提高孩子的智商和情商。我会对他们说他们的行为是无理的，让森森"没礼貌"地对长辈置之不理，继续自己的玩耍。

但是后来我发现，就是这些微小的事情，让家庭本来亲密的关系一步步受损；更重要的是，森森有样学样，像我那样不能体谅长辈，甚至对长辈有很重的逆反心理。就这样，改变森森对长辈的不接纳，成了我始料未及的紧迫任务。

同时，我也明白在改变森森之前，首先应该改变自己，于是我对此反思了很久很久，慢慢地释怀、理解、宽容……其实，**家庭成员难以建立统一战线就是经济学中所说的约束条件，我们只有配置资源，才能用最小的代价去实现教育目标和利益的极大化，也就是说，我们要做出适当的退让去接纳家人，家庭才不会成为凡事都要分高下对错的主战场。**

所以我花了不少时间去思考隔代矛盾的必然性。只有清楚了原因，才能进一步去接纳家人。

第一，隔代矛盾来源于长辈关爱孩子时所产生的紧张。

孩子和他们之间隔了我们这一代人。我们带孩子时，往往不会一五一十地向老人报告各种细节情况，更不会让他们过多地参与进来，甚至将他们的叮嘱当成耳边风。这种不受控的关系让长辈仿佛成了被晾在一旁的领导，从而产生了难以言喻的紧张，而这种紧张感他们会以权威的口吻表达出来。当长辈带孩子时，他们的心理跟我们不同，他们关注得更多的并非“怎么带好孩子”，而是“怎么好带孩子”，着重考虑安全性。毕竟在他们的内心深处，孩子的事情是要向做父母的我们交代，并对我们负责任的。

一般来说，人懂得越多、经历得越多，就越胆小谨慎；人拥有得越多，就越害怕失去。这些都不是我们这个年龄层能够理解的。我们既然搞不明白，就不如不去明白，可能在几十年后的某一天，草木皆兵的心态也会在我们身上出现。

所以不难理解我们为何经常听到这样的说法：“长辈带孙，比当年带我们还要紧张得多。”

第二，隔代矛盾来源于我们与长辈知识层面上的巨大差异。

长辈不同于我们，他们没有义务为了孙辈去学习幼儿心理学或教育学，大多只会凭经验来处理，毕竟在他们眼里，我们被带出来了，也不算太差，自然就自我感觉良好了。

长辈倾向于马上把事情解决掉，就像发烧只顾着吃百服灵退烧一样，烧确实暂时退下去了，就认为方法用对了。而父母往往会思考事情背后的原因，就像要查明发烧是因为细菌感染还是病毒感染，再进行针对性的治疗一样。

所以在育儿上，如果跟长辈过于较真“门道”的问题，我们就输了。

想通了之后，我带着森森共同学习如何接纳长辈。**我遵循的原则是：接纳和纠正相互融合。重点是要在纠正时做到心境安适如常，说话不卑不亢。**

首先，我不再当自己是专家，不再试图借权威之力把门外汉震慑住，而是充分尊重长辈，让他们助我一臂之力。久而久之，森森变得跟我一样，能对长辈好好说话，不会为了芝麻绿豆大的事情来告长辈的状了，因为他逐渐明白长辈跟妈妈并没多大分别，大家是齐心协力处理事情的。

其次，我给予长辈更多接触孩子的机会，并在这个过程中潜移默化地把科学的理念传输给他们。如果他们尚未达标，我也不会直接强烈指责，只是温和地提出其欠缺之处，耐心地解释我个人的育儿观点，建立坚韧的感情纽带。久而久之，森森不再认为长辈的唠叨是件烦心事，也不再认为长辈的阻挠是件可恶的事，因为他逐渐明白大家都是关心和疼爱他的。

最后，我“得过且过”，抓大放小，除非重大事件，其他都不上纲上线。久而久之，森森也不会小气地对待长辈，能跟长辈愉快和睦地相处，即使有冲突，也会“一抱泯恩仇”。

就这样，平时我通过以身作则和日积月累的引导，让森森在许多事情上慢慢地学会了接纳长辈，有时他还会反过来教育我如何为长辈着想，例如，他让我多帮长辈到市场买菜，催促我赶快穿衣服出发；他让我多帮长辈煮饭，然后拉着我一起去厨房洗菜；他让我多帮长辈打扫卫生，把垃圾铲递给我，自己去拿扫帚扫起来……

跟我有类似经历和心路历程的还有玲玲妈，她在一家知名外企工作，收入相当丰厚。她爱买各式各样的衣服、玩具给玲玲，认为高质量的衣服能让女儿看起来光鲜，五花八门的玩具能促进女儿智力的发展。

在妈妈的熏陶之下，玲玲对衣服、玩具都很有主见和要求。当她坚持买贵重的东西时，她家长辈很不高兴，指责她跟平时花钱大手大脚的妈妈如出一辙。玲玲妈却认为女儿对生活有追求绝对是件好事，更何况她负担得起。于是，玲玲家家庭冲突不断。

正是因为家庭环境越来越恶劣，2岁多的玲玲变得对长辈很叛逆，即使长辈过来表示关心，她也不接受，更不要说要她去关怀长辈了。

后来我跟玲玲妈分析了一下，她家的矛盾是由两代人的消费观念差异所引发的：长辈难以理解我们追求的品质生活，我们也难以理解在物质匮乏的年代里长辈究竟经历了什么。

既然双方没有对错之分，那么玲玲妈倒不如先接纳长辈，“退一步海阔天空”，稍微削减女儿的相关开销，挑选物美价廉的货品，例如团购一些大牌子的促销产品，保证品质的同时价格也不会虚高。关键是让家庭和睦起来，也好让玲玲跟着自己接纳长辈。

接着，我建议玲玲妈再给长辈设一个限度，就是不要对已经买了的衣服、玩具给予诸多消极评价和暗示。万一长辈有时还冷不丁地说衣服太花钱，激起了玲玲的反感和内疚心理，玲玲妈也不要当面对长辈生气，要及时跟玲玲解释，让孩子理解长辈的出发点是好的，他们是爱她才这样说话，只是爱的方式跟妈妈的有所不同而已。然后私下跟长辈提个醒。如果确实长辈没有任何改变，那就尽量减少玲玲与长辈见面的时间。

家长的这些做法，既能有效地平息家庭纠纷，又能在孩子面前以身作则，让孩子学会接纳长辈。

· Ⅲ · 接纳社会

如果孩子的行为打扰、影响了其他人或公共秩序，那么我们必须在接纳孩子的同时，毫不犹豫地让孩子承担责任并改变自己的行为。

在一场讲座中，我听到蒙蒙妈分享了她的育儿经验。蒙蒙妈是一家学前教育机构的研究人员，她的儿子蒙蒙6岁了，老师说他在上课时总是蹦蹦跳跳打扰别人。一般的家长听到儿子被指责会坐不住，心里会抵触，觉得男孩子好动是再正常不过的事情，淘气即是聪明活泼。但蒙蒙妈不这样想，她了解儿子在自家的庭院蹦蹦跳跳成了习惯，但在集体中对他人造成了干扰，那么就一定要制止。

蒙蒙妈没有在蒙蒙面前与老师沟通，担心这会强化他的负面行为，而是打电话和老师沟通。了解具体情况后，她打算跟孩子聊聊。当晚，蒙蒙像平时那样在庭院里蹦蹦跳跳，蒙蒙妈一边帮他倒水，一边招呼他过来休息："看，你跳得满头大汗，陪妈妈坐坐吧。"蒙蒙说："我不累。""那你在幼儿园里跳来跳去不累吗？""也不累，我喜欢跳。""哦，你在幼儿园哪里跳啊？""操场、教室。""那你喜欢在教室里跳吗？""嗯，是的。""妈妈知道你喜欢跳，我也一样，但是当老师说话时我们跳来跳去，老师会觉得我们不爱听她说的话，很难过呢。"蒙蒙妈继续说："其他小朋友在认真地听课，就像你现在认真地跳，我打扰你跳或者不让你跳，你是不是觉得我不礼貌呢？"这样一说便调动了蒙蒙的思考力。

蒙蒙妈继续解释并给出多种解决方法："在幼儿园里，我们需要照顾小朋友和老师的感受。你是个好榜样、好哥哥，你可以坐下来听听老师说的跟你理解的有没有什么不同，或者你安静地待在一角猜猜老师即将要说什么，或者提前思考老师布置的任务，又或者想想其他小朋友是否需要你帮忙。"

蒙蒙妈的话，包含了共情、换位思考、支持和鼓励，还有具体的应对方案，这四个有意义的表达，孩子是绝对听得进去的。

那天之后，每当蒙蒙妈送蒙蒙去幼儿园时，路上都不忘重复她的要求和表达爱意："我知道宝宝会认真安静地听课的，我爱你。"过了两三周，蒙蒙在幼儿园里的打扰行为明显减少了很多，老师也特意打电话给蒙蒙妈，称赞她对教学工作的配合。这是一个在接纳社会前提下接纳孩子的典型事例，妈妈艺术地用爱来跟孩子立规矩，让孩子打从心底认可、服气。

近几年，诸多媒体报道"广州美术学院本科生毕业作品展"的展品屡遭"熊孩子"破坏，引起民愤。有一位幼儿园老师写了一篇文章声援这些出格的孩子，大意是社会并没有接纳孩子，也没搞懂孩子的内心世界，主办方应该负起责任，因为他们并没有设定参观人员的年龄限制，现在作品被破坏了却迁怒于孩子，绝对谈不上合情合理。

我认为，尊重孩子的心理发展规律是必要前提。家长应该在带孩子参观展览前，用孩子容易接受的方式来让他们学会尊重创作者无数个昼夜的心血，而非用伪道德来审判、绑架他们。如果孩子确实太小不能理解，那么等长大一点能大概理解社会规则的时候再带他们去参观。

像我带年满3岁的森森参观博物馆或艺术展的前一晚，会适度地引导孩子明白哪些作品是不允许触碰的，例如贴有禁止标志的、地上有禁止线的、作品前有围栏的，也事先让孩子明白展区内不能大声喧哗、拍打玻璃墙、进食、拍照等。到了第二天，在去博物馆或艺术展的途中再重复一遍，加强他对规则的理解。

其实让孩子遵守这些文明观展的规则并不难，只要平时父母对他人将心比心，孩子也会设身处地地珍惜他人的劳动成果，服从这些特定的安排。同时，我们也可以让孩子从小通过一些绘本去理解社会规则，像《大卫，不可以》《和甘伯伯去游河》《图书馆的狮子》等，以轻松愉快的阅读方式熏陶孩子接纳不同于家庭内部的外界规则。

我一直认为，接纳能力就像游泳，一旦拥有了，是不会丢失的。家长接纳孩子与孩子接纳家人、社会，两者之间是不排斥、不矛盾的，两者共同发展才会让孩子成为人格健全、品格优良的人。

“一花独放不是春”，教育孩子成功与否，并非着眼于孩子的个人利益是否得到满足，而是考量父母是否顾及集体利益，拥有统筹兼顾的大局观。

发现问题

如何让孩子接纳家人与社会?

分析问题

我们过分强调释放孩子的天性，以至于家人成了受气包，这样孩子一旦进入社会就难以适应。

解决问题

1. 接纳家人：让孩子从小建立意识、直接跟孩子沟通、父母做出榜样；

2. 接纳社会：家长有技巧地引导。

方法总结

教育应具备顾及集体利益的大局观。

招式三

先用心陪伴，再提升孩子的学习力

不存在“学来学去都学不好”的孩子，只存在教育有问题的父母和社会。我们需要随时随地仔细观察孩子，进而做出调整。

1.“学霸”养成记

·1·“学霸”= 幼年学习能力培养 5 步走

网上被称作“全能女神”的马冬晗，是2011年清华大学特等奖学金得主，这是清华大学授予学生的最高荣誉。她不仅成绩出众，在各种科研、竞赛中获奖68项，还担任球队队长，热衷于跑马拉松、主持晚会、朗诵诗歌。这样的“学霸”每个高校都有，尤其集中在知名学府。

这类“学霸”并非花大量时间、精力在读书上。他们学习能力很强，往往具备高速运转的大脑、高水平的运动能力、踏实不为外物所动的心。因此他们不仅成绩好，还能统筹兼顾运动、兴趣，对个中的技巧掌握得迅速全面。

其实，我们的孩子不需要像马冬晗那么“霸”，只希望他们拥有好的学习能力，将来不至于奋力却徒劳无功，灰心而直接沉沦。正如一棵小树苗，它不必生长成直插云霄的大树，但最起码得扎好根。

心理学研究表明，假定以17岁为智力的高点，此时智力为100%的话，4岁的小朋友智力发展已经达到50%了，幼年阶段的潜能开发相当重要。如果从孩子一出生我们就没有注意对其学习能力的培养，那么到了幼儿园的中班、大班，再到小学一年级，孩子身上的问题就会像魔术帽里各种各样的小动物、小玩意那样，层出不穷地跳出来。

所以，我们不能灌太多鸡汤给自己，撒手不管，而是应该顺应孩子的生理、心理发展，踩准被碎片化了的对应点，提升孩子的学习能力，这样做往往能事半功倍。

如果我们对孩子的观察力、专注力、记忆力、阅读力、语言力五个方面（阅读力和语言力在后两篇文章中有详细解读）足够重视，那么，孩子日后的学习能力、思维能力会发展得更快更全面，甚至有可能完成对同龄人来说不可能完成的任务。

幼年时，我看到爸爸把杯子罩在点燃的蜡烛上，蜡烛就灭掉了。等到我长大上化学课，当老师讲解氧气和二氧化碳的可燃性时，曾经的画面就会重现，比起其他同学，我对问题的解答自然就更加深刻了。幼年时，我看见小朋友手上拿着气球，他突然把捏着气球口的手一松，气球就呼呼地飞走了，那些气球口附近的小纸屑反方向飞了起来。等到我长大上物理课，当老师说到物体的内外压强时，比起其他同学，我就能更好地理解和灵活运用这个概念。

幼年的体验实质上是学习能力的奠基。就像从小土堆变成大山丘是个日积月累的过程，早期的视野越宽广开阔，未来掌握文化知识、学习老师传授的内容就越自信敏锐、没有压力。但是，体验的前提必须是主动，只有主动思维才能让孩子的脑神经得到锻炼。

那么，什么是主动用脑，什么是被动用脑呢？

例如，在一家小卖部里，一个孩子在想如何用零用钱买自己喜欢的东西，是买玩具好还是雪糕好，今天买了玩具还剩下多少钱，剩下的钱怎么处理；另一个孩子则是家长指定买什么就买什么。那么前者就是主动用脑，因为他运用了观察力、专注力、记忆力、语言力，后者就是被动用脑。

又例如，在公园里，一个孩子想把手上的垃圾丢到垃圾桶里，但是垃圾桶在哪里呢？得四处去找找，找不到就要开口问路人。而另一个孩子则是妈妈让他扔哪就扔哪。那么前者就是主动用脑，后者就是被动用脑。

这些主动用脑者都是潜在的“学霸”，而“学霸”也必然是主动用脑者，两者相辅相成。

· Ⅱ · 观察力的培养

森森6周大时，他对经过自己视线的事物会瞥一下，像自己的手、妈妈的脸、悬挂的小玩具，这些都证明他开始观察了。

从第6周到3岁，他喜欢自主观察，而非按父母的指令观察，但这个过程他表现得不认真，随心所欲；从3岁到5岁，无论是自主观察还是按父母指令观察，他都会观察得更加细致，但不能持续很久；到了6岁时，他能具体地观察目标事物，同时也做到了自我克制、排除干扰。

例如，从我家窗口望去，有一栋在建的楼房，塔吊夜以继日地运转。森森从小就每天观察，直到塔吊被完全拆卸下来。长大些后，他每当在外面见到塔吊就会异常兴奋，驻足全神贯注地观察，然后不断地提问："为什么塔吊会转动？""它的原理是什么？""它会掉下来吗？"让我把塔吊的一切解释清楚。

对孩子普普通通的日常小观察，我们千万不要小觑。**正是这些观察，使他们能沿着冰山一角潜入深海，发现深藏的部分。**

当我们感叹划时代的创造发明时，要知道，科学家们无一不是废寝忘食深陷其中，观察具有某种特性的事物，然后才研制成功的；当我们看到一幅幅形神兼备的书法作品时，要知道，这些都是书法家们日夜苦练，琢磨形态、线条、结构、艺术效果后才写出来的。这一切的成功与观察力息息相关。

那么，我们该如何培养孩子的观察力？

●投其所好，孩子爱怎样观察就怎样观察

森森1个多月时，在家里他就不能接受横抱，一定要竖抱，因为他充满好奇心，要观察这个宽敞的家。虽然我很担心他的脖子不够硬挺，但还是充

分满足他的观察需求，只是用手稍微扶着他的颈部作为支撑。

森森从2个月开始，出门不愿意睡在婴儿车上，一定要竖抱着走出去。虽然我很累，但是当看到他立起脖子，拼命地转动去观察这个多姿多彩的世界时，感觉一切都是值得的。虽然这时的森森听不明白我说的话，但是我依然会跟他轻轻地说："这是路灯。""我们到达公园了。""树上有小鸟。"

森森8个月时，习惯了睡醒就去逛公园，吃完饭也去逛公园。他比同龄的孩子睡眠时间要少得多，是个精力充沛的孩子。每当他看到太阳光、沙井盖、在地上滚动的球，都会"咿咿呀呀"地表示发现了有趣的东西。这时我会应他的要求停下来让他继续观察，直到他示意要向前走为止。有时我还会把路上的小树叶、花瓣、果实捡起来放到森森的手上，让他去慢慢观察和触摸。

● "话痨"使孩子更有意识地去观察

森森1~2岁时，我带他到动物园，会抓紧机会让他更仔细地观察动物。例如看到山羊时，我会说："这是山羊，咩咩叫，白白的，有弯弯尖尖的角，爱吃草。"当森森看着旁边的长颈鹿时，我会说："这是长颈鹿，长长的脖子，很高很高，黄黄的，爱吃树叶。"然后我指着这两种动物问他："哪只是山羊？哪只是长颈鹿？""是山羊多呢，还是长颈鹿多呢？"我还拿着他的小手一起数："1、2、3、4……"

有段时间，森森很喜欢观察细微的事物，于是我利用他的这个特点跟他做游戏。在家里，我把旧围巾拿出来，把一条条毛线抽出来。森森特别兴奋，把毛线放在自己的手心逐一观察，在观察的过程中还会自己哈哈大笑起来。我也会跟他一起数毛线的数量："1、2、3……"我边念毛线的颜色边将它们分类："森森，白色的毛线在哪里？在这里，我们把它们都放在这边吧。""红色的毛线呢？哦，在这里，我们把它们放在另一堆吧。"

孩子接收信息和做出区分的过程，能促使他更认真地观察和思考。

●从玩中引导多方位的观察

森森三四岁时爱玩拼图。跟他一起完成一幅恐龙拼图前，我会先让他观察拼图的画面，然后发问："霸王龙在哪里呢?""为什么翼龙会抓住一条鱼呀?""三角龙在干什么呢?"等森森找到答案后，再跟他一起把图像都拼接起来。

但是，其实还有很多细节之处我俩是没有留意的，例如颜色相近、边角位的地方。我会再问森森："你看，原来左下角有一只三角龙宝宝，它在干什么呢？""它在追蜻蜓。""它离开妈妈了吗？""离开了，它会被霸王龙吃掉的！""那它怎样找到妈妈呀？"随着我的发问，森森观察到丛林中原来有一条被遮挡了的路线，他用手指头沿着路线找到了位于右下角的三角龙妈妈。

我们引导孩子从左到右、从右到左、从上往下、从下往上、从中间到周围、从周围到中间去观察事物，同时也让孩子说出里面蕴含着的故事。

除了拼图，这个阶段的森森也很喜欢捉迷藏。于是，我会把家里大大小小的毛绒玩具藏到角落里，跟森森说："你是大老虎，快把动物们找出来吧！"这样，森森便会认认真真地进行大搜索，过了一会儿，他会逐一报告说："我找到了，大象在抽屉里！花猫在枕头下！哈哈，袋鼠在电视机后面！"

搜索行为完全带动了森森的观察力。但是，我们玩的时候不能把物品藏得太严实，难度系数低一点能让孩子对自己的观察力抱有足够的自信心。

●大自然是一所公共的观察研究院

森森五六岁时，他爱跟我跋山涉水。

有一次，我和森森去登山，走到山顶时，忽然乌云密布、狂风大作，雨滴如连绵细线一样下个不停，我们只好在崖边的亭子里避雨。随着雨越下越大，气温也越来越低，我们就像待在一个雨雾迷蒙的冷室里一样。过了一会儿，雨停了，我们可以听到雨水从树上流淌下来的声音，天也逐渐亮了，透出点点羞涩的阳光。这时空气清新多了，给人一种朝气蓬勃的感觉。我们继续前行，由于山上坑坑洼洼，一不小心被泥水溅到了身上，这是多么有趣的体验。

亲自观察自然现象，感受要比读书深刻百倍。在这个过程中，森森问个不停："为什么不会发生泥石流倾泻？""为什么有黑云但不下雨？""我们怎么才能改变风向呢?"

除了回答孩子的问题，我也抓紧机会反问森森各种问题，引导他对观察到的现象做出思考。

当然了，我在每一次出发前都会做好功课，尽量给森森做充分的解释，并且用上规范的词语，例如"水循环""光合作用""植物的蒸腾作用"等，以诙谐有趣、幽默形象的语言来解说。我对自己的严格要求，也让森森的观察效用实现了最大化。

· Ⅲ · 专注力的培养

我们发现身边学习鹤立鸡群、工作出类拔萃的人，往往做事都有着高度的专注力。专注力好的孩子，他们能通过观察倾听，抓住事物的特征，最后在脑子里形成影像思维；而专注力差的孩子，即使天资聪颖，他们也难以遵守集体规则和拥有良好的性格、品德，智力发展远远不如专注力好的孩子。

有些孩子很小就表现出很强的专注力。以前在早教班上我认识一个女孩，她2岁半就能连续玩两个小时积木或串珠，她妈妈说她在家独自看绘本可以坚持半天，即使家人问她"要不要吃水果?""喝过水了吗?"她都不回应，一心做自己的事情。现在女孩6岁了，幼儿园老师说她上课注意力特别集中，遵守规则，跟小朋友们相处融洽，做事表现得自信满满，手工作业能高效率完成。这种专注力是怎么形成的呢？她妈妈总结说孩子能做到长时间聚精会神，最重要的是因为家人平时全力支持她做自己感兴趣的事情，孩子有着强烈的愿望去完成，自然就形成持续的专注力了。慢慢地，这种能力会延伸到生活的各个方面中去。

可见，兴趣是专注力的基础。只有感兴趣，孩子才会乐意去专注，才会拥有内在驱动力。下面，我们就对兴趣做进一步分析。

●专注力的基础性问题

我们看到孩子沉迷于折纸鹤，重复每一个步骤，成人在工作之余通宵达旦制造一架飞机模型，科学家在实验室里一直埋头研究花青素的分子结构和生物活性……再想想我们自己，这个岁数还能坚持做的事情，无疑是自己觉得舒适的事或者从小的爱好，它是一种持续性强的存在。

换句话说，只要一直保持着这份兴趣，孩子不用督促也会自觉持续专注，而且会矢志不渝地对待与这个事情相关的一切。

那怎样才能保持这份兴趣呢？

① 减少压力。如果压力始终大大少于内在驱动力，那么孩子是有足够的勇气和空间去保持兴趣的。看看下面的例子，我们就能明白怎样才是减少压力了。

我有个朋友在分享会上谈起她的两个孩子。姐姐练了两年钢琴，拿过证书，上台表演过，一家人都以她为荣，突然她宣布不再学钢琴了。妈妈想了各种方法，孩子最后还是坚定地放弃，妈妈失望但接受了。

后来姐姐开始跟同学一起学武术，没想到她对此无比热衷，练习一年后就获得奖项，并以此为体育特长入读了知名小学。曾经为女儿的兴趣而焦虑十足的妈妈自省当初，她认为要孩子保持兴趣只要听从孩子内心的声音就行了。

现在轮到弟弟不想坚持刚上了一年的击剑班了。妈妈想，让孩子上兴趣班的根本目的是要让孩子感受学习本领的苦与乐，学会寻求和追索，这是人生的总纲领，至于要不要劝他别放弃，就是第二个层面的事了，与大方向无关，因为大方向并不会由于这次的半途而废而偏离。弟弟放弃的结果，无论是像姐姐一样到头来成功了，还是不再参与任何兴趣班而失败了，只要孩子能明确自己想要什么、不想要什么，走自己的人生路并对其负责，而不是按照父母意愿走“好”的人生，那就是达到了报兴趣班的目的。所以她选择了不干预，不施加压力。

其实减少压力，就是让孩子跟着他自己的意愿走，这样孩子日后才会形成真正的爱好，真正去专注和努力，也就是实现了丹尼尔·平克在《驱动力》里说的驱动力三大要素中的“自主”。

② 对孩子好奇心的保护、情绪的维持、技能的认同。

美国心理学家安德斯·艾力克森在《刻意练习：如何从新手到大师》中指出，要培养孩子在某个领域里专业或顶尖，成功路径都是相同的：产生兴趣、变得认真、全力投入、开拓创新。

书里讲述了匈牙利心理学家拉斯洛·波尔加的三个女儿的例子，她们都是国际象棋界的一流棋手，三个女孩无一不是由兴趣开始，然后保持兴趣走下去的。大女儿在接受采访时叙述了自己从产生兴趣到维持兴趣的过程：“我当时想从家中的壁橱里找一样玩具来玩，结果找到了一副国际象棋。起初，我被那些棋子的形状吸引，后来我发现，下棋更让我痴迷，也对我提出了挑战。”

拉斯洛·波尔加一开始轻松地跟孩子玩耍，接着就安排了大量的时间慢慢引导和鼓励。他详细解释棋子的玩法、规则，其中还贯穿着一些对孩子自律、勤奋、坚持的培养。重点是整个过程中，他让孩子获取了成就感和满足感，还让他们不断发现了国际象棋的趣味、新鲜、突破之处。伴随着棋技的日益长进，孩子们继续沉迷下去，专注力达到巅峰。

同时，书中告诉了我们一个很有趣的现象——在二孩家庭、三孩家庭当中，最小的孩子在家庭和大孩子的帮助下更容易产生兴趣、保持兴趣，从而专注力更高，做得更出色。正如拉斯洛·波尔加的三个女儿，小女儿战绩最好。

安德斯的观点是，弟弟妹妹看着哥哥姐姐玩某种玩具时，他们也会有兴趣加入进来。爸爸妈妈有对待哥哥姐姐的成功经验，心态更淡定，方法更有针对性；哥哥姐姐则会以帮助弟弟妹妹为己任，甚至牺牲自己去成就他们。

●专注力的实操性问题

我们只有了解孩子保持兴趣的重要性后，才能有针对性地提高孩子的专注力。

① 把孩子本来就喜爱的事物变得更有趣。

森森从小就很喜欢体育运动，如踢足球、打篮球、打橄榄球。我家有一本关于迈克尔·乔丹通过自身毅力和不懈努力最终成为超级篮球明星的绘本。当森森2岁多的时候，他并不怎么关注这本书，我是这样引导他的："有个篮球明星要跟你交朋友，你愿意吗?"我说的"篮球""明星"足以把森森的兴趣点牵动起来。"谁啊？谁啊？""妈妈的鞋子，是以他的名字命名的；爸爸橱窗里的篮球，也有他的签名。"森森听到这个明星跟爸妈有如此多的连接，就更兴奋了，接下来便全神贯注地听我读绘本。我声音抑扬顿挫，表情丰富，配上姿势和动作，模仿绘本中每个角色，孩子完全沉浸在故事情境当中。

森森被吸引后让我再多读几遍，后来我慢慢地向里面加问题，例如："为什么乔丹感到前所未有的沮丧呢？""如果是你，你会继续练习吗？""他为什么睡觉还抱着篮球呀？"让孩子带着问题，把专注力一直集中在我讲述的小细节上。过了一些日子，我读这个故事时还会配上手偶、篮球道具等，让表演不单调枯燥。开了个好头，我发现森森逐渐对这本书爱不释手，可以拿着它看整整一个早上，过了两年多，这本书还是他的心头好。其间，他会反过来扮演老师复述这个故事，让我和家人当学生，他的"故事会"可以持续两个小时。

② 循序渐进的"游戏化"，帮助孩子提升专注力。

森森快2岁时，有一段时间他不喜欢听音乐，即使我播放旋律优美的世界名曲或活泼可爱的儿歌，没到一分钟他就要把音乐给关掉。当时我想，他不喜欢听也就算了，没有多理会。

直到有一次跟他逛公园，花丛里有许多蜜蜂"嗡嗡"地采蜜，森森被声音吸引了过去，仔细地观察蜜蜂，然后模拟发出"嗡嗡嗡"的声音，双手展开飞来飞去。刹那间，我想到了尼古拉·里姆斯基－科萨科夫的《野蜂飞舞》，那个活泼的快板、上下翻滚的音流就是模拟野蜂振翅疾飞的声音，我猜森森肯定会爱上的。

回到家后，我跟森森一起玩扮演蜜蜂的游戏，两人张开双臂，互相追逐，玩耍时我插播了这首《野蜂飞舞》。森森立即停下来，说："妈妈，你听，蜜蜂来了。"音乐的速率和迸发出来的激情，带动了森森每个律动的细胞，他兴奋地跟着音乐飞啊飞，还来"蜇"我。从此，他狂热地爱上了《野蜂飞舞》，专注地反反复复听高潮段落，一旦音乐停了，就立即让我重播。

有了这个经验，结合森森的兴趣点，我引导他听有关昆虫、动物的音乐，如肖邦的《小猫圆舞曲》、普莱亚的《口哨与小狗》、德彪西的《大象催眠曲》，等等。我观察到他爱看楼下军区兵叔叔列队行走，就播放米查姆的《巡逻兵进行曲》，他一边听歌一边严肃地行军礼。

我还跟他玩特别有趣的"辨识乐曲"游戏：把他熟悉的乐曲全打乱顺序播放，让他留意音乐的转换，对应扮演野蜂、小猫、小狗、巡逻兵。在这个过程中，他能清晰辨别乐曲，找出不同的角色，配以不同的动作。森森由不喜爱音乐，到高度专注于听音乐，完成了一个大转变。

③ 选择恰当的节点出击。

森森2岁多时，他第一次接触围棋，一两分钟就会离开。森森3岁多时，已经能把"气"拦截，并热衷于扮演小老师神气地教我，这时候他能坚持下棋近1个小时。就这样，我确信森森对围棋的兴趣越来越浓了。他4岁时，我在详细考量他的状况后，决定在这个节点强化他在围棋上的专注力：让他上有固定时限的围棋兴趣班。我通过考察，选定了一家师资水平高的围棋教育机构试学。森森不仅能坚持，而且越学越来劲，他成了那里最小的学生。6岁时，他能高度专注地坐在棋盘前一动不动，沉浸于他的围棋世界里，有时甚至超过了100分钟。

森森对围棋的专注，首先，我认为得益于我对他围棋兴趣的顺应，整个过程都是由他自身专注力的发展和需求所决定的，我并没有头脑发热而插手干预；其次，在这个基础上，当到了我认为时机成熟的时候，就开始依靠专业的教学力量来进一步培养他的专注力。而我对时机成熟的判断标准是：森森对围棋的兴趣有了突破性进展，已经能在围棋上持续地思考下去，强烈地希望在围棋上获得成功。

·Ⅳ·记忆力培养

有一次我和朋友一起带孩子乘“和谐号”到深圳游玩。那时两个孩子都是2岁多，都没有搭乘过“和谐号”，但当一节节“巨型铁箱子”停靠在站台时，两个孩子不约而同地指着说:“是列车‘和谐号’!”他们喊着“轰隆轰隆”，抬起小脚重重地踏在地面，拉着衣服玩起了开火车游戏。为什么他们确定这就是“和谐号”呢?

因为孩子们很小就看过图卡上的列车、报纸上登载的“和谐号”照片，在音乐中听过列车的声音。虽然这是第一次看到实物，但不用我们特意提醒，他们就能把这趟列车的名称、声音、行驶状态从“内存”里提取出来了。

这就是记忆力，它是学习和工作的一把金钥匙。我们脑子里面存放了许许多多知识和经验，归纳整理后，我们从中抽取出一些特定的元素进行智力活动。

其实孩子在6个月的时候就有很强的记忆力了，所以他们见到陌生人会认生，因为他们无法从脑子里面搜索到这些人的面孔，于是感到惊恐。我们在孩子的幼儿阶段就开始记忆力训练，能帮助孩子日后形成良好的行为与学习方式，学习变得轻松愉快。

●死记硬背是死胡同；生动有趣、情景交融的内容，富有想象力的逻辑推理，轻松愉快的场景才有助于唤醒记忆

森森3岁时，我们到公园荡秋千，他会念：“横看成岭侧成峰，远近高低各不同。”我们坐车遇到红灯停下来，森森突然会飙出一句：“停车坐爱枫林晚。”我们饭桌上有蒸鱼，他会不由自主地说上一句：“一尺鲈鱼新钓得。”我们在公园看到飞禽时，他会一边做出飞的姿势，一边念:“一行白鹭上青天。”

中国诗词有的柔情万种，有的豪迈奔放，对孩子来说，这些都有助于他们形成天马行空的理解和想象，有些出人意料的理解和想象跟我们固化了的思维大不相同。我平时不会刻意让森森死板地记下诗句，只是经常念些形象易懂的诗句。森森在潜移默化的熏陶之下诗句获得了积累，一到了特定的环境，自然就产生了专属于自己的记忆和理解。

●记忆永远与丰富快乐的生活事件有关，正如洛克所说："记忆力源于快乐的心智。"

森森4岁时，有一次我们去旅行，酒店房间里摆着许多五颜六色的小石头。森森一进去就把小石头一块块放进喝了一半的矿泉水瓶中，直到水升高到瓶口为止，他自言自语："乌鸦来喝水吧，这样你就不口渴了。"要不是看到他的举动，我真忘了很久之前跟他讲过乌鸦喝水的故事。记得那次在公园，我拿起地上的小石头放到瓶子里，形象地跟森森讲乌鸦喝水的故事。可能那时的情景让他记忆特别深刻，现在，他一看到小石头就想起那时的情形，便不禁演绎起来。

森森2岁多的时候，我们小区里有一个女孩经常说："我妈妈说我乱七八糟的!"小朋友们哄堂大笑。那个女孩觉得这样说特别好玩，继续说："乱七八糟的。"然后大家又一次笑弯了腰。森森回家之后，时不时就说："乱七八糟的！"然后自己捧腹大笑。从那以后，如果家里真有东西乱了套，他都会说"乱七八糟"，一边狂笑一边收拾，看来他对这个四字成语理解得特别深刻，难以忘却。

直到森森5岁，只要别人一说这个词，他就很容易捕捉到。他甚至对其他同样带有数字的成语都记得特别牢，像"三心二意""五光十色""四通八达"……然后还会分析说："妈妈，这些跟'乱七八糟'一样，都有两个数字在里面。"

●特别的训练

现在很流行记忆力训练，例如瞬间法、联想法、连锁法、听写法……这些训练都是随着孩子记忆的时长和记忆宽度的进步而加大难度的。

对于记忆力训练，我认为，只要轻松愉快、持之以恒、找准孩子适合的方式，就一定会有效果。如果我们觉得培训班适合自己的孩子，教学难度适中或者不会给孩子施加太大压力的话，也不妨试一试。但在整个训练过程中，我们千万不要对那些做得比之前还要差劲的孩子感到失望甚至进行逼迫，或者催促在一个思维节点上“找不着路”的孩子快点“走出来”。因为孩子的大脑本来就有自己的运作模式，一旦我们营造了烦闷枯燥、挫折失败的情境，孩子就很难坚持下去。

· V · 有学来学去都学不好的孩子吗

在现实的操作中，无论是观察力培养、专注力培养，还是记忆力培养，我们都会听到一些这样的声音：“我的孩子很笨，总是学不会。”或者埋怨自己的孩子比那些更小的孩子接受得慢。

其实这并不是孩子的问题，而是家长根本没有弄明白孩子的学习能力与学习方式。学习能力与学习方式是唇齿相依的辩证关系。学习能力决定了学习方式，两个孩子同时接受相同老师的辅导，他们吸收的知识量可能会大相径庭。适合自身的学习方式反过来又促进了学习能力的提高。孩子接受抽象的东西，内化为自身的知识储备，有些是靠听，有些是靠看，有些是靠做，有些是靠说，但都殊途同归。

我们尊重学习方式的差异，就会明白世界并没有什么学来学去学不好的孩子，只是我们现在主流的教育方式过于单一化、一体化而已。

茨威格说过：“一个人生命中最大的幸运，莫过于在他的人生旅途中，即在他年富力强时，发现了自己的使命。”我认为，作为母亲，我们的使命之一就是专注于孩子幼年阶段的潜能开发，并摸索适合他的学习方式。错过了这个阶段，孩子的那些输掉了的学习能力日后要补回来比登天还难。如果每位母亲都把这个使命承担起来，浅显地看是影响了自己孩子的命运，深刻地看就是影响了整个民族的智慧，“功在当代，利在千秋”。

发现问题	如何让孩子拥有良好的学习能力?
分析问题	早期视野越宽广，未来掌握文化知识就越自信敏锐。
解决问题	1. 观察力培养；2. 专注力培养；3. 记忆力培养。
主题延伸	从来没有学来学去学不好的孩子，只是现在的教育方式过于单一化、一体化。

2. 阅读，鲲鹏击浪从兹始

·1· 阅读是最珍贵的

森森的同学阿力不愿意上任何兴趣班，他妈妈很着急地对我说："怎么办？大家都上两三个兴趣班，我家孩子就是不肯上！"我说："他不愿意上，就利用这些时间在家里或图书馆里读读书，这是更好的选择。"

我一直认为，锲而不舍地阅读比世界上任何一种活动都要珍贵，它能让孩子夯实人生基础，从而稳扎稳打地通向所有领域，像鲲鹏那样"水击三千里，抟扶摇而上者九万里"。

阅读，比起琴棋书画等才艺，未必带有优雅温婉的即视感，但它是一种润物细无声又不败给岁月的智慧与涵养；阅读，并不像华美的皮囊那样赐予我们光鲜夺目，它是一种深入骨髓的不卑不亢；阅读，并不是孙悟空在炼丹炉里仅用四十九天就能炼出的火眼金睛，它是从整条生命长河里提炼出来的善良与开明。

我对如何培养森森阅读早就胸有成竹：在森森3岁之前，我为他提供优质的阅读环境和条件，培养他的阅读兴趣和对文字的好奇心、能拿书翻书，形成良好的阅读习惯；在森森3~4岁时，我要逐步深入讲解故事的细节内容，例如人物关系、事情进展的脉络、故事中出现了但没着力刻画的东西；森森4岁半之后，我要给他灌输新的语法、词汇、关联词语，刻意指着文字把其读音突显出来。

虽然在森森的每个年龄段我都有所侧重，但是我发现，森森在这个期间所获得的比我计划的要多得多。

森森4个月的时候，我把书本上的挂页一张张撕下来，举在距离他眼睛15~20厘米处给他看。森森的阅读，是从这个时候开始的。

森森1~2岁时，我给他读《猜猜我有多爱你》《我妈妈》《你真好》，他得到了爱的光和热，初步懂得了爱与被爱；我给他读《画了一匹蓝马的画家》《疯狂星期二》《小蓝和小黄》，他能充分发挥天马行空的想象力，初步懂得了世界并不是墨守成规的。

森森3~4岁时，我给他读《三只猫头鹰》《我好担心》《菲菲生气了》，他就像得到了一盏自信勇敢、独立自主、乐观开朗的人生明灯，开始学习管理自己的情绪；我给他读《大卫，不可以》《小熊不刷牙》《胖国王瘦皇后》，他初步明白自律克制的生活方式是健康、快乐人生的前提，需要努力学习并养成良好的生活习惯；我给他读《我不跟你走》《汤姆走丢了》《绝对不能保守的秘密》，他不仅明白自己应该与外界维持怎样的关系，更重要的是知道了面对危险时可以采取的具体措施。

森森5~6岁时，我给他读《神马》，他看到了书中的跨页场景图，这些图模仿了《韩熙载夜宴图》《虢国夫人游春图》《步辇图》等古画，他仿佛进入了琳琅满目的大观园，视觉被冲击，心灵被洗涤，沉醉于艺术和历史当中；我给他读“话说天下大势，分久必合，合久必分。周末七国分争……”孩子感知的是字词句的节奏与力量，他能掌握更丰富的词语、更简练的句式、更准确的表达。

虽然阅读对孩子如此重要，但现实中很多父母并没有把其列为必要的项目。央视主持人白岩松曾说过：“中央电视台每年都做关于读书的公益广告，这几年一直在做读书的推广，我总纳闷，你见过国际上把哪个日子定为‘吃饭日’吗？没有。”**也就是说，阅读这件事还远未成为我们生活中寻常的、必需的、普遍的习惯性行为。父母作为孩子最亲近的人，天天陪伴他们“吃饭”，与其说是一种态度和感染，倒不如说是一件理所当然的事。一旦没有坚持下来，只能说是父母“渎职”了，让孩子受“饿”**。因此，如何激发孩子的阅读兴趣，以及怎样跟孩子阅读，成为父母必须掌握的“生活”技能。

· Ⅱ · 从兴趣点燃而来的燎原之火

我的朋友皓皓妈问：“为什么你家孩子从小那么爱读书呀？我买了许多获奖无数的绘本给皓皓看，但他就是不看。”我也曾在一次线上讲座中被提问过这样的问题：“我买了一些专家强烈推荐的绘本给儿子，这些绘本内容生动、色彩鲜艳，但他就是不愿意看，太伤脑筋了。”这里唯一的问题就是，我们挑选的绘本是我们喜欢的还是孩子喜欢的？**绘本适合与否，根本不在于它是否获得了国内外多少大奖，也不在于是否有多少名家大力推荐过，更不在于是不是妈妈群里口碑最好的，只与是否与孩子的兴趣高度吻合有关**。所以，我们挑选绘本的前提是要明确孩子的喜好。

森森很喜爱恐龙，他1岁的时候，在街边书报摊上发现一些制作粗陋的恐龙书，坐在婴儿车上也能旁若无人地看很久。这时我购买自带发声效果的恐龙翻翻书给他，这扇阅读之门就非常容易地被打开了。按照森森的爱好，我推测他也会喜爱远古生物、考古科学、科幻动物类图书，当我进一步引导他看此类图书时，不出所料，他看得特别认真，而且反复阅读。

刚才提到的皓皓，他当时2岁多，我从社交网络上看到他平时很喜欢拍打篮球，连睡觉都抱着篮球，于是我推荐了《球类游戏》（*The ball game*）创意游戏书给皓皓妈，这本书里面有篮球、足球、网球、高尔夫球、橄榄球的情景画面，而且设计成能够进球的中空页面，很适合孩子操作，命中率也高，能很好地引起孩子对图书的关注。事实上，这本书对于皓皓这个年龄段的孩子来说已经太幼稚了，但是我依然让皓皓妈先拿出来共读。我的目的是，瞄准孩子的爱好，让他建立“绘本就是玩具”的新认知，颠覆“书本沉闷无趣”的印象。

过了一段日子，我又推荐了《小个也能打篮球》给皓皓妈，让她用心地陪伴孩子阅读。皓皓妈说孩子的确开始转变了，他慢慢接受了体育类的绘本。又过了一段时间，我乘胜追击送了三本绘本给皓皓妈，让她自己看时机拿出来与孩子共读。三本书分别是讲述迈克尔·乔丹的《鞋子里的盐》、表达追求足球梦想的《魔术师威利》和透露初次游泳心态的《汤姆在游泳池》。皓皓妈说，现在皓皓习惯晚饭后读一会儿绘本，而且我推荐的绘本他都愿意尝试接触，她很是欣慰。

但我还是不得不提醒皓皓妈，孩子在不同时间段会随着兴趣的转变而爱上不同类别的书，我们需要多观察孩子，跟着他的兴趣去挑选绘本，除此之外没有更好的方法。

就像森森3岁多时很喜欢看天文类童书，对太阳系的故事乐此不疲，但到了4岁，他就不喜欢了，即使我买一些有洞洞、揭页、立体造型的太空类图书，他也坚决不看，而是移情到了城市建筑类的书上。这些城市建筑类的书是我一年前买的，当时他对此也是一点儿兴趣都没有，我只好束之高阁。到了4岁半，他极度喜爱武侠系列的漫画，喜欢那刀光剑影的场景和富有美感的动作招式，对城市建筑类的书又漠然置之了。

现在许多父母对电子产品如临大敌，他们不但不允许孩子看电视，还会以孩子一点儿也不接触电子产品为骄傲，因为他们总认为电子产品有害无益，会让阅读“退位让贤”。我却认为，电视电影并非阅读的“杀手”，电子产品蕴藏着让孩子对阅读感兴趣的“心机”，过后还会自动功成身退。

森森4岁多时，我买了《小王子》给他，但他一点儿兴趣都没有。有一次在朋友家他看了动画片《小王子》，回到家便积极主动地让我反复读《小王子》给他听。之后的每个夜晚，他都把书翻开到有巨大红色飞机的那一页，放在床头陪伴自己入睡。我没想到，就是那一次看的动画片，让森森从此对这本绘本如痴如醉。

还记得有一次，我听一位爸爸说，他3岁多的孩子平时爱打架和抢别人的东西，脾气很大。这位爸爸认为主要原因是孩子平时看动物互相撕咬的电视节目太多了，他决心要引导孩子看平静温和的绘本，于是买了一大堆《米奇妙妙屋》《海底总动员》《小飞侠彼得潘》等，但孩子就是一点儿都不喜欢。

聪明的爸爸为了激发孩子的兴趣，播放了这些动画片来作为诱饵，他特意放了一小半就停下，跟孩子约定下周再放。孩子实在忍不住想继续看下去，就不自觉地拿起绘本看后续的情节了。久而久之，孩子看这类绘本越来越有兴致，看电视节目的时间自然就少了。

除了上面说到的以人的主观能动性去激发孩子兴趣，还有一种就是靠改造客观事物来让孩子爱上阅读。

森森1岁以后，我喜欢带他到图书馆、购书中心、亲子餐厅读书，那里不仅是图书的天堂，还有许多孩子坐着安静地看书，这样很容易带动他自主阅读。

我还在网上看到很多用心的父母把家里的房间或角落布置成微型图书馆，将其粉刷装饰成精灵城堡、魔法森林、海洋世界的样子。

我有个做教育类公众号的朋友，她就是在家里建了个读书小屋，多次自发举办读书会，让女儿邀请亲朋好友、幼儿园的同学一起来读书、扮演角色、表达观点、互换绘本。后来她们还建立了图书馆制度，自己当图书馆馆长。长期的“众乐乐”，让孩子更加喜欢阅读。

相反，尽管有些妈妈在孩子的阅读上下了很多功夫，但是孩子对阅读总是提不起兴趣，甚至排斥地说：“我一看到书就会晕。”出现这种状况，大多是妈妈在引导孩子看书时太急躁迫切了。例如，有些话总挂在这些父母的嘴边：“你看小英，她每天看两本绘本，你呢？你啥都不看，将来有什么用！”“这是幼儿园推荐的绘本，你一定要看哦，明天老师会检查的。”“你看的这本书不好，妈妈不是买了《一千零一夜》给你吗？读妈妈买的。”

父母以拔苗助长的方式、咄咄逼人的态度，把书本的智慧和文化强行揉成一团，硬塞给一个未被启蒙的孩子，孩子并不能感知书本是自己的好朋友，反而会产生逆反心理，进一步排斥营养丰富的童书。

我也发现在妈妈群里存在着一些功利的父母，他们只给孩子看《三字经》《千字文》《弟子规》，并没有顾及孩子是否真心喜欢。阅读是场马拉松，父母让孩子在前十米就跑得气喘吁吁，这样孩子很可能从此就放弃，即使仍然勉强前进，他们也脚如注铅，没法健步飞奔。

还有些父母，把孩子的兴趣抹杀于熟记知识点之中。有一次在图书馆，森森跟一个5岁的女孩看恐龙书，女孩的妈妈却不让她看。这位妈妈跟我说："我女儿一向喜欢恐龙，能够分辨出许多种热门的恐龙。但由于后来接触大量恐龙书，认识了其他恐龙，现在她把所有名字都搞混乱了，真是越看越糊涂，所以我只给她看我们家那本简单的。"这位妈妈舍本逐末的行为简直愚不可及。

· Ⅲ · 该如何给孩子读绘本

给孩子读绘本，实质上是通过人性与人性、学问与学问的贯穿来构建起孩子的价值观。

"日本图画书之父"松居直先生在《幸福的种子：孩子共读图画书》一书中提到："即使大人只是照着书逐字逐句地念，孩子们也会时而提出疑问，时而要求大人同意他们的意见，时而自言自语，时而故意改变说法，有时更可能进入和书中完全相反的世界中。也就是说，语言能启发新的语言，印象能发展新的印象，孩子的大脑反应能够像波涛般无休止地扩展，而且与最亲近的人一起阅读，这种反应会比他自己一个人阅读更强烈。"

●倾心演绎

有一次一位朋友带儿子到我家做客，两个孩子吵着要听故事，我正忙着切水果，就跟朋友说："你去给他们讲故事吧。"朋友推脱道："拜托，我最不懂的就是给小孩子讲故事了呀。”我说：“没事，你怎么说怎么好！”朋友转身就机智地打开手机里的电台软件，播放故事给他们听了。

有些父母看上去对亲子阅读不够上心，事实上是不好意思，或者放不下架子。**其实作为普通父母的我们，并没有接受过专业的朗读训练，所以不必太讲究抑扬顿挫、咬字准确，只要诚心诚意、专心致志地给孩子读，就是一场完美的亲子阅读了。**

我们可以设置一个场景给双方，孩子是导演，父母是演员，以孩子的偏好为主导，生动活泼地演绎起来。我们的面部表情要跟随剧情有所变化，一人转换三四个角色，语调也需要夸张一些，同时带动孩子一起参与。

例如，给森森读《快活的狮子》时，我营造出快活的气氛，时而趴着身子、张大嘴巴扮演狮子吼叫，时而扮演杜邦校长、潘松太太热情地挥手打招呼，时而扮演惊恐万分的路人向狮子扔东西。因为我的投入，整个过程森森看得全神贯注，他觉得实在太过瘾了，自己也跟着一起扮演，下达分配角色的指令：“妈妈，你来扮演狮子，我来做佛朗索瓦！”当然了，在给森森读书之前，我会认真地做功课。例如，我要先看几遍绘本，不需烂熟于心，但要胸有成竹：能抓住故事的主旨和高潮，知道我可以在哪里配上手势，哪里额外添加一些森森在生活中经历过的情景或自己的感受来当作“调味料”。

我从森森8个月的时候就开始以这样的方式跟他读书了，但是当时森森对我置之不理，一味地撕书咬书，又或者投入到他身旁的玩具中。但是我相信他的外在表现并不等于内心抗拒，实质上他在不断地接收信息，把信息存放在头脑中。

虽然我感觉自己像个傻子那样在一个心不在焉的观众面前手舞足蹈，但还是一直坚持下去。正因为这种读书氛围，森森1岁时就明显进步了很多，开始目不转睛地盯着我读故事，显得比之前安静、认真多了。

在森森1岁半后，我开始在演绎绘本的时候穿插一些问题。在森森2岁半前，我会问他最喜欢什么角色或者哪幅图片最好看，又或者问：“你找到 ×× 了吗？”“×× 是什么形状的啊，你喜欢吗？”森森3~4岁时，我会让他说说感想，或者问："为什么……？""如果是你的话，你会……吗？"森森5~6岁时，我会让他简单复述故事，或者问："你觉得后来怎么样了？""你认为××是对的还是错的？为什么呀？"

这里需要注意的是：

第一，读绘本的过程中，发问和聆听比讲道理更重要。有一次我在图书馆里听到一个妈妈给孩子读绘本，她每读一页都会在里面加上她的人生大道理和做事规范，问的问题也很深奥，孩子回答后，她又对答案发表了一番严肃的评价。这样下来，妈妈的"读"和"问"毫无美感可言，这样不仅不能让孩子集中注意力，也抹杀了他的独到见解。

第二，读绘本的过程中，我们需要及时抓住孩子的闪光点并给予肯定和赞赏。例如，我给2岁多的森森读"吴宫花草埋幽径，晋代衣冠成古丘"时，他立刻问："妈妈，这个'吴宫'是不是虫子'蜈蚣'啊？"我详细回答后，竖起大拇指称赞他对词语的高度敏感和专注。

刚才我说的是妈妈怎样去朗读，在现实中，一般也是倾向于妈妈读故事的，但是我们绝对不能忽视爸爸朗读的魅力，爸爸也是个优秀的朗读者。我一直有这样的观点：我们可以尽早引导孩子读中国的四大名著，这些名作能够开阔孩子的眼界，提高他们的品位层次，我们不要认为孩子听不懂就盲目放弃。这些气势磅礴的战争场面、风起云涌的天下大事、神算鬼才的兵法韬略，由爸爸来朗读会更具神采和味道。

像森森爸爸，他把幽默、滑稽、活跃的语言加插在故事中，还会把自己的童年经历、英雄事迹都胡乱混进去，听上去似乎什么故事都被他扯得老远了，但那些无拘无束的当场想象的东西，更加引人入胜。他为5岁的森森读《水浒传》里的《景阳冈打虎》时，会以表情、动作和架势来表现出万夫难敌之威、一身自信之势，让打虎英雄活灵活现，森森听得十分痴迷。如果换我来演绎，那可是判若云泥。

●顺应孩子心理

在早期阅读中，6岁之前的孩子会不断要求父母反复讲同一个故事。森森也经常出现这种情况，我会无条件地理解和满足他，只讲那一个故事。但有些妈妈表示很枯燥无聊，或者以为孩子故意逗父母，在挑战父母的极限。其实孩子认为故事很有趣，就会不断地从父母的讲授中吸取养分，当他们觉察再次讲的与上一次听到的有不同时，会产生全新的感受和体会，同时他们喜欢通过重复来证明和巩固自己脑海中的印象，从而增加安全感和规律感，甚至有些孩子会借此机会悄悄地认生字。

反复阅读，就像戏曲演员不断练习基础功夫一样。

如果妈妈真的希望读另一本书，我认为可以征求孩子的意见："那本书好像更好玩呢，也许里面会发生更奇妙的事情，要一起看吗？"但最后还是要尊重孩子的意愿。

另外，有些父母让2岁的孩子边看绘本边认字，这明显是操之过急了，没有尊重孩子心理和智力的正常发展。我认为从孩子4岁左右开始，才可以有心却不留痕地在亲子阅读中让他们学习一些常见字，重点是不枯燥、轻松、量力而行，这样才更符合孩子的身心发展规律。

森森4岁时，我们看到绘本有一页画着一座山，刚好上方写着个"山"字，我指着"山"字说："哇，原来这个'山'字跟这座山那么相似，有山腰有山峰，太好玩了！"又例如，看到有小鸟的那一页，上面的文字中有个"飞"字，我指着"飞"字说："飞飞飞，两只翅膀长在身体上，还有小尾巴，看到它我也想飞起来啦。"我用一些形象有趣的描述让森森爱上看文字，这样他既能记得清楚，又会乐在其中。

即使我们不太着重去教认文字，只要坚持高质量的亲子阅读，许多孩子自然而然就会认得很多生字。通过逐步积累，孩子在六七岁之后就会过渡到自主阅读中去了，父母无须太过担心。

· Ⅳ · 睡前故事有必要吗

我们经常听到大家说“睡前故事”，很多故事书也以“睡前故事”来命名。之前一个好友提问：“我没有给孩子讲睡前故事，因为讲了孩子会更加兴奋，难以入睡。究竟为什么要在睡前讲故事呢，里面有什么玄机吗？”

我认为，故事不一定在固定的时间读，如果有条件，可以抓住一切可用的时间来读，但如果我们在晚上临睡前才能结束工作，那就唯有在这个时段进行亲子互动了。这时我们应当挑选一些情节没太大起伏、气氛安宁的故事，最好内容带有“××说‘晚安’”“××睡着了”的情景，例如《晚安，大猩猩》《月亮的秘密》《睡不着觉的小兔子》《今晚谁哄我睡觉》等绘本。这些绘本既可以帮助孩子入睡，也可以通过富有感情的声音来帮助孩子建立满足感与安全感。如果实在是太晚了，孩子还是听得津津有味不肯睡觉，那么我们就要跟孩子提前约定好讲到哪个情节或者讲到几点钟就要睡觉，按照约定办。

对于忙碌的父母而言，其实早上起床读故事是个更好的选择，能避免晚上的各种疲态，睡醒后的思维也比较清晰活跃。

如果父母平时确实太忙，那就用录音机录下自己的声音，让孩子带在身边，以便随时能听到。又或者在照顾者的手机上下载网络电台，收藏几个合适的故事，让他们平时有空就播放给孩子听，自己等到周末再尽量抽出时间开展亲子共读。我们不要一味认为电子产品不近人情，或者孩子不喜欢这种方式，其实运用得当它也会成为我们的好帮手，尤其是常年出差的父母。

最后，我们看看从小就开始阅读于人生的意义：小至孩子，爱阅读的与从不阅读的孩子有着本质区别，爱阅读的孩子举止文雅、彬彬有礼、谦虚谨慎；大至家族，爱阅读的和从不阅读的家族，外人一眼看去就能够辨识。这些就是曾国藩所说的“唯读书则可以变其气质”。

父母就是孕育孩子茁壮成长的土壤，我们对待阅读的态度，孩子都会模仿、复制：我们有囊萤映雪、凿壁借光的读书态度，孩子大多能闻鸡起舞、牛角挂书；我们刷屏不断、迷恋电玩，孩子大多会蹉跎岁月、一事无成。

吉姆·崔利斯在《朗读手册》的开篇就引用了史斯克兰·吉利兰的话：“你或许拥有无限的财富，一箱箱珠宝与一柜柜的黄金。但你永远不会比我富有——我有一位读书给我听的妈妈。”我就是这样一个爱读书给孩子听的妈妈，那你呢？

发现问题

如何培养孩子的阅读能力？

解决问题

1. 激发兴趣：明确孩子的喜好；巧用电子产品；创造环境。

2. 给孩子读绘本：妈妈与爸爸的倾心演绎法；顺应孩子的心理。

3. 睡前故事：不一定是睡前，如果有条件可以抓住一切可用的时间来读。

3. 语言是陪练出来的

·Ⅰ· 2岁半前的“陪”，2岁半后的“练”

我从怀孕开始就相当重视宝宝未来的语言发展，因为它直接影响了宝宝日后的学习能力、交际能力和智力发展。功夫不负有心人，在我的努力下，森森的语言发展从小就是比较全面的，他从牙牙学语到能说会道，一路都是走在“快车道”上。

我把其归功于，在森森2岁半前，我对他有足够的陪伴，并且在陪伴时进行大量语言输入；在森森2岁半后，我对他进行有技巧、有针对性的语言训练。

·Ⅱ·2岁半前的语言发展

●我对森森的“陪”

当森森呱呱坠地后，他就被爸爸妈妈的赞叹声、家人的呼唤声、医生护士的聊天声、室内不同物品之间的碰撞声、窗外车辆的喇叭声包围着。这时候，睡在病床上的我已经开始跟森森“聊天”了：“欢迎你来到爸爸妈妈的身边。”“你现在立即有奶喝啦，真是个幸福的好宝宝。”接下来，只要我和森森都醒着，我就对着他轻声絮语，而爸爸就抓紧在换尿片的时间跟他唠叨。

森森踏进3个月，我会尽量做出多种口型，发出各种声音，来让他模仿学习，因为每当我这样做，森森都会专注地紧盯着我的嘴唇。森森也开始反馈了，发出咿呀声，或者玩着口水发出咕噜声。

我会在任何时候创造机会让森森倾听各种声音。我经常向森森诉说自己的心事、生活琐事、工作内容，把我的所见所闻灌输给他，也会唱一些小童谣，跟着节奏在他身上轻轻地拍打。我还会用玩具来让森森听到动物、汽车、乐器、自然界的声音，帮助他认识各种事物的特点。

在森森6个月的时候，我说话开始锁定目标了。如果森森关注自己的手，那我会说：“宝宝的手白白胖胖，妈妈太喜欢了。”如果他关注婴儿床上吊着的星星，那我会唱：“一闪一闪亮晶晶……”在这个时段的某一天里，森森发出了“PAPA”“MAMA”的声音，尽管他还不知道“爸爸”“妈妈”是什么意思，但在他叫“MAMA”时我总会迫不及待地做出回应：“宝宝，你叫我吗?”

对于森森的身体、言语呼唤，我也会做出积极的回应。如果在给森森按摩时他突然缩了一下，那么我会轻轻地问：“按左边肩膀很痒是吧?”当森森指着自己的肚子发出“啊啊啊”的声音时，我会说：“宝宝的小肚子，圆圆的、胀胀的。”我还会延伸解释：“妈妈也有个小肚子，以前还装着宝宝呢。”然后学他的样子指着自己的肚子。

在森森10个月时，我尽量多地大范围指着事物并准确发音。早上我拿着梳子梳头时，指着梳子说：“这是梳子，用来梳头发。”晚上我帮森森盖被子时，指着被子说：“这是被子，盖了之后暖暖的。”其实，这时森森的语言理解能力已经初步具备了，因为当我叫“森森”的时候，他会给予回应，当我叫“外婆”的时候，他会看着外婆。

总之，1岁前森森处于开口说话的准备期。

孩子从感知到说话的过程，实质是从输入的量变到输出的质变，从听得

懂到表达自己思想的过渡。

在接近1岁的时候，森森说话了，之后他的语言能力迅速地发展起来：1岁时能够说出一些名词；1岁5个月时能在句子中使用动词，以及爱问“为什么”；1岁9个月时能说相当完整的句子以及流利对话了，因为他已经掌握了许多新词语；到了2岁半，森森的嘴巴像安了个马达一样，不停地问问题和表达自己。

森森1岁~2岁半时期的语言表达能力让我满意和自豪。在这段时期，我对他的语言输入也是有讲究的。每次森森说话时，我都尽量给予积极的反馈：“你说得真贴切。”“你形容得很不错。”而绝对不会否定或取笑，像：“你怎么说来说去都说不好呀？”“你怎么说成这样子呢？”一旦孩子失去了主动表达的信心，要挽回就会非常困难。

平时如果森森有所请求，我会尽量帮他把要说的意思扩充成一个完整的句子，然后才满足他。例如森森说“木马、木马”，我会引导他说出骑木马的需求“妈妈，我想骑这一匹木马”，然后让森森跟着说出来。当他完整地表达需求后，我再满足他的需求。

我也善于抓住新鲜事物来提问，调动森森的兴趣和思考力。做家务时，我会问森森：“你想擦桌子还是窗户呢？”当他回答后，我便故意弄错，再让他把我的错误说出来。有时候我也会帮他作答，让森森听到回答的句式。比如我会自问自答：“这是哪来的小蛋糕呀？哦，让我猜猜，这是舅舅买给我们的。”

每次外出，我都鼓励森森多跟其他人交流。坐出租汽车时，我让森森跟司机问好、说出目的地，下车让他道别；购物时，我让森森跟售货员问好、说出想要买什么；见到小区的保安时，我会引导森森大声打招呼、问包裹的情况等。

同时，我也很享受森森分担我的任务。“请帮妈妈把盆子放到这里吧，谢谢。”“请帮妈妈找一下杯子吧，谢谢。”这些方法既能让孩子成为小帮手，也能高度丰富孩子的语言库。

上述只是森森的语言发展情况和我提高他语言能力的方法。每个孩子的语言发展步调不一致，差不多达到标准就可以了，我们不能要求每个孩子都早开口，拥有高水平的语言能力。

● “陪”的问题

现在很少有妈妈会担心地问：“孩子不开口说话怎么办？”而更多的是无助地问：“我们已经陪在孩子身边不厌其烦地说个不停，但他就是不愿意说话，怎么会这样子！”

除了病理性原因，一切孩子不懂得说或者不愿意说的直接原因，很多能归结于父母尚未对孩子有适当的陪伴。孩子的内心就像冰封的海面，沉默下掩藏着汹涌澎湃，我们只能用陪伴来进入他们的世界，让他们获得精神上的满足。这些做到了，语言输入才会有成效。

我的一位朋友平时事务缠身，下班和周六日的时间都被利用起来参加各种演讲。即使如此忙碌，她对女儿也丝毫没有放松。她研读了很多育儿书，还报了线上的父母课堂，把学到的知识灌输给带女儿的外公外婆，尤其着重告诉他们提高孩子语言能力的方法：尽量多在孩子面前唠叨，多给予孩子机会表达。但她女儿2岁多了，还迟迟不说话，语言能力比同龄人落后。如果逼着女儿说，她也只是以单音、叠音来应付。朋友开始焦急了，不知道身为“专家”的自己哪里犯了错，还在担心孩子是否舌根有问题，所以不爱说话。

首先，“纸上得来终觉浅，绝知此事要躬行”，我们所说的“陪”是父母的亲身陪伴。只有这样，我们才能实现对孩子行为与精神的专注、敏感，从而改善育儿模式、生活模式，观点和思维才不会被尘封起来，而假手于人的“陪”终会碰壁。

以前很多妈妈因为掌握的科学育儿知识不充分，或是为三餐奔波劳碌，对育儿不是不用心，而是难以用心。而现在的妈妈因为知识、地位都很高，不肯放下架子，怕照顾孩子牺牲了自己，对育儿不是不用心，而是有了功利心。

无论观点多么具有前瞻性，我们都不能以专家身份将育儿理论强压在孩子的照顾人身上，也不能以“法官”身份来旁观孩子的事发过程、点评事发起因，因为我们根本没有检验自己提倡的方法是否适合孩子、是否有效。父母应该当一名“侦探”，在参与孩子生活的过程中捕获他们真正的需求，在细微之处找出“破案”的线索。

比如，与孩子一同郊游，可以在陪伴孩子的同时深入交流，以提高孩子的语言能力。例如，妈妈一边游览一边发表自己对景色的看法，如果孩子不愿意说，那就从简单的颜色、形状来开始引导，循序渐进地说下去。在看山上的竹叶时，妈妈从它的形态、气味讲起，再引申出它的属性、习性、寓意；在看蝴蝶时，妈妈从它的颜色、状态说起，再引申出它的发育过程、生活习惯；在车上，妈妈可以打开存放在脑里的“百科全书”，给孩子介绍竹子、蝴蝶所关联的其他动植物，或者讲以它们为主角的故事，激发孩子提问的热情，并沿着孩子的思路继续说下去，尽量让孩子从问到答，再过渡到探讨。

像我这位朋友她难以挤出时间，我认为她就应该索性把读育儿书和上父母课的安排都取消掉，直接替换成陪孩子读绘本、玩游戏、逛公园。我确信爱并不会从学习素材中直接飞到孩子身上，育儿上的进修只是“锦上”的“花”，而真正的“锦”是妈妈的耐心陪伴。

读到这里，可能会有读者问：“现在不是经常说，妈妈优秀，孩子才会优秀吗？我们怎么能放弃自己的学习时光来陪伴孩子呢？”

我刚说的并非让妈妈止步不前，而是建议妈妈从实践中亲身探索，这样更能验证知识的科学性，不被伪理论所绑架。

可能又有读者质疑：“现在女强人多得是，她们的孩子一般都是交由老人或保姆来陪伴，自己只是做一个指导者，但也不觉得这些孩子有什么缺陷，反倒是长大后大多都很优秀。你举的案例只是个特例而已。”

诚然，在现实生活中，一些表面看上去非常优秀的孩子，身后可能站着一位在职场上披荆斩棘以致没有亲自照顾过自己的妈妈。但是我肯定这些孩子的内心是有所欠缺的。这种匮乏感不一定在此时此刻就表现出来，更多的可能是在几年后、十几年后、几十年后才表现出来，又可能永远都不外露，只压抑在心里，痛苦和煎熬全留给自己。

再说了，现在社会对孩子所谓“优秀”的判断太狭隘了。一些事业红火但陪伴甚少的父母，可以通过资源、财富、权势等让孩子“优秀”起来，孩子越是戴上这些“优秀”的面具，越是掩盖了伤痕累累的内心。

因此我们经常看到各大报纸上有类似的报道：“知名大学品学兼优的学生，不明原因自杀身亡。”

我所理解的真正优秀的孩子，不是他们的父母在外有多厉害，他们从小被如何贵族式培养、精英式培养，而是他们从小就从父母的陪伴中获得无穷无尽的爱，内心快乐阳光、平和坚韧，能把每一天活得尽兴，能够绽放自我。

其次，我所说的大量语言输入并非随意的唠叨，而是我们说的每句话都必须带有真实的爱，包括给予安全感、满足感和舒适感。

我这位朋友让照顾人尽量多唠叨，这个方向是对的，但是孩子听不听得进去，开不开口说话，关键在于家长说的是什么，以及怎么说。举个例子，在我住的那栋楼里，有一个2岁多的孩子，我每次碰到她，都会听到她的父母在唠叨：“把这些东西收拾好！”“把手机的音量调大点，这么小声怎么玩游戏！”“你不吃粥的话，我就把你送到托儿所去！”这种唠叨根本没有爱，而是一种干扰，它的潜台词是质疑、失望、嘲笑、催促，它让孩子对对话抱有负面情绪，从而直接堵住了孩子的嘴。

如果父母能把态度逆转过来，好声好气地说：“这些东西收拾得很干净，看上去舒服极了。”“手机声音可以调大一点，这样更有感觉。”“吃粥有利于身体健康，我相信你是个不挑食的好女孩。”当孩子感受到积极快乐的情绪后，再延伸话题聊下去，这样孩子不仅会听话，更重要的是她能领悟到语言的感染力、亲和力，自己也愿意交流。

最后，谈谈朋友担心的舌根问题。舌根绝对不是孩子说话与否的裁决者，即使是攀舌的孩子，也存在说话的欲望，只是他们舌系带发育不正常，发音受到了影响而已。

一般来说，新生儿的舌系带是接近舌尖的，随着生长发育，舌系带会向舌根退缩，一般2岁以后舌尖便会远离舌系带。如果发育不正常的话，就会出现一系列发音、舌形等问题，那就应当到医院进行医学处理了。

·Ⅲ·2岁半后的语言发展

●我对森森的“练”

2岁半后，我除了延续之前的方法，还把侧重点移到了“练”上，独辟蹊径，加强对森森的语言能力训练。这条蹊径就是让森森接触古诗词。古诗词是人心中的根，它与古人的精神相连接，对生命赋予美好的期盼。接触和朗诵古诗不仅能提高孩子的综合素质，升华境界，抚慰焦躁的心灵，还能大大优化孩子的表达能力，为语言染上丰富的底色。

日本的第一位诺贝尔奖获得者、物理学家汤川秀树，他说自己的成就跟他从小学习中文、每天在家里的后院背诵古诗词，以及熟读《庄子》中的故事高度相关。以背诵古诗词来说，越早越好，早早记得有价值的东西，以后慢慢就会有更多的理解和体悟。

但是，诗词，对于6岁以下的孩子来说，我认为“听”比“背”重要。孩子听得多了，自然就会对韵律和节奏敏感，记得里面的内容，感受到里面的情感，一旦情境适合便会不知不觉念起来，不需要刻意和逼迫，即使是一些当时想不出的内容，也会埋藏在心底。

我先从森森的兴趣入手，读一些有趣好玩、包含数字的诗词来吸引他，像邵雍的《蒙学诗》：“一去二三里，烟村四五家。”读一些有动物的诗词，像马致远的《天净沙·秋思》：“枯藤老树昏鸦，小桥流水人家，古道西风瘦马。”森森特别喜欢鱼，我会给他读李白的《赠崔侍郎》：“黄河三尺鲤，本在孟津居。点额不成龙，归来伴凡鱼。”森森也特别喜欢练功夫，当我念杜甫的《前出塞九首》“射人先射马，擒贼先擒王”时，他会一边自编动作，一边跟着念。

我会配合情景、场合让森森感受诗词的优美和力量。当我们上山看瀑布时，我念：“日照香炉生紫烟，遥看瀑布挂前川。”当我们看荷塘月色时，我念：

“灼灼荷花瑞，亭亭出水中。”当我们听到蝉鸣声时，我念：“只凭风作使，全仰柳为都。”

很快地，在韵律和节奏的熏陶之下，森森3岁前就能“诗如潮涌”。我们参加家庭聚会时，大家听到森森“念念有词”，都会问我是否严格地逼他背很多诗词。我跟森森坐出租车时，他一边看风景一边念诗，司机问我是不是一个心狠的“虎妈”。其实大家都误会了，如果是在严格的训练中熬出来的“高手”，孩子会对诗词心生厌恶，被推一下才踉踉跄跄地走一步。只有在无拘无束的环境下接触到诗词的孩子，才会有这种油然喜爱的行为。

当我逐句解释诗词时，我会尽量用上关联词语，例如“因为……所以……”“如果……就……”“无论……都……”等等，从内容的逻辑性上帮助森森理解。日后他便会善于运用这些关联词，使表达更有条不紊、完整连贯。

平时，我允许森森充分发表他的个人意见。森森听我解释“无为在歧路，儿女共沾巾”后，他坚决认为离别是应该尽情哭的，只有把不快表达出来才会痛快。还有，森森喜欢用“会当凌绝顶，一览众山小”来形容自己和其他长得高的同学。

森森4岁的时候会特意不把整首诗念出来，而是自己加工、重置，虽然内容、语法混乱，但是他能掌握诗的声调和节奏，配上自己独特的音腔唱法，读起来抑扬顿挫。像他念“葡萄美酒老大回，两个黄鹂鸟飞绝，国王骑马战士随，救了王子去挖掘”，听上去毫无逻辑，但我并不阻止，反而会赞赏和鼓励，因为他有自己的思路。这种感情是独特的，具有生命力的。

当森森过了5岁，对诗词有所积累时，我便邀他玩接龙游戏，我说前一句诗，他说下一句诗，就像日本古典小说《源氏物语》里的人物那样用诗来一唱一和，但是我对他的准确度没有要求。有时我还会在读诗的时候故意读错一句，看他是否能听出错误，能不能够纠正出来，但对此也没有严格的要求。

就这样，森森通过记忆、想象、思考等智力活动不断地练诗词，进而在日常生活中能更好地进行情景描述，表达时能用上丰富的词语，并准确发音。

●其他有趣的“练”

在两年前的一次亲子活动中，我认识了安安妈。安安那时4岁半，他平时很安静，如果别人问他问题，他只会反馈一个冷冷的眼神。安安妈把孩子不说话的原因归结于电子产品，因为一直以来，家人为了好带孩子，平时让安安玩手机里的益智游戏，这样大家就不需要额外付出时间陪他玩了，他也会显得特别乖。

孩子的不说话看上去极度棘手，但一次机缘巧合，安安妈看到了帮助孩子的方向。安安妈的朋友送了几张儿童剧的票给她，于是她带上孩子去观看，想不到，孩子居然可以放下手机两小时，眼睛直盯着舞台。回到家，孩子嘴里念着台词，还加上自己的感悟和再创造，有时还会加上一两句对剧情的评价。安安妈意识到这是一个突破口。

她决定给安安报个儿童话剧班。课程一开始，安安根本不按老师教的台词去表演，在妈妈跟老师深入沟通后，老师特别关照安安，给予各种机会让他自由地表演。他们逐渐发现安安能够从自己的语言库里抽取出一些特别有趣、另类的对白来演说，配上夸张的肢体语言，让角色更加富有灵性。在老师的进一步帮助下，安安参与了各种剧目的表演，自然地，他的语言表达能力有了进步，表演也越来越有神韵。有了成功的经验，安安逐渐变得想说、敢说、喜欢说。

同时，安安妈在家里准备了与故事有关的服装、道具、音乐等，让一家人配合来扮演角色，通过重复对白来提高孩子的逻辑思维能力和讲述的完整性，逐步培养孩子表达的自信心。

现在安安6岁半了，他的锻炼让自己脱胎换骨。安安在幼儿园里很乐意跟同学们分享各种童话素材，而且很有表现力地说出来，大家都陶醉在他创造的童话世界里。

安安妈从一开始就努力地挖掘孩子的精神世界，让他尽情地彰显自己的个性，不破坏他那未经打造的行为方式，从而创造了一个逆袭的奇迹。

●幼儿园的“练”

除了父母的“练”，其实现在越来越多的幼儿园对促进孩子语言能力发展也是颇费心思的。

森森的幼儿园老师爱跟孩子玩“传声筒”游戏：老师在第一个孩子耳边轻声说一句话，由这个孩子向第二个孩子轻声传达，第二个孩子再向第三个孩子轻声传达……如此类推，到了第五个孩子，让他把听到的话大声说出来给全班同学听。他们还喜欢玩组词游戏，例如孩子取出一张卡片，卡片上是一条金鱼，那么他就需要说出一个词，这个词的词首要跟给出的物品名字的词尾一样，如“金鱼—鱼头—头发—发生……”。

我听说有的幼儿园会设置特定的语言环境，像交流室，里面只放几张小沙发，墙体粉刷成暖色调，旨在给孩子搭建一个能够安静聊天的区域，让三五知己在里面畅所欲言。有的幼儿园老师喜欢让孩子自己编故事的结局，老师往往说到故事的三分之二时，就会让孩子站出来继续说，老师还会在其中设置问题，鼓励孩子大胆回答。还有的幼儿园老师会准备一个布袋子，袋子里面装着小猫、小狗、小羊等玩具，当老师拿出一个玩具时，就让孩子编一个里面有这个角色的故事，当老师拿出第二个玩具时，孩子需要在原来的故事中加入这个角色继续编下去。

· Ⅳ · 关于双语环境

在为孩子语言发展而努力的时候，我们总会听到一些言论，如孩子说话迟、说得不好，是双语环境导致的。

我刚生下森森时，家人曾让我不要说粤语，只说普通话，因为他们认为现在的社会更加倾向于用普通话来交流，担心孩子日后只会说粤语而不能跟别人沟通。他们告知我有一个亲戚就是因为既说家乡话又说普通话，而导致了孩子说话迟，告诫我不能重蹈覆辙。另一位朋友也告诉我，他的儿子说话说得早，而且表达流畅，就是因为他们坚持只说一种语言。

如果现在还抱有这种观点，那就大错特错了。大量权威的科学实验证实，在双语环境中的孩子说话并不会比单语环境中的孩子晚，而且双语儿童比单语儿童在心理控制力方面更显优势。他们在不同语言的切换中能掌握更高的技能，拥有更灵活的思维，在日后的阅读、数学、英语测试中成绩更好，在未来职业选择方面更有优势。也就是说，孩子说话早与晚，跟单语环境还是双语环境并没有什么关系，双语环境不存在拖后腿之嫌。如果真的产生问题，只与其他因素有关，例如教养方式、听觉与发音器官的发育水平等。

然而最有趣的是，我从堆在工作台上的案例中发现了一个共同点：那就是，家里同时讲普通话与方言的，排斥双语多是由父母中不说方言的一方对说方言的一方发出，而极少是由说方言的一方发出的，这说明什么呢？大家对双语环境并非真的排斥，而是出于另一个心理层面的原因。

那些排斥孩子说方言的家长，会以拒绝双语环境作为幌子。这实质上是一种人性的自私：①提出者内心充满高度控制、压抑欲望，认为只有尽量减少对方的方言，才能使自己认可的语言拥有优势；②提出者没有尊重、理解对方的方言，对自身语言实施变相的不正当保护。正如话剧《柔软》中的一句台词：“这世界从来不缺乏爱，缺的是了解。”现代家庭从来不缺乏爱，缺的是了解和包容。

其实，现今国人的方言能力正在快速下降，20世纪90年代出生的人群已经形成不可逆的断层，更不用说之后出生的孩子。现在的幼儿园，孩子入园后会被大量灌输普通话，因此掌握一口流利的普通话是不难的。如果家里说方言，是绝对不会影响普通话的学习的。

另外，还有一种更加典型的思维，就是家长宁愿让说方言的一方用蹩脚的普通话来教育孩子，也不让其说一口流利的方言。例如我的一个好朋友，孩子的外婆普通话不好，说的是家乡话，发现孩子说话迟时，丈夫便把矛头指向带孩子的外婆，让她以后必须要用不规范的普通话跟孩子沟通。他看到的从来只有自己，却让外婆背黑锅。

我主张，妈妈应当用自己的第一母语来跟孩子做日常沟通，再以规范的其他语言为辅助。**妈妈只有通过最能衷心表达情感的语言，才能让孩子真切感受到字里行间流露出来的风韵和态度，体味到深沉的独一无二的爱意。**

例如，我分别用粤语、普通话来说“我爱你”，我相信一个外人听上去都会感受到情感有所区别，更何况是我的孩子。粤语中的情感是我表达得最自然、最浓郁的。

这里需要额外提醒的是，像森森从小主要听粤语、说普通话，有时我还会说说英语，他说话会出现三种语言的重叠。有外国研究著作指出，孩子混用各种语言是一种“语码混合”现象，他们会遵循其中一种语言的语法来说，绝对不会颠三倒四，这种现象是语言技能的进步。而且科学已经证实，孩子的大脑有清晰辨别出不同语言的能力，也就是说父母完全不需要向婴幼儿指出这是什么语言、那是什么语言，他们会自动识别。因此父母不必为此担心。

看完了上述的案例和观点后，我们会发现，其实语言是一个自带情感、内涵完备的世界，孩子是可以凭借自己的能力通向这个世界的。而父母亲力亲为的“陪”与“练”，是孩子通向这个世界的一道门、一条路、一架桥，从而让孩子在这个世界里行走得更加顺畅。

发现问题

如何培养孩子的语言能力?

解决问题

1.2 岁半前是“陪”：父母亲力亲为的陪伴 + 具备安全感、舒适感的语言输入。

2.2 岁半后是“练”：各种有技巧的语言训练。

主题延伸

双语环境中的孩子比单语环境中的孩子有优势。

4. 数学，玩的何止是计算

·1· 计算之外

网络上走红了一班上海的“牛蛙”父母，他们在孩子的幼升小简历中，强调了孩子对数独的娴熟，对一百以内的混合运算、小数、分数、负数、幂的掌握，对微积分、函数、极限、方程变换的理解……这种浮夸的风气从侧面反映了家长对算术天才的穷追不舍。

自从森森上了幼儿园，我跟家长碰面时，他们会问：“森森现在会计算20以内的加减法吗？”“森森能心算吗？”“森森有报读珠心算课程吗？”我也看到很多家长从小班开始就针对幼升小的加减法题目对孩子进行强化训练。

不知道从什么时候开始，在家长的心目中，数学就是由一道接一道、然后一道再接一道的计算题拼凑而成的。著名数学家陈省声先生曾在全世界数学家大会上说：“我们每个人一生都花了很多时间来学数学，但我们其实只是学会了计算，而不是数学。”

其实，数学是个包罗万象的趣味世界，不仅仅是计算，让孩子懂得配对、方位、排序、分类、测量、数学逻辑等，都有助于他们获得数学世界的入场券。孩子通过动手实践来理解数字与数字之间、物体与物体之间的奇妙关系，最终获得的并非“1+1=2”的结果，而是从这个过程中锻炼出来的逻辑推理能力、抽象思维能力。

在带森森的这几年里，我认为，**数学能力之于孩子本来就带有“运算法则”，也就是说每到一个年龄段就会有某些方面成为训练的核心。枯燥、机械地教导，它们就成了让人兴味索然的碎木屑，有趣味性、生活化地引导，它们就成了支撑整棵数学大树的树干。**

· II · 有趣的玩意

● 2 岁前的核心：数量、配对、方位

在森森1岁前，他对数量没有任何概念的时候，我喜欢用“变魔术”来让他初步认识数字。因为1岁前的孩子对声音和颜色特别敏感，我用麻布袋装上各种颜色的水果，然后陆陆续续地掏出来给他解释。

我首先把一颗荔枝掏出来，说：“第一个出场，一颗红色的荔枝!”森森目不转睛地观察着我手上的这一个水果。过了一会儿，我再掏出两个橙子，说：“第二个出场，两个橙色的橙子！”我两手分别拿着一个橙子，让森森摸摸、闻闻。过了一会儿，我再掏出三根香蕉，然后说：“第三个出场，三根黄色的香蕉!”森森看着水果和魔术袋笑嘻嘻的，很期待我下一次掏出的东西。

最后我把所有水果都排列在森森面前，指着它们说：“一颗红色的荔枝、两个橙子、三根香蕉……”接着，我唱起自编的歌谣：“一个小朋友吃了一颗荔枝，两个小朋友吃了两个橙子，三个小朋友吃了三根香蕉……”听到我的歌声，森森的兴趣更加高涨起来，“咿咿呀呀”地发出声音。

过了一段时间，森森看多了“变魔术”，如果听到我说“一个橙色的橙子”，那么他就会灵敏地伸手去抓住一个橙子。

其实不仅仅是自创的游戏，我在生活中也随时随地地灌输数量知识给森森。

当我跟森森爬楼梯时，我会数每层的阶梯数：“1，2，3，……，13，哇，森森，原来这层楼梯一共有13个阶梯呢。”

当我跟森森坐车时，“点虫虫”成了我们的必玩项目。我用一根手指头对着森森的一根手指头，说：“一只虫虫飞走啦。”然后我把两根手指头对着森森的两根手指头，说：“两只虫虫飞走啦。”如此类推，数到五根手指头。在这个过程中森森会学着控制自己的手指头，并模仿飞走的手势。

平时跟森森在公园里看到花瓣，我会捡起来放在推车扶手板上，跟森森分配：“森森一片，妈妈一片，森森两片，妈妈两片……”森森会强烈要求把它们都带回家，回到家里又再指示我跟他一起数，对数数乐此不疲。

在这期间我开始尝试读《好饿的毛毛虫》：“毛毛虫周一吃了一个苹果，周二吃了两个梨，周三吃了三个李子，周四吃了四个草莓……”当我念毛毛虫的进食规律时，森森很专注，一听到毛毛虫终于吃完并变成一只色彩斑斓的蝴蝶时，他就特别兴奋。直到森森3岁，他还能清晰地记得这本绘本的每字每句，会模仿说：“妈妈，我周一吃了一个蛋糕，周二吃了两个巧克力，周三吃了三个蔓越莓，周四吃了四个樱桃……最后我变成一个大胖子了，哈哈哈!”

除了上面的数量游戏，森森对配对游戏也很感兴趣。森森1岁后，我发现他对大人的矿泉水瓶很感兴趣，于是我特意准备了三个大小不等的瓶子，把盖子拧开，随意地放在桌子上，然后像要去做事情一样转身就离开。我偷偷在墙角观察森森，他会不断尝试找回这三个瓶子的盖子，虽然不是每次都能成功配对上，但是他一直在努力总结瓶盖与瓶子的关系。当盖子都恰好盖上后，森森又开心地拧开重新尝试。在这个过程中，森森能直接感受到物体的大与小，以及相互之间的差别与联系。

跟瓶子游戏类似的就是套叠游戏了。在家里，我准备大中小三个塑料碗或套筒，先示范给森森看：最大的放在下面，然后按大中小的顺序垒起来。森森看了后会学着垒高，也会创新地摆放其他造型，又或者以小中大的顺序倒盖。这样做不仅能提升他的手脑协调能力，而且能为日后的数学学习做好铺垫。

还有方位游戏。森森2岁时，他在早教班里爱玩“找失物”游戏。这个游戏对孩子在时间、空间上的探索很有帮助。老师首先在孩子面前放三四个玩具，然后在孩子闭上眼睛后马上拿走其中一个。当孩子睁开眼睛后，老师便问拿走了哪一个，让孩子回忆刚才摆放了什么玩具。

森森总能积极地回答失物是什么，虽然答案不一定准确。他和其他孩子沉浸在思考当中，理解了之前存在的事物不等于现在也存在，现在存在的不等于之后也存在。

最后老师会让孩子观察失物究竟去了哪里，然后强调"在圆桌子的上面""在滑梯的下面""在窗台的上面"，以此强化孩子对方位的理解。

强化这种空间的认知，还有很多方法。我特意买了软积木，在和森森搭建的过程中，刻意贯穿了"里、外、左、中、右"。我让森森完成指令："森森，请拿两块圆形的积木过来吧，放在房子的中间。""森森，把一个蓝色的积木放在外面吧。""森森，把最短的积木放在左边，把最长的积木放在右边吧。"森森快速地完成后，我会给他一个大大的拥抱以示鼓励，并让他描述软积木的方位。

● 2~4岁的核心：数量、排序、分类、测量

森森3岁之前，他既能指认数字，也能唱数物品，但他说"5"并不代表他真的理解有5个物品。直到3岁，这种数字代表物体数量的概念才在他心里慢慢形成。而且，我发现森森嘴巴数的和手上点的不是每次都完全一致，所以导致最后那个"一共"是错误的，但他很愿意一次又一次地去数。

这种数数不局限于书本上的练习，平时森森自己也会自然地数起来。像他看到一座高楼大厦，他会看着窗户慢慢地数起来："1，2，3，4，5……"他看着看着绘本，目光也会转移到页码上，念道："1，2，3，4，5……"吃饭的时候，他看着盘子里的青菜也会数起来："1，2，3，4，5……"

我还记得森森3岁多的时候，有一次，我问他桌上的铅笔有多少支，他习惯性地用手指指着来数。我问他是否能够看到有多少支就直接说出答案，而不用手指来逐一数，结果他就边点头边随着目光轻声数。我又要求他："你

能心算，不数出声音吗？”

我发现，很多父母都会像我这样对孩子提高要求，让他们尽量不要用手指指着来数，或者不要数出声，好像孩子这样做了就特别高级一样。其实孩子被迫做出的点头和轻声数，只是为了满足父母的一种无谓追求，并非孩子真实所需。孩子从用手指指着大声数数到能够心算，是一个内化过程，他们不需要父母的提醒，到一定时候便会自然而然地过渡到用目光心算了。

也就是说，孩子的动作是学习的必要状态，它能加速孩子理解事物之间的关系，促进孩子学习思维的发展，而绝对不是什么障碍物。

3岁多的森森也特别喜欢玩“排序”游戏，例如我拿了很多张小汽车和小火车的图片，按着“小汽车—小火车—小汽车—小火车”的顺序排列，让森森接下去，他能很快就完成。

后来，我加大了排序的难度。例如我拿了穿着不同颜色衣服的布娃娃图片，按着“穿蓝色衣服的男娃娃—穿红色衣服的女娃娃—穿绿色衣服的男娃娃”的顺序来排放，让森森尝试接下去。这下就不单单是直观的判断，还添加了对性别、颜色的分辨。通过玩这种游戏，我能确定森森的观察能力和判断推理能力是否得到了逐步的提高。

还有就是跟森森玩“超市”游戏。我让森森把玩具都排开。当我做顾客，森森做老板的时候，我会问：“请问第一排左边第三个多少钱啊？”森森就会拿起对应的物品，说出价格让我付费。当森森做顾客，我做老板的时候，他也会学着我的表达来指明物品：“今天来了新货哦，你看第二排右手边第一个小龙虾，可新鲜呢。”久而久之，我发现森森对物品的排列反应越来越灵敏，也能准确地对号入座了。

跟森森逛街时我也会运用上他的排序本领，我会跟他说：“森森，左手边第二个路口有条小路，我们走那里吧。”听了我的话，森森能够准确地转入路口。当我们走回头路时，他不用我的提醒，也能分辨出方向，向右转之后再过一个路口找到原路。

为了跟森森玩“分类”游戏，我经常不顾他外婆的反对，从冰箱里拿好几种蔬菜和水果出来，让森森来整理分类。我说："森森，你把水果放在一边，蔬菜放在另一边吧。""你把绿色的蔬菜水果放在一边，把红色的蔬菜水果放在另一边。"森森对实物的操作兴致很高，他很享受整个分类的过程。

可能习惯了玩这种游戏，我发觉森森在收拾衣服放进衣柜的时候，也会很讲究地把衣服、袜子、内裤都分开放在不同的格子里。如果他发现我弄错了，会对秩序被破坏而感到不高兴，自己立刻把它们放到正确的地方。

2~4岁的时段，灵活地跟孩子玩"测量"游戏也是个很不错的数学启蒙手段。

我们先要让孩子在比较中明白长短、高矮、胖瘦、粗细、厚薄等。像森森喜欢玩橡皮泥，我就跟他玩"蛇打架"的游戏。我把彩泥搓成三条长度不等的小蛇，让森森按照从长到短的顺序排列在桌子上，然后跟森森说："把最长的小蛇放到擂台上吧。"然后我用较短的小蛇跟他搏斗，之后又让森森把最短的小蛇放到擂台上，我拿着较长的小蛇跟他搏斗。这样的游戏能让森森明白物体与物体之间的差异。

当孩子大概理解了"比较"的意思之后，我们就可以进一步玩"测量"游戏了。我的意思并不是要求孩子死板地掌握尺子的用法，而是用有趣的代替物来表示测量过程与结果。例如森森站着不动，我用一个布娃娃给他测量，然后装作一脸惊讶地告诉他："森森，哇，原来你有十个布娃娃那么高哦！"我再量他的手臂，我又夸张地大叫："哇，手臂有三个布娃娃那么长呀！"就这样，森森爱上了这样的测量方式。

有时为了更好地让他明白长度，我会把几个毛绒玩具紧密地排成一排，让森森在旁边平行跳远。当他跳到老虎玩具的时候，我就会跟他一起数跳过了多少个玩具，然后跟他总结："刚刚森森跳过了小河马、小鸡、小青蛙、小兔子，最后到达了老虎那里，你跳过了四个小动物啦！"这种做法既能吸引森森，又对他以后学会精确的测量和计算有很好的铺垫作用，更重要的是没有让森森呆板地认为测量只是尺子的专利，还可以是各种脑洞大开的小游戏。

● 4~6 岁的核心：数学逻辑

森森4岁时，他对家人的电话号码特别感兴趣。我让他想办法记住爸爸的手机号码，他一边听我念爸爸的电话号码，一边乱七八糟地写下了11个数字，这11个数字有些写在左上角，有些写在右下角。尽管我看上去发现不了什么逻辑，但奇妙的是，他看着自己写的就能按着正确的顺序念出来，并背了下来。也就是说，他在大脑里用自己的方式来把这11个数字联系起来了。

森森对门牌号的逻辑也一样研究得很深入。我们家住在“603”，每当森森听到我说“603”，他就会继续数下去：“604，605，606，607，608，609，妈妈，然后呢？到多少了？”我说：“到七楼了，701开始。”然后他又开始数：“702，703，704，705，706……”一直数到8楼、9楼，如果不是接下来有其他事情干，我想他一定会继续数下去。

森森5~6岁时，对数学逻辑的运用就更加生活化了。

他平时会问：“妈妈，你不是说珠穆朗玛峰是最高的山峰吗，那么它有多高啊？比我们家附近的越秀山高多少啊？”“妈妈，你快看我转圈，你说地球自转会比我快多少？”“妈妈，海马爸爸的育儿袋里一共有多少只小海马呢？”虽然森森问的很多问题让我哑口无言，但我会耐心地跟他一起查阅资料，找出正确的答案。

从这些迹象可见，森森进入了数学的敏感期和爆发期。于是我抓住这个时机引入了数学游戏，我相信，这些对他来说是终身受用的。

例如，为了让森森感知数字的特殊关系，我每天餐前都让他分筷子，有时我会给他双数的筷子，有时会给单数的。当森森发现有一只筷子剩余出来时，就会把它放到一边，跟我说：“妈妈，多了一根筷子。”然后我让他数数今天一共有多少根筷子，森森数了后回答我说：“有9根。”我就会顺势引入一个概念：“如果有一根筷子剩余出来了，它没能交上朋友，那么我们就把9称为奇数，记得，是奇数哦。”

第二天森森分筷子时，发现没有剩余出来的筷子，都是成双成对的，我也会让他数数一共有多少根，然后告诉他这个数叫偶数。久而久之，森森不需要我的提醒，当看到有剩余的筷子就会说：“妈妈，今天筷子有5根，是奇数。”“妈妈，今天筷子是6根，是偶数。”

又例如，我买了蛋糕回家，会让森森来切，从而引入分数的概念。例如他切了一半，我会告诉他其中的一块就是二分之一，再切一半，我会告诉他其中的一块就是四分之一了，然后让森森把四份分给家人。如果还有剩下的蛋糕，那么下次就让森森再分，看怎么分才恰当。

又例如，为了让森森初步接触容积、浓度的概念，他的牛奶是自己冲的。我告诉他：“你先倒150毫升的水进杯子吧。”森森便会认真地看着有刻度的杯子，小心翼翼地倒进热水。完成任务后，我让他把五勺奶粉加进去，然后搅拌，这样他就能明白一杯标准的牛奶是如何调配出来的了。有时我会刻意让森森在相同的水量中，加两勺奶粉或者九勺奶粉，再让他试试味道，从而理解什么是浓、什么是淡，最后告诉他原理。

在这个阶段，我也开始有针对性地购买一些数学书给森森读，像《你好！数学》《经济好好玩》《数学帮帮忙》《阶梯数学》。这里要注意的是，我们需要明白不同的孩子接受能力不同，有些内容可能对于现阶段的孩子来说是困难的，这时我们千万不要勉强他们看下去。森森有时也会遇到这种情况，我发觉只要我不当一回事，过了一段时间，他自然会重新拿着书本独立读起来，可见我们作为家长，只要按着孩子的思维成熟度继续就可以了。

数学是一个非常庞大的知识库，孩子就像仓库的管理员，我们只能耐心地让他们从仓库里慢慢找出一件件物品，而不能罗列单子让他们一下子全都找出来。所有的吹毛求疵、拔苗助长，最后肯定会为捡芝麻而付出丢西瓜的代价，正如我们经常听到的一句话：“孩子早早就懂得了加减乘除，却不愿意再学下去了。”

除了上面提到的方法，我们还可以从很多方面按照规律着手进行。数学是有生命的，我们和孩子要做的就是像对待一个生命一样，慢慢去领悟它、探索它。

心理学家发现，一个人在成长过程中，对数学是喜欢、厌恶还是恐惧，是在幼儿阶段就决定了的，因此我们不能错过早期的数学引导。“有准备的环境”是蒙台梭利的术语，对数学而言，“有准备的环境”就是通过日常生活，下意识地让孩子好好地“玩”起来，把那些抽象的数字具象化，从而帮助孩子理解数学真正的意义。

发现问题　如何培养孩子的数学能力？

分析问题　按照每个年龄段训练的核心，有趣味性、生活化地引导。

解决问题

2 岁前：数量、配对、方位；

2~4 岁：数量、排序、分类、测量；

4~6 岁：数学逻辑。

招式四

先了解社会，再建立孩子的社会性

“江湖路远总风波”，小社会尽是“硝烟”处。瞄准问题关键处并予以解决，方能成为孩子的“助攻手”。

1. 早教与早教班

·1· 对早教与早教班的误读

许多朋友认为早教的主角是孩子，家长不是早教问题的关键。其实，早教实质上是“授人以鱼不如授人以渔”的家长进阶教育，它首先教的是父母。只有积累到一定程度时，教育理念才会变得更加完美，实操方法才会变得更加有效。其次才是教孩子，0~6岁的孩子都需要接受专业的早教，来为多元智能和健康人格打下基础，让身体和心理迅速地发展、成熟。

在早教中，如果父母混沌迷糊，没有跟孩子一同学习，孩子就会错失宝贵的启蒙期；相反，父母不断地成长，恰恰就是在完善自己的孩子。

也有些家长把早教和早教班混淆了，所以经常有人会把“你有给孩子报早教班吗”问成“你有给孩子早教吗”。早教班只是一个实施早教的地方，然而早教是不需要在固定的课室里进行的，它是通过父母随时随地的引导而实践的理念，所以父母对早教的进行至关重要。

森森不到6个月就开始在早教机构上课，我曾经遇到不少这样的质疑:“这么早就让孩子上昂贵的课程，不就是父母怕孩子输在起跑线上吗?”孩子参加早教班与否，跟输赢没什么关系，只能证明还有很多人没有把早教视为一种正常的现象，没有把早教班放在一个正面的位置。

其实早教就像每天穿衣服一样平常，我们可以让孩子穿父母在家里亲手缝制的衣服，也可以在外面商场购买。如果我们的缝制手艺高，那就没必要到外面买了；如果我们自己的手艺不好，经济尚可，那就到外面买衣服，而且店里的人还会给予指导。也就是说，无论是自己缝制还是在外面买，衣服都可以一样合身好看，但重点是孩子必须每天都得穿衣服。

另外，我也发现在早教班上，有不少人会这样问老师：“课堂就是给孩子爬来爬去、玩玩降落伞、追追泡泡，这些根本学不了什么东西呀，那倒不如我回家教他好了。”这些父母错在把早教班当成了学习知识的课堂。在他们心目中，只有让孩子学数数、拼音、汉字并能立即看出效果，才对得起那些高额的支出。

事实上，早教班设计了一些方法和配套的教具，用互动有趣的方式，把大运动、精细运动、语言等各种练习分布于课堂上，刺激孩子各方面的发展。在早教班有一些看上去貌不惊人的玩具、浅显的做法，其实里面蕴含着各种秘密。

例如，一条让孩子走过去的小桥，桥栏上有很多大洞洞。通过这些洞，家长可以给孩子设置障碍、击掌、握手，或者察看、传递。孩子可以把头伸出来又缩回去，跟家长玩“躲猫猫”游戏，也可以摸着曲线形的扶手来感受高低变化，还可以爬、跑、钻、跳，这些都很好地锻炼了孩子的手、腿等各部位的力量。

虽然泡泡很普通，但对孩子来说这是一种奇妙的存在，即使是一些上课经常哭闹的孩子，当他们一看到老师吹泡泡，也会被吸引住，而且会异常兴奋地追逐越飞越远的七彩泡泡。追泡泡能锻炼孩子的追视能力、头部和颈部的力量。

老师播放的启蒙音乐以及所做出的对应动作，背后都有着科学与逻辑、启发与引导。这个过程能逐步帮助孩子感知、了解和欣赏音乐。它不是一些家长以为的那样：老师随随便便在网上搜些儿歌来循环播放，乱用几个姿势来敷衍过去。这是一种误解。

如果父母把一系列的科学引导看成是随意玩耍，那么即使回到家自己进行早教，他们也会一头雾水、半信半疑，最后偏离至加减乘除的知识灌输上。

· Ⅱ · 究竟要不要报早教班

●为什么要报早教班

我为森森报早教班是有明确的出发点的：首先是我自己需要通过系统的学习来提升育儿水平；其次是我希望给予孩子一个安全舒适的社交场合，这是我平时实在无法提供的。那时候我的家人反对，理由有二：一是对早教的概念很陌生，觉得早教班是利用父母的爱来赚钱的；二是认为我平时带孩子已经很辛苦了，如果还跟孩子去上课，不仅对孩子来说是种折腾，对我来说更是自讨苦吃。我当时并没有跟家人过多解释，因为先进的观念必定要面对层出不穷的质疑，需要经历一些时间才能展现出它的价值，相信到时候大家就会改变观念。

然而，不同家庭报早教班是有不同目的的。

有些父母希望能够跟孩子一起互动，让陪伴更加有趣好玩。例如，在野餐主题的课程中，父母与孩子在室内模拟乘车去钓鱼，然后钻木取火，烤鱼后品尝分享，互相帮忙搭建帐篷来睡觉；例如，在加勒比海主题的课程中，父母与孩子共同欣赏当地有特色的歌曲、跳起热情奔放的舞蹈、当一回霸气的海盗……在孩子眼里，这样的体验并不虚幻，而是父母、朋友们正跟自己经历一次别开生面的旅程。

有些父母希望能够缓和日常带孩子的紧张心情。我经常看到一些长辈三五成群地围在大堂里，开心地讨论自家和别家的宝贝，放心地让孩子们随意玩耍。对于她们来说，平时几乎没有什么自由时间，甚至晚上也要陪睡，而早教班就成了放松的场所。在这里，她们能够接触前沿的育儿方法，也能结识趣味相投的朋友。

有好些父母在孩子入读幼儿园之前的几个月还会报名幼儿园开设的早教班，让孩子感受幼儿园的氛围，减少日后上幼儿园的陌生感。确实，我的一位园长朋友告诉我："那些上过早教班的孩子比起从来没有接触过课堂的孩子，更容易适应幼儿园生活。"我的一位朋友是早教教师，她从怀孕开始就辞职养胎，孩子出生后她就在家里进行早教，孩子2岁半时便开始上早教班。这位朋友认为虽然自己有着过硬的早教本领，但集体生活是她给予不了的，同时也要为孩子3岁上幼儿园做准备。

无论出于什么目的去报早教班，重点是父母应当从早教班学到早教的原理和方法，回家把它们运用到日常的育儿中去，早教常规化才是核心。

●不报早教班就吃亏了吗

既然早教班的好处这么多，如果我们没有报早教班，就等于落后了吗？不是的，我们大可以另觅途径在家里早教。例如我们可以通过看书，学习各种早教的理论和技巧，在日常生活中渗透大运动、精细运动、平衡能力、语言能力等训练。

在森森两三个月的时候，我在家会跟他做追视练习：把他喜欢的略大一点的玩具，由中间向左右两边移动，锻炼他的视线跟踪能力；或者把他放在床上，我自己时而移向左边，时而移向右边，让孩子盯着我的脸蛋而移动视线。

森森1岁以后，我在家会训练他，促进内耳前庭的发育：先把他放在小棉被上，当他的头抬起时，我拉起被子的一角，沿着顺时针方向转，再逆时针转，根据他是否适应来调整快慢。有时他爸爸会一手托着他的屁股，一手扶着他的身体，等森森坐稳后便缓慢地走来走去，时高时低，让他适应。

一个外国朋友告诉我，她们那里很流行自制毛毯来让孩子探索：把不用的帽子、窗帘、被面、毛巾等织物拼接在一起，让孩子用手或脸去摩擦体验，丰富他们的触感。

我有个邻居很喜欢收集漂亮的瓶瓶罐罐，她在里面装上小贝壳、小栗子、小龙眼、小檀木，让孩子随意摇晃。随着角度、频率不同，瓶子发出的声音也会改变。之后，她再把瓶里的东西都拿出来，让孩子逐个去摸、嗅。这些做法能刺激孩子的思维发展。

在孩子的社交方面，我看到很多小区里的爷爷奶奶会经常聚在一起，放张大毯子在凉亭或者树下，让月龄较小的孩子尽情地在上面爬行，让月龄稍大的孩子带上自己的玩具跟大家交换。他们轮流拍手唱儿歌，或用小石子、树枝、树叶来引导孩子做简单的游戏。

早教就是身边无穷无尽的细节，利用的道具也是不起眼的，它是一件简单而质朴的事情；早教并非让人戴一个紧箍儿，身负压力拘束前行，它是一个在生活中任何角落自然发生的过程。早教的成败在于家长对孩子的用心程度，我们的心越细，孩子的世界就越大。

正如联合国儿童基金会驻华办事处儿童早期发展与教育专家、北京师范大学教育与发展心理学博士陈学锋所说："只要你是妈妈，你爱自己的孩子，你就一定是最了解自己孩子的人，知道他在什么时候需要什么，知道怎么帮他。你一定能比早教班做得更好！"

我们经常说，上过早教班的孩子跟没有上过早教班的孩子在性格上有很大的差别，其实不然，正确的说法应该是，父母懂得早教的孩子跟父母不懂得早教的孩子在性格上有很大的差别。**所以根本不在于孩子是否上过早教班，而是父母是否有早教意识。**

●报早教班值得吗

身边有很多家长在决定报早教班之前会问我："你儿子上早教班那么久了，你认为值不值得呢？"总体来说，对于孩子是看不出是否值得的，但对于父母而言确实是值得的。

为什么这么说呢？

首先，一个优秀的早教班，它具备高质量的早教功能，是滋润孩子一生的阳光雨露，是埋藏在孩子灵魂深处的无限意趣，难以轻易地被人衡量值与不值。实际上，早教是一个非常缓慢而且难以真正看到结果的事情，家长不能计算花了多少钱和精力，最终让孩子变化了多少。

其次，对于我们来说，早教班还是个舶来品、新事物，早教班的收费大多过高过乱。而在许多发达国家，早教是一件很平常的事，收费也不夸张。

基于这两个不争的事实，对于对早教班有刚性需求的父母来说，在国内报班在经济上相当于是亏了，根本谈不上什么回报率，所以我们与其纠结值不值得，倒不如不去判断。这其实对孩子来说是好事，当我们不会为花了金钱和精力而过分期盼结果时，才能更纯粹、坦然地面对整个早教过程。

因为我在早教班里听到太多家长说："花了那么多钱，孩子还是这样子。"如果报了早教班，就把孩子不达标的行为、性格缺点都连接到付出的金钱上，那倒不如不去早教班。因为孩子是能感受到父母潜意识输出的压力的，这样他们的成长就多了一份负荷。

又比如前面提到的很多父母为了孩子能尽快适应幼儿园而让他们上早教班，但事实上没能达到预期效果，家长便认为早教班不值得。倘若我们没有期待过结果，那就能理性地明白分离焦虑是必然会发生的，而且孩子的适应能力重点在于家长平时的教育，而非早教班。

又例如，很多父母认为孩子在早教班能够掌握很强的交流技能，但事实上没能达到他们的预期，便认为早教班不值得了。倘若我们没有期待过结果，那就能理性地明白3岁前的孩子还处于自我意识强、喜欢独立玩耍的阶段，这是他们生理心理正常发育的表现，是我们主观能动性难以改变的东西，而早教班的环境只能促进他们社交能力的发展，并不是决定因素。

又例如，在早教班，我们会遇到许多与自己孩子同龄的或者初来乍到的孩子，他们一上课就跟老师配合得很好，而自己的孩子却还是不感兴趣或者退缩。如果我们抗挫折能力差、没有深刻了解自己的孩子，就会认为上这么久的早教班不值得。倘若我们没有期待过结果，那我们就能理性地看待"落后"的问题，了解到孩子之间本来就是差异巨大的，当孩子确实对某种事物抗拒时，我们就更需要耐心地等待。

而为什么对于父母来说是值得的呢？因为我们自己在早教班的学习中获得的成长，比孩子的成长要显著、快速得多。

例如，我的一个朋友经常当众大吼孩子，但孩子总是不听他的，所以他认为孩子“不打不行”。后来通过早教班，他才意识到自己正在破坏亲子关系。

又例如，我在早教班上认识了一个学习型外婆，她每节课都在本子上记录外孙的进步。最后在外孙毕业的时候，她把本子拿出来给我看，我看到的却是外婆自身的成长。像她在一开始的课程记录中写道：“无论我怎么叮嘱，孩子就是不肯认真听老师讲。”到后面的课程记录写道：“我静静地听着老师讲课，不打扰孩子，孩子却神奇地认真听课。”我也知道这位外婆一开始跟女儿的育儿矛盾很大，现在听说反倒是女儿向她学习教养技巧了。

像我自己，在森森很小的时候，我会因为不好意思而阻挠他玩其他小朋友正在玩的玩具，正是在早教班里强化了育儿心态，我才改变了自己爱面子所衍生出来的一切不当行为。在森森的最后一堂亲子课上，我流下了眼泪，除了目睹孩子在早教班三年多的努力，更多的是自己通过跟老师、家长朋友的交流学习，重新修复了价值观和人生观，真正明白了自己进步一小步，孩子才能进步一大步。

· Ⅲ · 如何挑选早教班

尽管我们从各方面衡量下来，已下定决心让孩子参加早教班，但是现在市面上的早教机构良莠不齐，师资力量难以保证，我们不知道如何选择，也不知道选择了之后又有什么需要注意的。下面，我以自己的经验和观点来解读，如何判断早教班里的工作人员和环境好不好。

●工作人员

① 销售人员。我们去考察一家早教机构，首先接触的就是销售人员。销

售人员对我们来说十分重要，跟老师的地位差不多。我们从销售人员的行为举止、语言、态度里能获知早教机构的专业水平以及诚信度。

在早教班期间，我看到很多1~2岁的孩子第一次来试课，都会哭闹着不肯进课室，即使进去了，也坚持不了多久就要离开。一家优秀的早教机构销售人员会对此抱有充分的理解和信心，跟家长说："孩子第一次接触，是会有不适应的，这很正常，你也不要太紧张，先安抚孩子的情绪。"然后提议家长平时可以多带孩子来玩玩，熟悉环境后再试课。

这样的销售人员是从孩子的角度出发，而不单单是为了自己的销售业绩，从而我们就能初步判断这家早教机构是有一定专业水平的。

以前我去过一家早教机构，森森第一次上课不肯配合，进去了三分钟就哭闹着要离开。当我跟他走出课室时，销售人员先是劝服，然后试图强行抱着孩子进去，我拒绝了。销售人员一副焦急的表情，把希望成功拉单子的心理都表露无遗，这种极端功利性从侧面反映了机构的教育水平有限、员工培训水平落后，甚至让人质疑其运营资金出了问题。

还有，优秀的早教机构会对销售人员进行严格而专业的培训，受过培训的销售人员会对机构内所有孩子一视同仁，成为大伙的育儿专家，而不会功利地只针对自己客户的孩子。这些都体现在他们对所有家长诚挚的沟通态度上。

森森在读的早教机构，最早与我对接的是一名细腻、厚道的销售人员，我或多或少是因为他的专业水平和个人修为而报的班。例如，他能诚诚恳恳、理据十足地表达他们机构理念的先进性，对孩子的问题能详尽而科学地分析，对我的质疑能驾轻就熟地应变处理。重点是，我看到整个销售团队的成员对机构里的每个孩子都温柔耐心，对每个妈妈都服务到位。

② 老师。我以去过五六家机构试课的经验告诉大家，销售人员通常会推荐经验丰富、教学技能高、广受欢迎的老师给我们。在试课中，我们从老师身上可以大概了解这家早教机构的整套教案设计、教学的平均水平。

上艺术课时，我们可以着重观察老师引导孩子发挥创造力、想象力的能力，以及通过作品分析来获知幼儿发展和变化的能力；上体育课时，我们可以着重观察老师对大运动、精细运动的引导能力，以及让孩子积极投入各种运动、交往，从而获取新经验的活动组织能力；上音乐课时，我们可以着重观察老师调动课堂氛围的能力，跟孩子愉快有效交谈的能力……另外，我们还可以主动跟老师沟通，进一步了解他们的学历背景、工作阅历、职业感想，这样有助于我们深入了解机构聘用教师的标准，有利于日后为孩子选择合适的老师。

例如，在森森就读的早教机构里，我跟好几个老师聊过天，得知他们都毕业于重点高等院校，英语达到八级，而且他们在供职于这家早教机构之前已有多年的相关教育经验，对幼儿心理的捕捉有着自己的一套见解。

我甚至跟教学总监直接面谈，了解到机构的高层并不是一个只会出资金、管运营的领导，而是拥有高水准育儿理论和实操经验的过来人。所以我对该机构的教学水平很有信心。

③ 外教。现在许多早教机构为了彰显特色，会请一名外教长期驻场。但是，金发碧眼的外籍人士并不代表他就是一名合格的外教，正如不是每个中国人跑到外国去都能教外国孩子学好中文一样。因为部分中国人崇洋媚外，市场需求量大，导致现在的外教市场鱼龙混杂，要遇上一个“硬件、软件”都合格的外教犹如大海捞针。

例如，森森的早教机构本来有个加拿大籍老师坐镇。她学历高、职业经验丰富，性格热情活跃，上课认真负责，对小朋友非常友好。这种外教无论对于机构还是孩子来说，都是珍宝。但后来这位外教离职了，换了另一个外国人，他非但没有积极与孩子沟通，而且整天懵懵懂懂的，连上课也在神游，错漏百出。对待这种混饭吃的外教，我们大可以跟机构如实反映，提出提高外籍老师教育水平的意见。总之，我们不要一味夸大外教的作用，非理性的趋之若鹜只会让家长得不偿失。

④ 其他工作人员。我们千万别小觑早教机构的前台、打扫卫生的阿姨，她们都是我们判断一家早教机构优劣的重要因素。

像森森入读的早教机构，前台的几个姐姐都十分友善，经常鼓励孩子用话筒唱歌。她们不仅销售早教教具，还贴心地为孩子更换衣物，所做的工作远超出了前台的工作范围。但是有些早教机构的前台并没有接受过专业的培训，不懂得如何跟孩子打交道，有小孩在前台乱窜时，她们会以不耐烦的口气勒令他们去上课。那么对于这些早教机构，家长就得三思了。

一个好的早教机构，连清洁阿姨都有满满的爱与诚，她们会热情地跟每个客户打招呼，甚至会温暖地扮演知心姐姐的角色，关心孩子的成长，安抚焦躁不安的妈妈们。

对于直接跟孩子接触的一线人员，合格的早教机构是有着严格的选拔和培训制度的，而家长也能从中判断机构的整体水平。

●环境

我们观察一家早教机构，需要考虑以下环境细节：游乐器具、地垫、教室门、桌柜边角、柜门、马桶、洗手池、垫脚凳子、烘手器等设施；室内是否有油漆味、学习用具是否有异味；场所大小、通风、采光、灯光、装饰、卫生清洁、室温，等等。

根据我的经验，早教中心一定要挑场地开阔的，这样孩子上课做游戏、围圈圈、排队搭小火车时不至于太挤而高频率相撞。而且大的机构能够同时使用多个功能室，不会把课程安排得太紧密；相反，地方小的话就只能多安排几个小朋友一起上课，而且没法预留地方让等待上课的孩子自由玩耍。

另外，早教机构的教具是对应不同学阶而配套的，有大型的教具，也有小型的教具，它们都具备很强的功能性和科学性。一般面积小的或者刚刚开业的早教机构，他们的教具都会比较少和小，而面积大的、全球性的早教机构，教具会比较多和大。

以上是我这几年来对早教以及如何选择早教机构亲身践行的小小心得。

孩子6岁之前的早教是其人生的关键过程，没有意识到或者错失了，就不能再弥补了，所以家长在这个时段要了解自己能力范围以内和能力范围以外的事情。早教班恰恰就是一个补足的工具，可以适当利用它来为我们服务。

发现问题

究竟要不要报早教班？如何挑选早教班？

分析问题

重点不在于孩子是否上了早教班，而在于父母是否有早教意识。

不去判断钱花得是否值得，才能更纯粹、坦然地面对整个早教过程。

解决问题

早教的开展在家长能力范围以外，那么早教班就是很好的补足工具了。

从销售、老师、外教等工作人员及环境，来判断一家早教机构好不好。

2. 如何挑选幼儿园？

·1· 孩子能不上幼儿园吗

我的一个远房亲戚有两个孩子，他并没有让孩子们上幼儿园，因为他和妻子都是大学讲师，他们自行编写了一套幼儿园课程，亲自在家里实践教学；我在电视节目上看到一名女演员宣布退出娱乐圈，并表示她不打算把3岁的孩子送进幼儿园，而是打算让孩子周游列国，把学习融入到生活中去。

孩子是否可以不上幼儿园呢？不同的人选择不同的教育方式，这是无可厚非的，而我个人认为，父母虽然是孩子最重要的老师，但永远无法完成幼儿园的教育。

无论我们多么优秀，教育思维也会有漏洞和短板，幼儿园老师这个“合伙人”能很好地为家庭教育查缺补漏、提升完善；亦师亦友的幼儿园同学，能让孩子像集邮般收集到来自各方面的美好，从而发现生活的缤纷多彩；孩子能通过参与幼儿园的课程、活动、游戏，形成全面的人格，而3~6岁正是孩子性格、品质、习惯培养的重要时期。

1978年诺贝尔物理学奖获奖者卡皮察接受记者采访：“您在哪所大学或者实验室里学到了一生最重要的东西？”他深思后回答：“是幼儿园，我在幼儿园里学到了最重要的东西，例如把自己的东西分一半给小朋友、不是自己的东西不能拿、东西要放整齐、饭前便后要洗手、做错事情要承认……我一直按幼儿园老师教的去做。”

另外，幼儿园的集体生活能促进孩子人际交往能力的发展。孩子3岁以后，对走访亲朋好友、跟小区的小朋友打招呼、跟小朋友在游乐场里短暂玩耍等行为，不再认为有意思，因而需要一个交融性强的环境来满足其社交成长的需求。

森森在3岁3个月之后，开始明显有招惹其他小朋友的举动，发出“我要跟你一起玩”的信号，但是他并没有掌握正确的交友方式和解决矛盾的方法。上了幼儿园后，因为跟小朋友在一起经历的事情多了，在老师恰当的引导下，森森的交际能力突飞猛进，逐渐成为班上最受欢迎的孩子之一。对于朋友之间的纠纷，他也毫不退缩，积极地想办法去解决。

以前在早教班，有好几个妈妈说自己的孩子不喜欢跟别的孩子玩，而是孤僻内向、沉默寡言，她们担心孩子进幼儿园会被欺负、冷落、排斥。而事实上，虽然这些孩子一开始适应幼儿园生活需要较长时间，但后来他们通过对同学的模仿与学习，逐渐发生了大的转变，都能积极参与集体活动，享受游戏与竞争了。

群里曾经有个妈妈说，她的女儿在幼儿园里虽然能参与到集体活动中去，但是没能交上一个好朋友，她认为幼儿园的集体生活并不能为女儿营造幸福感。

我认为，既然孩子能够参与到集体活动中去，那就说明她对此是有兴趣、有期待的，只是暂时还没有找到一个符合她需求或者与她气质类似的人而已。而且我发现有好些在幼儿园没有交到好朋友的孩子，一上小学就马上交到了。也就是说，幼儿园是这类孩子不可或缺的交际准备期，他们在内心设置了一些准则，上了小学就会把经验运用起来。

所以，无论孩子是哪种类型，我们都要让他处于一定的人际关系中，不能让他孤独成长。在幼儿园习得的社交能力是能用一辈子的。想想作为成年人的我们，如果希望能顺利地学习、工作，除了必备的才能以外，人际关系占的比重有多大。

孩子好比是一间房子，父母是建筑师，老师是设计师。劣质的家庭教育相当于整个房子倒塌了，设计师再厉害也没法挽回；优质的家庭教育相当于牢固的房子，如果没有设计师的帮助，房子再结实也毫无美感。

· Ⅱ · 如何挑选幼儿园

到了为孩子挑选幼儿园的时候，我们会发觉这是一件让人头痛的事。

有很多人说选择幼儿园一定要舍远求近，这点我也很同意，但前提是两家幼儿园相差不大，也就是说近的那家大致是没问题的，才能用上就近原则。

像我妈妈家附近的幼儿园是臭名远扬的，听说老师会打人、把孩子关在黑屋子里、体罚孩子。虽然老师面对家长和蔼可亲，但因为口碑太差，让人高度怀疑他们是人前人后各一套。这种情况下，在附近生活的居民就应当考虑更远一点的幼儿园了。

我的一个朋友对教育尤为重视。她的孩子3岁前因为没有什么机会跟其他孩子结伴，性格略显孤僻。她认为家附近的幼儿园过于讲纪律，不适合孩子的性格，最后挑选了一个车程需要半个小时的幼儿园。这家幼儿园只有20个孩子，老师对孩子照顾得细致体贴。后来孩子入园了，朋友自己紧张兮兮的，孩子却没有太多的不舍，每天都开开心心的。朋友把原因归结于这家幼儿园的人性化教育，她告诉我，虽然路程是长了点，但这确实是值得的。

听了朋友的话，我佩服的并不是适应能力强的孩子，而是宁愿每天被折腾得早起早出发，也要坚持让孩子接受合适教育的朋友。

记得我带着森森去参观各个幼儿园时，碰到不少准备转园的家长。其中有一位家长说，以前图省事，没有考察清楚就让孩子入读了就近的幼儿园，后来孩子频频生病才发现，原来幼儿园的卫生存在很多漏洞。那里不仅厨房肮脏、臭味熏天，就连老师也不讲究，没有引导孩子多洗手，保育员也没有把洗刷用具分好类。现在她决定让孩子转园了，即使远点也不能对幼儿园太将就。

所以，我们不能一刀切，需要综合考量幼儿园的实力，能近则近，找不到的话，离家稍微远点的幼儿园也得去，只要我们在帮助孩子克服对远距离的恐惧感和陌生感上多下功夫就行。

除了上述远近的问题，很多妈妈还说最好选择收费高的幼儿园，这样质量才有保证。对于这一点，我是不认同的，我们还得火眼金睛地去考查其他方面的细节之处。在妈妈群里，有位家长自豪地说："我家孩子读的私立幼儿园挤破头都进不去，那里每个月一万元，器材是最先进的，功能区是最多的，食物是最上等的……"因为我经常跟她私下聊天，她也悄悄地道出了这家幼儿园不为人知的一面："老师很喜欢收取小费，如果当月哪位家长识时务，她们就会把这个月的'小榜样'让给他家宝贝。而且老师很在乎家长的单位、职位、薪酬、住址、拥有私家车的数量等。"虽然这位妈妈并没有确切的证据来证实她所说的是真的，但这些都成了她心里的刺，因为她总是担心如果自己满足不了老师的需求，孩子就会被穿小鞋。

我认为，老师收小费以及将此与奖励孩子捆绑的势利行为固然是可耻的，但是，对于老师很在乎家长的身份、地位，我们可以从经营的角度来做深层分析：私立幼儿园始终致力于实现自身效益最大化，他们追求利润、避免亏损，所以必定会考虑到长期的盈利和整条资金链，这便很自然地涉及家长背后的财富和人脉资源，一旦掌控了这些，就更有利于幼儿园的运营、知名度的扩展。这样说来，老师对家长的"越位"关注就变得情有可原了。

可见，幼儿园收费高不一定就是好的，与此同时，我们要清楚它究竟贵在哪里：有些幼儿园贵在办学特色，他们会开设不少兴趣班，不管是为了迎合父母的需求，还是为了增强幼儿园的综合水平，总之这些成了他们的有偿增值服务；有些幼儿园贵在教师阵容上，例如一个班的老师和孩子比例是1:5，那就注定了这家幼儿园的成本要比别处高；有些幼儿园贵在设施上，像我听朋友说她儿子上的幼儿园，室内外处处装上了摄像头，家长在电脑、手机上都可以实时查看老师和孩子的动向；有些幼儿园贵在环境上，单单是植被的养护和恢复就要花不少钱……

当我们对“贵”不明来处却盲目追崇时，那就是对孩子教育的敷衍；当幼儿园的所“贵”之处跟我们的需求吻合，而我们又支付得起的时候，那我们大可以积极选择。但千万不要让“贵”冲昏头脑，因为“贵”并不等于完美无缺，它只是在某个领域有所长而已。

另外，现在很多妈妈把幼儿园的教学理念视为最高准则，却忽视了硬件。就像我们挑选医院看病一样，虽然医院的管理、技术水平很重要，但如果设备跟不上，那么医务人员诊断水平再高明，也没法保证治疗的质量。在现实生活中，我们应该按照具体情况到幼儿园实地考察，一切眼见为实。

我曾考察过一所自称以学生为本的幼儿园，它的室内建筑面积小，日照不充足，通风条件不好，室外游戏场地是整栋居民楼的公共区域，没有保健室、办公室、保安室，厨房也没有跟活动室隔绝开，养兔子的地方跟单车区设置在一块。我听幼儿园附近居民说，这家幼儿园是由几个老师自立门户开的，但没有经过有关部门的审批，选择这里的家长都是看中这里的老师对孩子温和、有爱心。

现在，很多幼儿园以释放天性、自由教育为主题招摇撞骗，随随便便找一个空旷的场地，摆上一些简陋的器材就成事了。像这家幼儿园，他们在树干上绑上麻绳，吊着一个车轮胎就当秋千，明显是没有经过任何安全检测的；沙子区也没有什么卫生标准，以至于爬满了蚂蚁和虫子，却被硬说是与大自然亲密接触……这种名不符实的幼儿园的存在，其实是上层监管力度不够、幼儿园资源分配不均所导致的。

凡是环境、安全、卫生都欠缺的幼儿园，无论里面的老师多有爱、资历多丰富，我们都应该敬而远之。否则如果以后孩子在幼儿园里发生什么事故，要严查或追究责任，我们是很难维护自己的合法权益的。

· Ⅱ · 从什么途径来深入了解幼儿园

●入园面试

如果要进一步了解幼儿园，我们可以积极参与多场入园面试。在面试过程中，我们不仅能从老师口中全方位地明晰幼儿园的概况和水平，更能直接获知老师的水平。

在我们家楼下的一所私立连锁幼儿园面试时，森森一眼就看中了放在一旁的钓鱼纸板拼图，但老师并不打算拆开它，森森则非要一试身手不可，导致整个面试他都很不配合。后来他通过一系列讨价还价，终于获得了三分钟的玩耍机会，最后按照承诺归还了玩具。

这所幼儿园的录取率比高考还低，我以为儿子未能从老师一早规划好的程序里被摸底而告败，但结果他被录取了。这时候我才知道自己之前的确小觑了这家幼儿园的师资水平，其实老师并不会认死理儿，而是善于观察孩子的反应、理解孩子行为背后的思维，通过孩子对事物的坚持、对问题的沟通和解决、对承诺的履行等来客观评估他的性格和修为。

我们还在一所知名的“放养式”幼儿园面试过，孩子不需要回答任何问题，只是随意地在园内玩，老师在一旁观察。在整个过程中，老师反倒对家长的言行举止进行了耐心的指导，并详细解释所涉及的逻辑和原理。在被教育的过程中，我能感受到老师对幼儿心理的把握和对家园合作的诚恳。

我们也到过一家由国企职工幼儿园转型而来的私立幼儿园，面试时老师提供许多玩具让孩子操作并一直提问。当孩子处于专注状态而未能答复时，老师就会不断追问，如果孩子拒绝了，老师就表示不满。从总体来说，老师面试时既不专业，也不礼貌，更表露出非常赶时间，那可想而知他们平时对孩子尊重的程度会有多少。

可见，**面试并非仅仅是老师看孩子，更多的是家长看老师。**

●口碑打探

后来我之所以给森森选择在我家楼下、口碑好、价格便宜的公办幼儿园，主要是因为我从许多家长朋友口中获知了这家幼儿园的优势。

他们跟我说这家幼儿园的师资情况：老师会细心观察孩子并记录情况，分析他们的优缺点并进行有针对性的引导；老师每年都必须通过幼儿心理学的考试，学校对老师的管理也相当严格；老师跟家长沟通时很专业细致，就像权威的育儿专家。听了他们的评价后，我对这家幼儿园就更有信心了。

另外，如果我们要深入地了解一家幼儿园，还可以上网看看网友的评论，或者从周边的人那里打探，因为一家优秀的幼儿园是不会哗众取宠的，它大多会被口口相传。像我选择的那家公办幼儿园，我去幼儿园旁边的市场买菜，超市相熟的阿姨会告诉我这家幼儿园的食用油是从她的店里采购的，他们不仅有严格的采购标准，而且要求选用质量过硬、历史悠久的品牌。

虽然我上面说了许多关于挑选幼儿园和深入了解幼儿园的方法，但在现实中，我们会发现，无论怎么挑选，世界上都没有最理想的幼儿园，我们必须学会在坚持中妥协：“坚持”是我们对硬性原则的不动摇，例如对师资、办园资质、安全、卫生等的要求；“妥协”是我们抱着积极态度去面对幼儿园各种不尽如人意之处，抛开吹毛求疵的姿态，只有这样我们才能顺利地挑选到合适的幼儿园。

发现问题　如何挑选幼儿园?

解决问题　慎用舍远求近原则；不要让“贵”冲昏头脑；除了教学理念，还要注重硬件。

3. 怎样的入园准备能最大限度避免分离焦虑?

·1· 避免分离焦虑的前提

随着妈妈们知识储备的日渐丰富，“分离焦虑”这一专业术语越来越深入人心。像我现在遇到的许多妈妈，她们会这样发问：“当时你家宝贝分离焦虑严重吗？”而并不会直白地问：“当时你家宝贝入园哭闹得厉害吗？”可见大家对分离焦虑的含义已不陌生。

尽管听了不少专家支招如何避免分离焦虑，但真正面对孩子入园时，我们依然会乱了分寸，因为我们往往忽视了一个大前提，就是没有搞清依赖与依恋的关系。如果这个关系没有拿捏好，我们所有用心的准备都会徒劳无功，甚至会消耗双方的感情。

●关于依恋

很多妈妈说：“孩子上幼儿园，就是独立的开始。”但事实上，这个独立是有限的，它并非真正的独立。举个例子，我以前在早教班里认识了一个朋友，她的孩子入园前很黏她。她本以为孩子入园后会独立，慢慢发展为不依恋妈妈，但事实上孩子并没有变化，回到家一样是她的“小尾巴”，她对此很厌烦。

其实，孩子对父母的依恋是生理心理上的基本需求，他们需要持续的包容和及时的滋养，需要充分的亲昵和一定频率的拥抱，所以即使上了幼儿园，孩子的依恋也是要被看见和重视的。对于孩子来说，上幼儿园只是一种生活、学习方式的转换，而不是与原生家庭的脱离。

又例如，邻居家的小姑娘楚楚一直都是妈妈带的，楚楚妈很担心女儿入园不适应，于是在入园的前两周把女儿放到奶奶家。在这个隔离的过程中，楚楚终日哭闹，以为妈妈不要她了。一周后奶奶不忍心，把孩子又送回妈妈身边，这时的楚楚就更加黏妈妈了，连妈妈上厕所、洗澡都感到惊恐。到了幼儿园后，楚楚更认定妈妈要再次抛弃自己，分离焦虑持续了三个月，楚楚妈后悔也来不及了。

孩子的依恋从来都没有错，错就错在我们强行剥夺孩子依恋的权利，把依恋误认为是依赖。

有研究表明，依恋是一种持续终身的充电行为。记得以前我读大学时，很多同学会把毛绒玩具或者从家里带来的有特殊意义的物品放在宿舍里，这是他们对家的依恋。20多岁的人尚且如此，更何况一个3岁的小朋友？心理学认为，会依恋的孩子才能形成安全型人格，相反，则会成为回避型或反抗型的孩子。所以，我们千万不要拒绝孩子最向往的亲密感，更加不能随意扔掉他们随身带着的手帕、玩具。孩子一旦有了安全港湾，他们就会拥有良好的适应能力，对外界有乐观积极的态度。

但是，有些妈妈总担心孩子对自己过于依恋，会造成入园困难。其实依恋是可以稍作缓解的，尤其在孩子入园前，我们可以适当地让出空间给孩子自己处理事情。

例如在安全的环境下，我们跟孩子说："你在这里玩，我去买东西，买完就来接你。"又或者让熟悉的信得过的人帮忙看看孩子，告诉孩子自己约了朋友谈事情，等到吃饭的时候就会回来。成功尝试了之后，我们再逐步把时间拉长。

我在森森身上就是如此操作的。我先离开他一两个小时，然后再离开半天。当孩子完全接受了半天之后，我才离开一整天，循序渐进地让孩子明白我是爱着他的，但是他有自己的天地，妈妈也有自己的事情，我们只是短暂地分开而已。

●关于依赖

刚说到的独立，应该更多地体现在割断孩子对父母的依赖上，提高他们的自理、社交、表达、解决问题、寻求帮助等能力与行动力。

在妈妈群里有个双胞胎妈妈，她自己带着两个孩子，平时根本顾不上他俩。孩子打闹，妈妈没时间插手，他俩只能互相协调；孩子不懂穿衣服，妈妈也忙活着，他俩只好自己摸索着来穿；孩子要玩玩具，妈妈没空找，于是他俩只能挖空心思自己去找，之后便不得不牢记要收拾好，下次才能容易找到……

后来，他俩一起上幼儿园，既不像其他孩子那样哭哭啼啼，也不会满嘴说“讨厌上幼儿园”。老师夸赞两个孩子各方面都表现得出色，问妈妈有什么法宝，妈妈却说：“我哪有什么特别的教育，一直以来都是他俩自力更生。”

相反，有些妈妈希望孩子在入园前拥有愉快的交际体验，于是不忍心让他们亲历挫折。小朋友抢玩具时，妈妈总是帮忙拿回来；小朋友之间发生争吵，妈妈总是扯开，不让他们自己解决……这些越权行为都形成了孩子在交际上的依赖，结果孩子上了幼儿园，就不懂得如何处理类似的问题了，也加深了焦虑感。

又例如，我们小区里有个奶奶，她得知孙子九月份就要入园了，三月份就从老家搬了过来，特意把一日三餐弄得丰盛美味，好让孩子多吃变得强壮。当孩子不吃时，奶奶就赶紧喂他。结果孩子入园后就更不会自己吃饭了，刚上幼儿园就得了几场大病，瘦了一大圈。

如果我们不想忙忙碌碌地为孩子做入园准备，最终却变成无用功，那么就必须明确：我们要尊重孩子的依恋，而非培养他们的依赖；我们要割断的是依赖，而非依恋。我们只有把依恋和依赖的关系搞清楚，才能更好地应对父母与孩子的分离焦虑。

· Ⅱ · 妈妈要克服分离焦虑

我经常在外面听讲座，专家一般都会这样说："妈妈的分离焦虑比孩子的更加严重，我们要克服分离焦虑，因为我们的焦虑会让孩子更加焦虑。妈妈不高兴，孩子凭什么高兴起来？"确实，现在的孩子都像众星捧的月，不是孩子离不开我们，而是我们离不开孩子。

但是，哪有妈妈天生就淡定从容的？对于那些第一次送孩子入园的妈妈来说，克服分离焦虑是困难的。我从来没看过一个毫无经验的妈妈非常放心地让自己没有上过幼儿园的孩子上学，只是她们担心的程度有所区别而已。

所以，妈妈能做的只是自己尽量地掩饰焦虑。一个有效的方法是：思考和寻找焦虑的最大源头，并采取实际行动解决它。

森森的幼儿园比较封闭，我们并不能提前参观，在暑假期间也没有老师家访。也就是说，孩子在完全没有认知基础的情况下，即将进入一个与以前生活大不相同的场所。坦白说，这并不人性化。而且家长会是在开学前两天才召开的，当天我才得知森森被插进了大龄班，而他是班中唯一一个没有上过幼儿园的孩子。

那一刻我的焦虑指数完全狂飙至天花板，原来森森即将面对一班"强大"的孩子：他们都有上幼儿园的经验，都有被训练过的自理能力和适应能力，都有属于自己的圈子，而且他们大多是北方人，大龄班的同学就更加大块头了。综合方方面面的"劣势"，我非常担心森森会被比下去并造成他自卑退缩，甚至质疑自己为什么选择了这家幼儿园……

第二天醒来，我尽量把自己的负面情绪藏着掖着，马上约了老师在班里见面。我的目的是让老师提前了解孩子的基本状况、生活习性以及优缺点，也让孩子在入园前看看周遭，好让他对新环境、新老师建立信任关系。事实上这一步至关重要，为第二天的入园起到了铺垫作用。

面谈时，我让森森送了提前制作的卡片给三位老师，除了对老师表达敬意，更多的是让老师对森森这名新生留下深刻印象，而不至于心里完全没底。另外，我在卡片上做了手脚，特意写上森森的小名“包包”，当老师们打开卡片的刹那，她们都亲切地喊了出来：“包包呀！包包！”森森露出可爱的笑脸，一下子就放下戒备了，从心理上大大拉近了与老师的距离。

其实，森森并没有这个小名，是我开完家长会后立即想出来的法子。如果希望森森跟陌生的环境相通，那么我应该设法增加一些亲切感和熟悉感的要素。

于是我征求了森森的意见，给他起了“包包”这个容易发音又可爱的小名。我告诉他，只有亲密如妈妈的人才会知道他这个小名。

就这样，第二天我用计成功。森森听到老师热情地喊他“包包”开心得不得了，回到家一直念叨着说自己多了三个爱他的妈妈。他对老师的初步接受让我稍微缓过气来。

作为班上最特殊的一位新生，森森所面临的挑战比我预计的要大很多。孩子入园的那一周，我几乎停掉了手头上所有的工作，终日看着微信群来寻找心理安慰，希望老师能发点照片。但因为班上的都是老生，老师并没有特意这样做。尽管我为被忽略而感到不安，但也没有在孩子面前表露出来。直到几天后，老师告诉我森森在幼儿园里方方面面都很好，而且我看到他上学和放学都开开心心的，还牵着好几个好朋友，我心头的大石才逐渐放了下来。

但我知道，对于那些需要更长时间适应、不愿意上幼儿园的孩子，他们的妈妈心理负担会比我的大很多，她们会像更年期一样情绪波动、浮想联翩：是不是孩子被老师打了？是不是孩子被欺负了？是不是孩子接受不了严苛的规则了？是不是孩子吃得不好了？……种种问题占据整个脑袋，甚至会无端地自责起来。尽管千头万绪，妈妈也要具体问题具体分析，找准困难点并解决它，这样焦虑才会尽快散去。

· Ⅲ · 处理孩子的分离焦虑

妈妈处理自己的分离焦虑是个基础，处理孩子的分离焦虑才是关键，后者的战线要比前者的长得多。

第一天走在幼儿园路上的情景可能是这样的。

妈妈说："你要在幼儿园里面一整天，没有妈妈在身边的。"孩子会斩钉截铁地回答："好，我知道了。"妈妈说："等你吃完下午茶，妈妈就第一个来排队接你。"孩子说："好！等我吃完才来哦。"妈妈说："宝宝上幼儿园，妈妈也上班去了。"孩子说："妈妈放心上班去吧，宝宝乖乖上学！"

那一瞬间，我们心里庆幸有个如此懂事的宝贝。但是，一到真正要分离的时候，孩子就会意识到不对劲，突然180度大变脸。有些孩子哭闹不止、泪如泉涌，死拽着妈妈的衣服，挣扎着冲向外面。有些孩子哭得撕心裂肺，甚至呕吐，用尽全身力气喊："我不上幼儿园！""我要回家！"有些像森森那样不停地追问："妈妈，你是不是真的下午来接我？"孩子强行抑制着眼眶里的泪水，但心里正在淌着泪。

孩子不一定在第一天就表现出强烈的分离焦虑，可能是在第二天、第三天，甚至是一周之后才进入"挣扎期"。处于"挣扎期"的孩子，有些还没走到幼儿园，在路口就扯着妈妈往回走；有些害怕天亮了要上学，晚上不肯睡觉，即使好不容易睡着了，也会噩梦不断，早上不愿意起床；有些放学时一看到家长就爆发性地大哭。

"挣扎期"一般持续一两周，然后分离焦虑在一个月内就会逐渐减轻，但依然存在波动。比如长假回来，分离焦虑又会死灰复燃。

下面，我分"开学前""开学后"两部分给家长们一些更为具体的建议。

●开学前

① 尽量提前让孩子熟悉幼儿园。我的一个朋友，她女儿入读的是自家楼下的私立幼儿园。入园前一年她就经常带女儿进去玩，放学时与女儿一起站在门口接邻居家的哥哥姐姐，这些都让女儿对幼儿园充满期盼。

虽然森森读的公办幼儿园管理得比较严格，外人不允许进去，但是从他2岁开始，我们就以咨询者的角色参观了其他私立幼儿园，当时森森考察了不下10家幼儿园。虽然有点夸张，但这种途径能够让他对幼儿园不陌生。

如果我们的目标幼儿园有特定的开放日那就更好了，我们可以鼓励孩子在幼儿园仔细观察教室的里里外外，玩玩那里的玩具，坐坐那里的椅子，睡睡那里的床，还可以让他们使用一下洗手间、洗手池，看看挂毛巾和喝水的地方……当孩子玩得意犹未尽时，我们就跟孩子说："现在是时候要回家了，这里的玩具是给入读幼儿园的小朋友玩的，当你成为其中一员时，才能够玩哦。"在孩子产生向往之情的时候，就把他们的胃口吊住。

森森在参观幼儿园的过程中会问我："妈妈，为什么要上幼儿园呢?"我会灌输这样的观念："我们长大了就要上幼儿园，因为这里有很多好老师教我们本领，有很多小朋友陪我们玩，还有很多家里没有的玩具，有很多妈妈不懂的游戏。"

这些话我不会等到森森问了才说，在很多时候我都会主动提起。像看到路上哥哥姐姐去上学了，我会说："你看，他们都高高兴兴上学去啦!"又或者爸爸出门上班时，我跟森森说："爸爸上班去了，就像宝宝长大了每天上幼儿园一样。"又或者时常提起我们小时候的幼儿园，让孩子知道，原来爸爸妈妈小时候也上过幼儿园的，这是一个成长的必经阶段。

孩子参观了幼儿园回到家里后，我会给他使用跟幼儿园相似的水杯、餐具、椅子等，更会模拟幼儿园一天的活动，一起玩游戏、做手工、阅读等，我俩轮流扮演老师和学生，并加入集体生活的基本规则。在模拟的过程中，我会见缝插针地教孩子说以下几句话："老师，我要上厕所。""老师，我把裤子尿湿了，请您帮我换一下吧。”“老师，我身体不舒服。”“老师，我受伤了。”“老师，我吃饱了。”“老师，我还没饱，请您帮我加饭。”但不会掺杂塑造老师负面形象的话，例如说：“你要听老师的话，不然老师会惩罚你的。”

另外，我还跟森森一起制作了一个时钟，我在时间点贴上在幼儿园对应做的事情的贴纸，每天到了那个时间点我就指着时钟提醒他现在要做早操、升国旗、吃午饭……让孩子熟悉幼儿园每天的活动。

② 平时尽量多带孩子熟悉上学的路线。我们可以多跟孩子一起步行到幼儿园，告诉他们:“这是去幼儿园的路哦。”一路上淡定从容地跟孩子说:“你看，这里有卖水果哦，以后我们天天都经过这个水果摊呢。”“你看，这棵芒果树挂着一个个芒果呢，以后你从幼儿园楼上可以直接看到芒果了。”

到了幼儿园门口，我们再模拟离开的场面。这里要注意，我们最好选择放学的时间，因为一般幼儿园放学时孩子很少哭闹，都是开开心心的，我们要让孩子感受幼儿园生活的美好，同时让他们大概了解放学的时间。我是这样对森森说的：“森森，早上送你进幼儿园，妈妈就要离开了，到五点半妈妈再来接你。”

③ 用心调整孩子的作息时间。从森森2岁开始，我就规范了他的作息时间：晚上9点上床，早上睡到7点自然醒，中午1点睡觉。这种作息时间跟幼儿园的相差不大。我们不需要提前一年做到，只要在入园的前一个月调整过来即可。在调整的过程中，即使孩子不喜欢早睡早起，但只要父母以身作则，久而久之便也就习惯了。

之前有位妈妈反映，她的孩子晚上11点睡，早上9点起床，下午3点睡觉，无论怎么调整都没用，即使第一天调过来了，第二天又恢复原样。应对这个问题最直接的方法就是，找一天带孩子到户外玩耍，把午休省去。当他玩累了，又没有充足睡眠时，晚上就提前睡觉了，到了第二天便自然早醒，午觉也提前了，这样就可以调整过来了。如果在这个过程中仍有反复，那就按之前删减午休的方法再次进行调整，重点在于家长的持之以恒。

④ 提前准备好安慰物。我们需要征询老师可否带安慰物去幼儿园。大多

数老师提倡孩子带上自己的安慰物以及全家福，她们认为这些能够帮助孩子在陌生的环境中建立安全感。许多事实也证明孩子一旦适应了环境，他们是完全不需要老师提醒的，自然而然就不再需要安慰物了。

森森的老师是不提倡带安慰物的，即使带，也只能带一周。其实这对于孩子来说是条霸王条款，不让孩子带安慰物或者认为安慰物是件不好的东西，实质上是混淆了依恋与依赖的关系，而且“限制一周”的规定根本没有对孩子的心理状态做具体考量，明显是为了敷衍家长。

尽管如此，我还是尊重老师的意见。虽然没有让森森带任何安慰物，但是我在很多物品上“投机取巧”。像森森最喜欢起司猫毛绒玩具，既然不能带，我就在网上定制了一款起司猫的名帖，贴在他的手帕上、枕头的四个角上。如果他真的需要，平时就可以拿着自己的手帕，犹如起司猫就在他的身边，睡觉时抱抱枕头，犹如起司猫陪着他睡觉。正是这些物品，帮助森森迅速度过了需要精神安慰的时期。当他完全适应了幼儿园后，对这些物品便视而不见了。

⑤ 跟孩子共同阅读关于分离焦虑的绘本。其中，我能够将方法很好地运用到森森身上，同时有效地让他尽快适应幼儿园的绘本就是奥黛莉・潘恩的《魔法亲亲》，“魔法亲亲”成了我和森森离别的必要仪式。这种仪式对孩子来说很重要、很神圣。它告诉孩子，爸爸妈妈很爱他，但是上幼儿园是成长的过程，他需要认识新朋友、学习新本领，要坚强勇敢地去面对。

就像绘本里的浣熊妈妈一样，我在森森的手上亲亲，让我的吻留在他的手里、脸颊上、心里。这样，当我不在身边时，森森的情绪和情感也能安稳下来。我们可以利用类似的手法，用动作把自己的心从身体里“掏”出来，然后交给孩子，让孩子把它“捆绑”起来，告诉孩子妈妈的心一直与他同在，他可以放心去玩。

又例如《阿文的小毯子》，也对我们起到了帮助。森森从小就很喜欢我的一条绿色连衣裙，有时他会把裙子放在他的枕头边上，有时摆在他的玩具堆里。入园前，我效仿阿文妈妈的做法，把连衣裙剪开，将一些布料缝在了他的书包和被子上，让他带着上学。

还有《幼儿园的一天》《爱上幼儿园》《小猫头鹰》《小阿力的大学校》《我好担心》……这些绘本既道出了孩子入园前的真实感受，也能让他们感知幼儿园丰富多彩的日常生活。

⑥ 把入园前的身体检查视为重要的分水岭。入园身体检查的时候，我抓住时机跟森森说："入园检查之后，你就成为真正的幼儿园小朋友了。"也就是说，我让森森做好了充分的思想准备：自这天之后，很快就要每天上幼儿园了。

●开学后

① 表现坚决。妈妈千万不能说："怎么总是哭呢，那妈妈再多陪你一会儿吧。"或者："哭得那么厉害，今天不上吧，明天再上，休息一天，但明天要答应妈妈乖乖上学哦。"这样的迁就会延长孩子的分离焦虑期。只有我们表现得坚决，孩子才会更加坚强与坚持。

那么，我们坚决的底气从哪里来？

底气来自家长对老师的信任。我们信任的不仅是老师的专业水平，而且更多的应该是她们的人品。**老师只有在被家长信任时，才会也信任家长，从而形成双方最基础、最亲密的关系，共同把孩子领向一个最好的状态。**

像森森的老师们，虽然我不完全认同她们的方法，甚至有些跟我的理念背道而驰，但是我相信，这是一家远近闻名的公立幼儿园，老师都是身经百战、带过几百个学生的，她们自然有一套教育孩子的方法，而且我明确知道她们都是有爱心和耐心的人，所以会全身心地信任她们。

正是这份信任，让我把孩子一交到老师手上，就坚决地头也不回地走了。

②做足分离仪式。我们经常听到一些专家或老师建议，一旦孩子到了老师的手中，就要尽快离开，即使孩子哭闹，也要"绝情"地跟孩子说"再见"。

在这一点上，我认为应当人性化处理，并不是说赖着不走一直安慰，而是要有最基本的道别仪式。当我要离开森森时，必定是完成了拥抱以及"魔法亲亲"后才会离去。如果连这些仪式都省去，"绝情"就变得盲目了。

尤其是刚入园时，我们早上要慢慢悠悠地送孩子上幼儿园，千万不要催促，也不要过于紧张。到达幼儿园晨检后，在把孩子交给老师之前，我们要跟孩子说明白：“这是你的老师，她会陪你玩更多的玩具，让你认识更多的朋友，下午放学后我就过来接你。”

说这些话时不要觉得是拖沓，其实我们越是说得简单清楚，我们离去后，孩子的心会越踏实。但我们要有界限，说完就得离开，无论孩子怎么哭闹，也不能反复无限制地安慰，这个度需要妈妈根据孩子的具体情况来有弹性地把握。

真实的情况可能是这样的：当你希望说上一言半语时，一边是孩子扯着你哭，不让你走，一边是老师不断催促家长离开，本来就乱了分寸的你更加不知所措了。心软的家长可能走不动，跟孩子磨蹭，孩子就更加哭闹，老师也更加不满；而“绝情”的家长，连“再见”都忘记说了，只是听从老师的指挥匆匆离开。也就是说，我们送孩子前一定要胸有成竹，有应对不同状况的计划，并按照自己的步骤行事。

例如，入园第四天，森森眼看我要离开了，一边强烈要求多一个拥抱，一边鼻涕眼泪并流。老师阻拦，认为不可以再纠缠了，但我认为多一个拥抱能够让他心安的话，那就并非坏事，所以还是冲了过去跟他再抱了一次。就这一个拥抱，他神奇地停止了哭闹，默默地看着我离开。如果我听从老师的，我相信他会哭闹得更久。

另外，在实操中，我们有两点要注意。

第一，分离时我们千万不要一心想着溜走而向孩子撒谎，说“我到楼下买糖再回来”“哇！你看看那边那只小猫”之类的话，这种行为等于直接告诉孩子：“我不要你了，把你丢在幼儿园了。”

第二，分离时我们千万不要当众跟老师说贬低孩子的客套话，像：“老师，我女儿从小就胆小敏感，从此就麻烦您了。”“恐怕孩子会哭个不停，真的劳烦老师了。”这些无疑是强化了孩子的悲痛。

③对于黏妈妈的孩子，由妈妈送会更明智。有些妈妈曾经建议，黏妈妈

的孩子，应该让爸爸去送，因为爸爸往往会很强硬，像有些爸爸会直接说："别哭了，要坚强！""下午来接你，快进教室！"孩子会被感染而坚强起来。但我认为，黏妈妈的孩子更应该由妈妈来接送，因为分离并不可怕，可怕的是我们逃避分离的情绪。让爸爸送就是一种逃避，没有正视问题。

既然孩子视妈妈为最重要的人，那么妈妈就更需要坚定地、真真切切地跟孩子经历分离。这个坚定不仅表现在语言上，还表现在眼神、举止上，让孩子更坦然地、迅速地面对这样一个事实：妈妈爱宝宝，宝宝爱妈妈，宝宝必须要进幼儿园，我们的爱并不会因为短暂分离而消失。

森森从小就是我带，他也特别黏我，入园那段时间我每天接送，他并没有出现难以分离的状况。我也听说许多一直自己带孩子的妈妈，她们跟孩子分离也并不会特别困难，反而因为孩子本来就特别听妈妈的话，分离时显得很干脆，在幼儿园的安全感很充足。

④准时接孩子，并引导孩子倾诉。下午接孩子时，如果我们之前说好了第一个来接，但每天都做不到，那么孩子就失去了对父母的信心和期待，分离焦虑就会更加厉害。即使我们做不到每天排第一位接孩子放学，也不能是最后一个。

接了森森后，我会问他在幼儿园里的情况，但提问都是积极的，例如："今天有什么特别好玩的事情？""今天老师在妈妈面前不断夸奖你呢，说你表现得非常好，是吗？""放学时，我听到有好几个小朋友喊你名字呢，我想他们可喜欢你了，是吧？"森森会滔滔不绝地跟我说幼儿园的经历。

但是，有些孩子是不愿意说幼儿园的事情的。我们千万不要絮絮叨叨地问个不停，例如："你听到我的问题了吗？""究竟怎么样了？""你不说话，是不是在幼儿园里受委屈了？"而是应该很有技巧地抛砖引玉。

例如，我们通过老师发的信息，知道今天早上他们在操场跳轮胎，那么我们就跟孩子说："今天你们滚轮胎吗？太好玩啦！"我们故意说错，一般孩子就会急于纠正："才不是呢！那是跳轮胎，是跳，我可勇敢呢……"

又例如，我们从老师嘴里获知当天读了《好饿的毛毛虫》绘本，回到家里我们就可以用纸折一只蝴蝶跟孩子一起玩，玩的时候问：“妈妈真不明白这蝴蝶怎么来的，难道是蝌蚪变出来的吗？啊，不，好像是蚕虫变出来的。”这时孩子就会充当小老师来纠正：“不是，是毛毛虫。”“呀，你怎么知道啊？你从书上看的吗？还是老师说的？”“是今天绘本课上《好饿的毛毛虫》里说的。”我们一步步让孩子进入“圈套”。

慢慢地，等孩子在幼儿园适应一段日子后，他们便会主动跟我们说幼儿园的相关事情了。

其实这种爱倾诉的习惯是需要培养的，父母跟孩子要做到像好朋友一样无所不谈。这样如果日后发生什么事情，就算是打架或者更严重的事件，孩子也会习惯性地毫不畏惧地跟父母说出来。但在培养的过程中，我们不要聊一些消极的话题，例如：“你吃饭一向都那么慢，老师有没有说你啊？”“我看了今天的视频，旁边的孩子拿了你的玩具，你为什么不抢回来呢？”这些问题暗示了孩子的问题和否定了他们的行为，孩子就更加不愿意开口了。

⑤有针对性地解决孩子特定的问题。刚入园的这段时间，孩子会因为进入了一个完全陌生的环境和群体，心理上不适应，但在幼儿园里又没能把情绪宣泄出来，所以在面对最亲密的人时往往会把这些焦虑有恃无恐地释放出来，在家里变得爱打人、缠人、撒野等。对此，我们除了要理解和宽容，更加要考虑孩子是否为了特定的事情不开心、执拗。如果是，我们就要有针对性地帮助孩子解决问题。

例如，森森告诉我，他午睡醒得特别早，不愿意等到两点半才和大家一同起床，这件事让他很苦恼。森森从小睡午觉都是快睡快醒，精力旺盛，维持到晚上九点入睡绝对没有问题，所以我从来都不会规定孩子的午睡时长。但我也了解到在这家幼儿园不能够不午睡，更加不能在规定的时间内起床，除了大小便。虽然我心底明白这项制度并非适合所有孩子，但是集体生活既然如此，我就得想办法帮助森森解决。

我说："你的好朋友都在你身边入睡。我知道你醒得早，但好朋友也会在梦里面一起玩的，你能够尝试一下再次入睡跟他们再玩一会儿吗？如果你确实睡不了，可以试着左转转、右转转、数数小手指、抱抱枕头和被子，或者去个厕所，走走再回来，这样时间过得很快，你也会好受很多。"我并没有强硬地让森森接受幼儿园的睡觉时间，而是完全站在他的角度为他消磨时间提供意见。

就这样，大概森森午睡数手指数了两周的时间，逐渐适应了集体午觉的步调，能睡一整觉了。虽然后来有所反复，但是午睡时间太长不再成为他的问题了。

总之，以上应对分离焦虑的方法，如果父母能够做到八成，那孩子入园是不成问题的。我们不要把分离焦虑看成真正的焦虑，它只是孩子入园状态的一个过渡阶段。而分离焦虑的强与弱，足以彰显孩子在入园前，即0~3岁期间，所接受的家庭教育水平。

那些正处于分离焦虑期的孩子，一般来说，他们成长的速度都会远远超过我们的想象。当我们还停留在原地思考如何解决问题的时候，他们已经越过障碍奔跑至远方了。

发现问题

如何应对分离焦虑?

解决问题

1. 前提：尊重依恋，割断依赖。

2. 妈妈的分离焦虑：寻找焦虑的源头并解决它。

3. 孩子的分离焦虑：

开学前熟悉幼儿园，使用与幼儿园相似的物品，熟悉上学的路线，调整作息时间，准备安慰物，看相关绘本，视身体检查为分水岭；

开学后父母要坚决，具备仪式感，黏妈妈的孩子更应由妈妈送，放学后引导孩子倾诉，有针对性地解决特定问题。

4. 孩子“任性自私”，如何让他们融入集体？

·1· 幼儿的成长秘密——以自我为中心

《尸子》说：“鱼失水则死，水失鱼犹为水也。”人要在一定的群体生活中才能发挥其作用，脱离了就会失去其能力。而群体最大的特征正如《笑傲江湖》中所说：“只要有人，就有恩怨，有恩怨，就有江湖，人就是江湖。”对于孩子来说，小区是江湖，游乐场是江湖，幼儿园更是江湖。

我朋友说她的女儿每晚睡觉前总是泪流满脸地说：“我不要上幼儿园。”她引导女儿说出原因，原来女儿经常因争抢而引起冲突，幼儿园里没有小朋友愿意跟女儿玩。她听了后很心痛，意识到无论自己怎么给予女儿无私的爱，也不能代替小伙伴对女儿的认同。为这事，她白天上班时也时时刻刻牵肠挂肚。

现在父母对孩子的社交越来越重视了。确实，幼儿正处于自我意识发展阶段，在人际交往中往往会出现让人措手不及的状况：不愿意输又看不惯别人赢；用暴力行为对待同学；不爱分享，甚至把别人的东西占为己有；经常干扰同伴；没礼貌地插嘴……这些看上去任性自私的行为都会导致孩子被集体孤立、排斥，使父母在意与担心。

所以，正确培养孩子的社交能力是每对父母的刚性需求。但在培养之前，父母最需要了解的，就是孩子在这个年龄段的内心秘密。

心理学家认为，幼儿进行判断必定是以自我为中心的，他们不能从他人的立场出发考虑对方的观点，而以自己的感受和想法取代他人的感受和想法。7岁前的孩子具有自我中心现象，8岁的孩子才会逐渐脱离自我中心，可以站在别人的角度考虑问题，去体会别人的感受。

而且有研究表明，在整个幼儿时期，大多数孩子都未能建立移情能力，也就是说他们很难体察别人的情感和情绪，不能感受别人的痛苦，不能深入别人的内心世界。直到孩子上了小学高年级或初中，才具备完善的移情能力。

另外，根据美国积极心理学家、哈佛大学医学博士丹尼尔·西格尔，儿童与青少年心理治疗师、育儿专家蒂娜·佩恩·布赖森对脑科学的分析和研究结论，人的大脑分为上下两层，下层大脑负责本能的反应、冲动、情感，上层大脑产生智慧、决定、控制等。下层大脑在孩子出生时就已经发展得很好，而上层大脑要到20多岁才发育成熟。如果我们希望孩子在社交中能善解人意、理性处理问题、积极调节负面情绪，他们是难以做到的，因为这些都需要一个成熟的上层大脑来操控。

所以，孩子所谓的“任性自私”并非真的任性自私，而是他们在生理和心理发展过程中的正常表现而已。我们不能只看到孩子的表象，而应该读懂孩子内心潜意识的那一部分。

我们只有对幼儿阶段孩子的成长特征有所了解，才会摒弃一切粗暴简单的教育行为，按照孩子的成长规律进行一系列顺应式引导，从而潜移默化地改变他们在社交中出现的一些看上去过于自我的行为。我们的目的并不是要让孩子成为小小社交家，而是帮助他们在群体中找到立足之地，从而获取成长的动力，这也是孩子在精神上最基本的需求。

· Ⅱ · 培养社交能力的前提：充分的心理与情感发展

现代自我心理学之父阿德勒认为，每个人天生都是自卑的，我们都有克服自卑、追求优秀的内动力。正是因为自卑的存在，我们才会做出各种努力来摆脱它、超越它。孩子虽然还小，但他们也会受到自卑感的困扰。

如果父母一贯关注孩子的心理与情感世界，跟孩子站在同一阵线，那么孩子就能够很好地克服与生俱来的自卑。但是，如果父母对孩子缺乏关爱和重视，过分严格或不闻不问，那么孩子的自卑就会越来越强烈，他们会迫切地渴求外界对自己高度关切，以此来弥补内心的自卑，于是他们就会热衷于一些不受欢迎的行为，像在集体中搞破坏、干扰他人、争抢，等等。

对于正在形成安全感的孩子来说，父母对他们来说真的比天还重要。父母以宽宏的、可靠的、发自内心的爱意来养育他们，他们感觉到温暖、安全、舒适，就会把这种安全感延展到对待外部世界的方式中去，内心不存在什么烦恼，拥有稳定的情绪，更加愿意合作，积极探索外面的社交世界。

相反，孩子长时间与父母分离，受到过父母的责骂与怒吼，眼睁睁看着心爱的玩具被家人丢弃践踏，目睹家人之间的恶性吵架等，压力和负担就会日益增大，容易焦虑、冲动，或者感到无助、沮丧。这种感觉深埋在孩子的情感记忆里，他们的情绪调节能力就会逐渐减弱，集中爆发时他们就难以自我控制，甚至会出现攻击行为。

所以，父母需要高度认可孩子，让孩子正确认识自己的价值。

当孩子表现良好时，我们要大方地称赞孩子的具体行为，可以这样说："你把房间收拾得很干净，你干活真认真！""你做手工做得很仔细，你看，作品做得真精致啊！"当孩子不断犯错时，我们首先要心宽地认同他们的想法和出发点，再去改正他们的行为，这样孩子才不会觉得自己被全盘否定。可以这样说："我觉得你坚持自己的想法是非常好的，但是你也可以耐心听听别人的意见。”“我知道你很有主见，也很坚持，我能理解，但是我们之前说好这件事不能做，那还得遵守承诺。”这样，孩子无论是对还是错，他们都明确知道自己在父母心目中是个很棒的孩子，从而自发改正不当行为。

我们要接受孩子的瑕疵，不完美才是完美。在生活中，我们不要经常挑剔、指责孩子，像孩子吃饭不够讲卫生、手工做得不够快、不能及时跟别人打招呼等，这些小事都可以放过。在学习中，我们不要高度压制，不要不允许他们落后，否则孩子就会长期处于精神紧张的状态。

我们平时也要注意亲子对话的模式，应该经常这样表达：“孩子，不管发生什么，我都会跟你站在一块，我永远爱你！”“我喜欢你这样做，比之前有进步，你是能够做得更好的！”“或许你说得没错，我只是建议，决定权在你手上。”“无论怎样我都会和你一起面对，我用我的力量支持你。”“我相信你可以的，你终于做到了！”……

我们把这些话铺排在孩子的日常生活中，孩子将得到什么呢？“我很有安全感、价值感和尊严，我有信心能够做到最好。在他人面前我完全不需要通过什么手段来获取地位，因为我的妈妈给予了我足够的精神营养，同时我也要像妈妈接纳我那样接纳他人。无论结果怎么样，我妈妈依然爱我，全世界都会爱我。”

往往这种有充分心理与情感发展的孩子，他们个人价值感会较高，在社交中会像父母爱自己那样想方设法去爱他人，而不只是考虑到自己。他们会为解决社交冲突而努力，尽量维护好与朋友们的友情。

· Ⅲ · 建立同理心

在良好的情感发展基础上，让比较自我的孩子学习内化他人的内心情绪和感受，更有利于发展他们的同理心，使他们更容易融入集体。

父母日常与孩子的互动方式指导着孩子与其他人的互动方式。父母需要为孩子树立一个良好的共情榜样，同时，及时地引导他们体会别人的情绪。当我们表现出对孩子和他人设身处地的关心与理解时，孩子也会慢慢学着关心和理解他人。

例如，当我们带着孩子在小区和小伙伴玩时，如果见到有孩子被其他孩子嘲笑，那么我们可以问问孩子："你觉得那个孩子现在的感受是怎么样的?""你认为他会很伤心吗?""你觉得我们需不需要带他远离那些笑话他的孩子呢?"

又例如，当我们看到孩子跟其他孩子三五成群地玩，但角落里有一个孩子孤零零的，我们可以跟孩子说："你看那边的小朋友，你要不要去邀请他跟你们一起玩呢？这样他可能不会那么寂寞，是吧?"

不仅仅在外面，在家里也一样。当孩子好不容易把拼图拼好了，但是不小心又被拆散了，他号啕大哭时，这正是我们与孩子共情的好时机。我们千万不要否定孩子的情绪："这么点小事就哭了！""怎么这点事情就哭闹？太脆弱了!"而应该跟孩子确认情绪："拼图乱了，如果我是你，我也会很伤心，相信你此刻的感受就是这样。"因为我们的理解，孩子会更明白同理心所带来的温暖。

总之，父母要善于教育，让孩子体验同理心的力量。有同理心的孩子在社交中易被他人接受、信任。

从森森2岁多开始，我一有时间就会训练他的情绪识别能力。例如，我跟森森阅读绘本时，我会问他："你认为主角当时是怎样思考的，他希望得到什么，你是如何获知的?""故事里的小朋友为什么不开心了?""如果是你会怎样呢?""你的朋友也会这样吗?""如果我们想让他高兴起来，我们应该怎么做呢?"

除了读绘本，我也会把家人或朋友的真实事件、人生经历编成小故事跟森森说，然后启发他，问："你认为当时他是什么感受?""他面对这样的情景，会高兴起来吗?"如果森森回应得不准确，我会给他做示范，告诉他我所理解的感受。

从森森3岁多开始，我进一步用技巧将他人的情绪状态和森森自己过往的情绪体验相结合，让森森对他人的处境感同身受。例如，我会这样说：“你的同学很开心，就像今天早上你吃了最喜欢的蛋糕那样开心。你现在能感受到他的开心了吗?”或者：“你看，那个孩子不小心把果汁都倒在地上了。你之前也是那样弄洒了果汁，喝不了了，你还记得你很不开心吗？估计这个孩子现在跟你当时的心情是一样的。”这些话语与森森过往的情绪体验相连接，能大大促进他的真实感受。因为有实验显示，人们对于和自己相似的人更容易产生同理心。

那些逐步建立起同理心的孩子，不仅能感受到与他人的平等，更重要的是把只关注自己的思维方式转变成换位思考，从而能获得同伴的认同。

· IV · 教孩子乐意分享

除了同理心的建立，让孩子学会分享，也是帮助他们在集体中受到青睐的“必杀技”。

现在幼儿园会有很多以分享为主题的活动。例如森森的幼儿园会让孩子每个星期带两件玩具去，到了“分享时光”，大家便会拿出自己的玩具，说说它的特别之处，跟小朋友互相交换。这些举动告诉孩子，分享意味着当自己提供了别人所需的东西时，我们也得到了自己所需要的东西，双方是互惠互利的。

平时我们在家里可以采取言传身教的方式。像在家里，爸爸吃薄饼时分一半给妈妈，妈妈吃牛扒时分一半给爸爸。我们也不要因为孩子分享给我们的东西不好吃而拒绝，更不能总对孩子提诸多要求和负面意见。“这个妈妈爱吃，夹给妈妈吃才是好孩子。”“你不要那么自私！全都吃掉了。”这些做法尽量避免。

而我最喜欢的，就是用角色扮演游戏来培养森森的分享意识。

要知道，孩子能在社交中大方地分享自己的玩具，前提是孩子明白自己的玩具是会被完整归还的，分享的过程是安全的。他能真正相信这句话："如果我分享玩具给对方，对方是会还给我的。"

首先，我跟森森模拟场景，我扮演他的一名同学，让森森过来借玩具。我会说："这玩具是我的，如果借给你，你要小心点，等我画完这幅画之后，你就要还给我哦。"然后我把玩具递给森森，自己埋头画画。

等画完画了，我问森森："我已经画完画了，请你把玩具还给我吧。"如果森森愿意还，那么这场角色扮演就到此结束了。如果森森不愿意还，那么我就说："如果你不还我，我有许多玩具，下次我就不再借给你了。"或者说："如果你不还我，我会告诉其他小朋友，让他们也不再借玩具给你了。"

我跟森森这样对话的目的是，让他知道作为物品的所有者，借出的东西要被毫无缺损地还回来，但是如果对方不还，那么也是可以用沟通来解决问题的。这里要注意的是，父母还可以引导孩子多总结几个方法让对方归还，这样有利于孩子安全感的建立，让他们学会思考解决问题的办法。

接着，我跟森森调换身份，我扮演借玩具者，并且承诺10分钟之后还给他，过程中不会弄坏。当我还玩具时，会强调："现在还给你了，谢谢！"我还把自己的玩具分享给森森。

这样的做法能让孩子明白，物品只是离开自己一会儿，过一会儿就回来了，而且，别人为了表示感谢，很有可能会分享更好玩的东西给自己，这是共赢的事情。

这时候，父母也可以改变一下场景，锻炼孩子解决分享冲突的能力。父母拿了孩子的玩具后假装不愿意归还，让孩子想办法沟通。如果孩子说："如果你不还我，我就告诉老师。"那么，父母就要装作很惊慌的样子，把物品迅速归还给他，让孩子明白这样的表达是可以解决问题的。如果孩子说："你答应我的事情没有做到，我以后不愿意再跟你玩了！”父母也要装作很怕失去他这个朋友的样子，向孩子认错并归还玩具，让孩子明白这种办法是很有效的。

这样的角色扮演锻炼了孩子，增加了他们的经验，让他们更有自信和底气解决各类分享冲突，从而消除戒心，更放心地体会与小朋友一起分享的乐趣和意义。

不仅仅是分享物品，孩子还要学会分享自己的本领，可谓“你若盛开，清风自来”。

例如，森森最拿手的就是讲故事，他喜欢在班上分享自己读过的故事。老师会布置一个大舞台让他表演，他总是能获得同学的热切关注和夸奖。后来大家更以他为榜样，陆续学着他上台讲故事，这些都让他的人气急升。

平时我也会有意让老师了解森森身上的闪光点，让老师帮忙，鼓励他利用优势来获得同学们的认同。像森森有绘画特长，老师在美术课上，一有机会便会展示森森的画作给大家看并让大家学习，这样，森森就会明白利用自己的优势可以获取好人缘的道理了。

我也发现，有些孩子跟大伙玩游戏时，经常会说“来，我教你”，随即手把手地将自己会的东西“传授”给同学；有些孩子穿鞋子特别快，自己穿好了就会跪下来帮另一个孩子绑鞋带，还不忘告诉同学绑鞋带的步骤；有些孩子看到同学脱不下套头衣服，就会马上帮同学使劲地“扒”出来，还教同学怎样才能脱得快……

这些优势才能，会让孩子更好地融入班集体，同时也让班集体更好地接纳他们。

这里要注意的是，我们让孩子爱上分享本领，前提是建立在平时对他们的绝对尊重上。例如，我平时会给予森森许多发言、做决定的机会，让他尽情地表达对各种人、事、物的看法；我支持森森“居高临下”地以“领导”的身份来“发号施令”：“妈妈，向左走，跟着我！”“妈妈，你被子叠错了，学我这样！”我尽量多地让森森当家庭的小主人，让他负责洗菜洗碗、扫地拖地、倒垃圾等工作，有客人来了，我让他来招呼……我们要让孩子认识到真正的自己、用行动成就自己，我们要创造更多自由发挥的空间，减少对孩子的控制，从而巩固他们的成就感和自豪感。

无论分享物品还是本领，都会让一些比较自我的孩子受到同伴更多的喜爱和赞赏，这些又反过来提升了他们交友的意愿和兴趣，促进他们养成大方积极的合群性格。

总之，世界上并不存在什么“任性自私”的孩子，只存在不能正确看待他们的父母。孩子的社交能力，很大程度上取决于我们这些“操纵者”的心理战术。

如果我们像唐僧那样夜以继日地唠叨和强调一个“事实”，那么“事实”便会嵌入孩子的性格中，孩子迟早会被“洗脑”，从而“认”了。如果真实情况很糟，但我们对孩子传达“你是受欢迎的”“大家都喜欢你”，孩子最终不会怀疑自己的能力与魅力，他的社交肯定是活跃的；如果真实情况很好，但我们对孩子传达“你的社交不够好”“别人比你更懂交朋友”，孩子就会像被病毒入侵，细胞受损，他的社交很快就会沉闷下去。

发现问题

孩子“任性自私”，如何让他们融入集体?

分析问题

孩子“任性自私”并非真的任性自私，而是生理心理发展中的正常表现。

解决问题

1. 基础：充足的心理与情感发展；
2. 建立同理心；
3. 乐意分享。

方法延伸

孩子的社交能力，很大程度上取决于父母的心理操纵战术。我们对孩子传达“你是受欢迎的”，他的社交肯定是活跃的。

5. 如何有技巧地跟老师沟通？

·1· 有技巧的沟通是重要的一环

谁家父母不希望自己的孩子受到老师的喜爱？

要达到这一目的，靠的并不是家长对老师卑躬屈膝、巴结奉承，而是为孩子、自己、老师串联一根坚韧的链条：**孩子对老师有恰当的依恋情结，老师对孩子保持持续的关爱，父母跟老师有着密切融洽的关系。**

一般来说，老师每天都要面对几十个小朋友，她也只是个有血有肉、会累会痛的普通人，没办法把每个孩子都当作宠儿来看待。但事实上，的确有些特别容易受到老师青睐的孩子，他们是如何做到的呢？有两种原因。

①他们都是特别让人省心的孩子。例如他们不惹是生非，不乱打同学，不打扰老师说话，不会频繁尿裤子，即使尿了裤子也敢于直接告知老师……这些不仅能大大减少老师的工作量，而且反映出了家庭的素质和孩子的素养，老师自然就会喜爱他们。

我平时看到一些妈妈在家长群里跟老师说："我的孩子学习很棒，懂算术、武术、小提琴……""孩子一放学就说'我可想老师了，老师像妈妈'。"她们认为这样能为孩子加分，但事实上，老师根本不会在意这样的话语。

②家长与老师的沟通做得充分而妥帖。试想大家恳谈一个主题，倘若双方推心置腹，那么自然能消除误会，达成共识；倘若双方都提防试探，那么双方很难相互理解，未来相互反感也不足为奇。

因此我们平时跟老师沟通要懂得技巧，力求过程顺畅愉悦，从而达到理想的效果，这样老师才会喜欢上我们的孩子和孩子背后的家庭。

可见，如果要让老师喜爱我们的孩子，能够由我们自己来高度把控的肯定就是第二点“有技巧地沟通”。而这一点的背后，是我们要读懂老师：老师对孩子的一举一动有着自己的观察和分析，但是她对家长保留多或少，很大程度取决于我们的沟通水平。这就是人说话的选择性，而选择性往往源于自我保护。我们掌握的技巧越高，越主动敞开心扉，老师越感到被信任，她的自我保护之心就会越少，平时就会越关注孩子，以便告知我们具体的事情，从而共同解决孩子的在园问题。

· Ⅱ · 日常沟通

那些跟老师不定期的、时时处处的日常沟通，它不存在什么套路，但是不用心就肯定走错路。

我把《吕氏春秋·劝学》中“事师之犹事父也”的传统文化礼节贯穿在日常的沟通与行为表现上。

在森森踏入幼儿园之前，我并没有过多地向他灌输幼儿园“老师”这个概念，而是更多地把她们称为另一个“妈妈”，后来他进了幼儿园才随大流改口为老师。但由于在森森的潜意识里面“老师就是妈妈”，而且有时我当着孩子的面跟老师聊天时也会称呼“× 妈妈”，所以他在幼儿园里偶尔还会称老师为“妈妈”。这样的称呼不仅让老师感觉亲切，也为我们日后良好的沟通埋下了坚实的基础，更重要的是让老师知道我们一家都视她如亲人。

森森入读幼儿园后，我早上送孩子见到老师时会说声：“老师好。”下午准时接森森离园，不拖延老师的下班时间，离开时跟老师说声："谢谢，再见。"我落落大方地表达，森森也会学着有礼貌地对待老师，这些看似鸡毛蒜皮的以礼相待，其实都是良好沟通的开始。

但是，我发现有些家长会把这些最基本的尊重之道抛诸脑后。我看到在家长群里，有些家长当天要提前接孩子放学，只简短地告知："老师，我下午4点就把宝贝接走。"又或者有些孩子需要请假的，家长会"精炼"地说："老师，今天宝贝要请假一天，望见谅。"他们表面上很有礼貌，但并没有向老师说明白原因，这就等于是先斩后奏了。

像森森生病了，我会说明患了什么病而需要在家休息；像森森要去上兴趣班，我会说明真实去向，在适当情况下，我还会用上征求意见的语气词"可否"。其实老师是绝对不会为难我们的，但这样的说话方式能让老师更多地了解孩子，同时觉得我们既有担当又尊重她。

有些家长对老师就像对保姆一样，会问一些很细碎的问题："老师，孩子的衣服不见了，是不是留在娃娃区了？""老师，孩子今晚在家找不到小飞龙，他早上带去了幼儿园吗？"老师一般周五下午会发短信通知周末的作业，但到了周日下午总有妈妈会着急地问："老师，明天要交什么作业呢？"

老师在一天里已经穷尽一切可能去照顾孩子了，即使是最有耐心的老师，工作之余再面对这些小事，都足以把她们仅存的精力消耗殆尽。对此，我们需要闭嘴，不见了东西就自己到幼儿园寻找或者询问家人，不知道作业便翻翻聊天记录或问问其他家长。总之，能自行解决的就尽量不要打扰老师。

有些家长自认为社会地位、职务高，便见缝插针地彰显自己的权威："我是教育局的×××，对这一行业再清楚不过了。""我是××大学的教授，对幼儿教育研究很深。"有些家长还会有意无意地提醒老师自己跟园长走得有多近，私交有多好。这些话实际上反映出家长把老师看低的心理，家长亲手把沟通的入口堵死了，在不平等的气氛下老师也只会同等对待家长。

· Ⅲ · 细节性沟通

日常沟通是基础，决定了我们在老师心目中是怎样的家长，而细节性的沟通就更讲求背后的技巧了。

如果我希望进一步了解森森在幼儿园的动向，我会提前送孩子上学，利用一早老师还不算忙碌的时候直接跟她沟通，或者放学接了孩子后，等其他同学都走了才上前咨询。我还会选择在晚上以微信、电话等方式来联系，但如果希望把事情说透，面对面沟通是最好的。

交谈的开始，我们应该尽量避免泛泛地问："孩子最近怎么样了？"这样老师的回答也会笼统肤浅，也许她会答"挺好的"或者"问题不大"。我会针对某个生活的细节或者技能来问，把范围缩小，例如问："森森最近的社交有进步吗？""森森中午愿意午睡吗？""森森在课堂上愿意举手发言吗？"以这样的话题将交谈继续下去。

下面，我将列举孩子在幼儿园中常见的几个问题。针对这些特定的话题，我们越把握好沟通的框架、逻辑和目标，就越能顺利解决问题。

●面对孩子被投诉

睿睿是森森的同学。老师曾多次告知睿睿妈孩子上课过于活跃，但睿睿妈觉得活跃毫无问题，一直置之不理，直到后来听到睿睿在夜里挣扎着说不愿意上幼儿园、害怕老师的梦话，她担心睿睿白天在幼儿园里被老师惩罚了，才去幼儿园找老师沟通。

老师跟睿睿妈说睿睿上课时大叫大笑，一听到教室外有声音就站起来走来走去，根本不听老师的话。睿睿妈虽然知道睿睿是不对的，但她一味强调睿睿性格外向，很理解他不能静静地坐着听课。

睿睿妈还带着情绪直接跟老师反映孩子回到家就嚷着害怕上幼儿园，质问老师是不是对孩子过分严格了。老师一听就反驳睿睿妈，认为她不能片面地听了孩子的梦话就特意来找老师说事。最后，老师对睿睿妈也有不满了。睿睿妈不知道如何摆平这件事情。

首先，带有戾气的沟通会掩盖我们原有的善意，从而激起对方的反感，所以，睿睿妈在找老师了解事情的前因后果时，不应该早早就把老师置于对立面。其次，睿睿妈不能把孩子的过失转移到老师身上，不能在没有道歉的情况下直白地指责老师的处理方法不当。

我们的说法应该是这样："我知道睿睿上课打扰了老师和同学，非常抱歉，我需要采取什么手段来改正孩子的行为呢？"这样提问，老师就能明确家长已经了解到孩子的短板，而且能够积极面对它、解决它，更重要的是感受到家长对老师的信赖、体谅。

当老师解答后，我们可以说："我回家会按照您的方法教育孩子，同时也希望您能够引导孩子，毕竟他比较听您的。"在说明了老师在孩子心目中的地位后，接着说："您别看睿睿他在外天不怕地不怕，事实上他很在乎别人的感受。如果他觉得您生气了，他就更加沮丧了。睿睿可能不太理解为什么老师会生气，还是要拜托您耐心地帮助他认识错误。孩子只要了解到自己有不对，我相信他会诚心诚意改正的。"

这种说法比较容易让老师接受，老师会感觉到孩子一家是有教养的人，愿意接受她教导。老师明确了她在孩子心目中的地位，是会乐于满足家长的要求的。

总之，遇到孩子被投诉时，我们应当这样跟老师沟通：①接受孩子不良行为的事实，表示抱歉，不盲目护短；②接受老师的指导，强调家园合作；③说明老师在孩子心目中的地位，并借势道出孩子的需求和弱点，"以退为进"来让老师作出更恰当的引导；④道出孩子优秀的一面，提升孩子在老师心目中的形象；⑤提出展望，说明我们应该以积极的心态看待孩子的发展。

●面对孩子的“不省心”

森森的另一个同学蓓蓓，在幼儿园期间一直都有尿裤子的情况。保育员跟蓓蓓妈说：“你家孩子总是尿在裤子上，我整天为她换裤子、拖地板、搞卫生。”蓓蓓妈也经常听蓓蓓提起尿裤子的事，说老师骂她，同学们笑话她，蓓蓓妈本来就很烦恼，现在听到保育员这样一说，就火起来了：“我家蓓蓓在家里从来都不会这样，但是一到幼儿园就控制不住尿了！”保育员也按捺不住情绪，当着蓓蓓的面跟她妈妈生气地说了好几句。

其实事情并没有如此严重，只是意气在口舌之争中不断升温而已。我们不能要求每个老师都温柔耐心，他们本来就有自己的脾气，尤其面对一些“不省心”的孩子。

对于老师的投诉，我们先要冷静下来想想，老师是出于关心孩子才会这样说话，要不怎么会主动向妈妈投诉呢？只要出发点是好的就完全没有问题。

我们应该跟老师说：“真的麻烦您了。我也知道孩子尿裤子有一段时间了，我自己心里也很不舒服。说实话，一来我为孩子担心，二来也为老师挂心，你们每天满满的工作量，尤其作为保育员的工作是最细微最辛苦的，我为让您额外增加了工作量而感到抱歉。”

蓓蓓妈应该坦诚地摊开整件事来说，先肯定、理解保育员的工作，再向她表达自己的内疚，尽量让她感受到自己的真诚。一般对方听到这种尊重的话，不但情绪会平复很多，还会反过来安慰忧心忡忡的妈妈。

这时候蓓蓓妈便可以进一步表明：“其实我也想了很多办法，您教教我应该如何引导她，让她尽快进步吧。”当保育员教授一系列训练大小便的方法时，她再解释：“您说的技巧我之前也有用，当然了，没有您所说的全面。女儿在家里还好，没有尿裤子，只是在学校尿，这种状况我从来没遇到过，心里很困惑，不知道应该如何做才好。”

蓓蓓妈应该自然地过渡到反映女儿只在学校尿裤子的事实，让保育员明确蓓蓓是由于环境等外部因素变化才导致差异巨大的表现。

这时蓓蓓妈可以再提出要求："我也知道女儿比较慢热，有时因为环境、照顾人的变化，内心感到紧张，就会导致憋尿。我在家里会多鼓励她，也希望老师耐心关注她，提醒其他孩子别笑话她了。她虽然嘴上没说，但心里很伤心，一旦有压力，恐怕尿裤子就更难改掉了。我相信环境轻松愉快一点，她就容易改善了。"最后再强调"家园合作"："如果蓓蓓再惹上什么事情，请老师立即告诉我，我会积极配合的，但这段时间真的是辛苦您了。"我们借其他同学笑话孩子所带来的影响，来暗示保育员不要再对孩子施加压力了，并让保育员明白她并非孤军作战，家长也在挖空心思想办法，让她不要失去耐心。

总之，面对让人不省心的孩子，我们应该这样跟保育员沟通：①对让保育员增加工作量表示歉意，并肯定、理解保育员的工作；②向保育员请教在家如何解决，如果只是在幼儿园发生，那么要说明这个事实；③借力打力，借助特定事件来说明孩子的需求和对保育员的要求；④点出家园合作。

●面对孩子"被冷藏"

在一场线上讲座中我接到了一个问题，一位妈妈说她的女儿妙妙在幼儿园里特别积极，一有新玩具、新游戏就会第一个举手并大喊："我来！我来！"但是老师已经多次说明，只有安静举手的孩子才能优先尝试，所以妙妙总是排到后面才能玩。妙妙很伤心，回家告诉妈妈，妙妙妈一开始不以为然，但后来事态发展到妙妙说老师偏袒其他小朋友，并表示讨厌幼儿园，妙妙妈便找到老师。

在跟老师说明了事情的起因结果后，妙妙妈直接提出了要求："以后希望老师不要让妙妙压轴上场，她这人性子急，经常打击她，别说积极性，就连自信心都没有了。"

老师听了便跟妈妈解释，班上一共有30多个孩子，活跃的不止妙妙一个，如果每个都大声争第一，她是没办法让他们都冲上去的，这个根本不是什么打不打击的问题，而是要建立规则的问题。妈妈听了后唯有赔笑说"是"。就这样，妙妙妈不仅给老师留下了不大好的印象，而且没能为妙妙争取到她所希望得到的关注，问我应该如何沟通。

面对这些我们误认为“被冷藏”的情况，首先要冷静思考原因。有许多被家人围着团团转的小孩，在幼儿园里一旦老师无法顾及他们的情绪，他们就特别容易感到失落，这主要是他们没弄明白“集体”的概念。只要我们能够透彻地看待这一点，就不会只是纠结于老师为何没把孩子放在眼里了。

我们可以换个说法：“妙妙这段时间心情不太好，我问她原因，她跟我说举了手却没有被立即邀请，总是轮到最后。我跟她解释说，老师对每个小朋友都一样，当我们学会安静等待和遵守规则的时候，老师就会叫我们了。但对于我的解说，孩子可能还没有理解，也归因于她在家里一直没有机会玩热闹的新游戏，一旦有机会了，就会异常兴奋，把规则都忘了。”

接着说：“如果妙妙做得不适当而给老师添了麻烦，那真是抱歉。希望老师能详细地跟她说明原因，平时多开解一下孩子，让她融入到集体中去，相信她会逐渐明白老师的苦心。我也会尊重老师的做法，配合引导妙妙。”

我们说话稍微软一点，点到即止，老师是明白家长的用意的。总之，面对孩子“被冷藏”，我们应该这样跟老师沟通：①不带个人情绪地客观陈述孩子有所抵触的事实；②承认和肯定老师所立下的规则；③直接说出孩子需要改正的地方，再跟老师提出需要特别关注的要求；④提出展望，让老师作出适当的调整。

像这些“被冷藏”的误会，实际上在幼儿园的生活中可谓一数一大堆，我们应该从一开始就注意，不要等到最后发展成了孩子不上幼儿园的理由时才插手。要避免这些误会，我们还需要注意以下两点。

首先，我们自己不要臆想孩子“被冷藏”了。我曾听过一些家长私下说：“为什么我家孩子总是坐在最后一排？”“为什么‘小老师’的职务总是轮不到我家孩子？”试问，连我们自己都疑心生暗鬼，那孩子何来对老师的信任？

其次，家长不需要直接跟老师沟通，我们推动孩子以他的高情商、优势、才能、完成作业的质量等方面来获得老师的关注。

例如，孩子平时乐于关心与帮助老师、同学，是班上受欢迎的“人气王”；

孩子拿家里的绘本到班上跟老师、同学分享；每次老师布置的手工作业，孩子都准时而用心地高质量完成；孩子在收拾玩具、整理被铺、穿好衣裤等自理环节完成得快而准。

这些做法就是孩子凭借自身的努力去获取老师的关注，不仅可以远离“被冷藏”，而且能节省家长跟老师的沟通成本。

上述两点是相辅相成的。**我们越是相信老师，孩子的实力就越容易释放出来；孩子的实力越得到展示，我们就对孩子能得到老师的喜爱越有信心。**

●面对孩子打人或被打

孩子在幼儿园里打人或者被打，都是经常发生的事情，如何跟老师沟通，成了很多妈妈关注的问题。

如果孩子在幼儿园打人了，我们要跟老师说：“抱歉，孩子的做法是错误的，我们会好好地思考原因和教导孩子，也希望老师能多提醒和帮助孩子。孩子本质善良，我相信他很快就会改正过来的。”

我们要表达出歉意和不盲目护短，让老师明白我们是有教养之人，并不会坐视不管，也让老师在教育的同时相信孩子有优秀的一面，最后才跟老师提出要求。另外要注意的是，如果我们从老师口中得知对方家长也知晓此事，或者对方家长认为事态比较严重，那么可以直接问老师要对方家长的联系方式，当我们找到对方家长致歉后，再把结果告知老师。很多家长本来就是互相认识的，不需要问老师要联系方式，那么我们找对方致歉的过程最好也要告诉老师，只有这样老师才会更加了解我们一家是高素质的、讲道理的、有交代的，日后对我们孩子的教育也会特别有信心。

如果孩子被打了，我们不要把愤怒通通放在脸上，然后急匆匆地去找对方家长算账，而是应该先跟老师这位裁判说明白：“小孩子们打打闹闹总会有的，这次的事是一个教训。我会加强孩子对自我保护的教育，也希望老师平时多关注和帮助他，我相信孩子在我们的引导下会进步得很快的。”

这样的表达，一方面表明了我们在事件中处于不利的被动状态，拥有申诉的权利，另一方面也会让老师认为我们很有风范、气量足，绝对不是斤斤计较之人。最后，跟老师提出家园合作，共同帮助孩子扭转被欺负的局面。

如果两个孩子之间的冲突经常发生的话，我们可以直接向老师提出把两个孩子分开一下，不要安排坐在一起，以减少冲突。如果是偶然事件，那就个别处理即可。

●面对孩子被处罚

我的朋友淘淘妈听孩子说最近老师罚他站墙角，原因是他边吃饭边聊天。淘淘妈觉得这样的教育方法实在有问题，便生气地找老师对质，还警告如果不停止处罚就到园长那里投诉。

虽然淘淘被罚的事没有再发生，但老师对淘淘妈心有戒备，不能再像以前那样坦诚地沟通。

其实，对于一些并非过于严重的惩罚，家长大可以用顾及长远、让对方好下台阶的沟通手法来应对，否则对孩子3年的幼儿园生活没有任何好处。

第一种方法：淘淘妈跟老师沟通时，不一定需要把淘淘受罚一事直接道破，而可以从问题根源的角度打开话匣子，说："淘淘最近吃饭不好好吃，我正在为此而烦恼，不知道老师有什么好的方法吗？"我们这样一问，老师绝对不会把罚站说出口，而是告诉家长一些引导式的、艺术性的沟通方法。

淘淘妈听了后应该说："明白了，我就这样跟淘淘沟通，我有信心在家里调整好淘淘，也请老师在班上用同样的方法对待他。我们家园合作并密切联系，孩子会很快转好的。"

紧接着可以再次打"强心针"，说："我曾经尝试过用惩罚的手段，但是情况越来越糟，我很愧疚，还是老师说的沟通方法好。孩子本来就很听话，相信他是愿意接受我们的沟通方式的。"

淘淘妈这样说，一来给孩子加分，二来暗示老师自己不多不少知道孩子被惩罚了，自己对惩罚是有不满的，会持续关注。

总之，面对孩子被处罚，我们跟老师沟通的技巧应当是"暗示"，而不是

“揭穿”，跟老师具体问题具体分析，共同商讨出更恰当的方法来解决问题，并让老师深信孩子是懂事的。

第二种方法：对于一些不便直接说出口的问题，家长可以利用《家长联系本》跟老师沟通。

淘淘妈可以在《家庭联系本》上写：上周淘淘跟我说他当了课室门口的小标兵，这个小标兵可光荣了，一连当了好几天。我问淘淘为什么当了小标兵，淘淘告诉我他要保护老师。周末我特意奖励了一朵小红花给他，淘淘告诉了我实情，他明白错了，下周要把这朵小红花送给老师。

这种类似反讽的行文交上去会有意想不到的结果。首先，老师会很明白家长点到即止的用意，家长大概了解了淘淘受罚的事情，请老师别再惩罚淘淘了，希望老师能够改变，加上淘淘也知道了自己的行为不当，会努力改正的。其次，老师会认为淘淘妈很有水平，对于淘淘受罚，不是对老师追究，更不是让淘淘马上改正，而是另辟蹊径地向老师反映。最后，老师会为淘淘而感动，老师惩罚了淘淘，淘淘没有因此而怨恨老师，而是在家长的引导下感谢老师，侧面促使老师反思自己的不当行为。

●面对老师过多的配合要求

有些妈妈会跟我埋怨幼儿园要求家长配合的事情很多，自己根本无法分身应付，但是又觉得孩子在老师的手上，不敢拒绝，所以表面上全都接受了老师的安排。以前当学生的我们听老师话，现在当了家长的我们还是听老师话，说来说去，我们这个年代的人就是得听老师话。

我一直认为，我们可以尽力去配合老师的工作，例如日常的手工制作、活动组织、活动拍摄、上课助教、维护秩序、比赛记分等任务。但是如果我们自身工作太忙确实没有时间，或者本来就不愿意参加，那就要学会坚决拒绝。

有一次老师邀请我主持一整个学年的班级活动以及大型文艺演出，我考虑到自己的本职工作实在繁重，并没有委婉拒绝，而是直接说明理由，明确说了“不”。但要注意的是，在表达“不”时，我们千万不要带有任何敌意，这样双方才不会产生冲突和小情绪。

善良的老师是不会因为家长的拒绝而给他的孩子“穿小鞋”的。如果老师真的把不满转移到孩子身上，那可能也只是一时生气，过段时间就会恢复，事后我们与老师保持良好关系，问题是不大的。话说回来，绝大多数老师是不会这样的。

· Ⅳ · 要送礼给老师吗

私交好的家长会问我有没有给老师送购物卡、购置办公用品、购买老师个人微店里的商品等。他们或多或少会考虑是否需要用某些特殊的方法来代替沟通，以达到更好的交流效果。我认为只要我们做好了前述的沟通工作，这些行为是不需要的。但凡正规的幼儿园，园方是严禁老师接收钱和礼物的。

其实对于老师来说，他们最头痛的就是拒绝家长送礼。

一来被送礼说明自己已经被家长定义为对待孩子不公正的老师；二来送礼的行为本就是对老师名声的亵渎，自己没有想过要收下，却可能弄得名誉受损；三来拒绝工作很费心思、讲“艺术”，一旦被强行塞下，如果没有立即退回，家长日后认为自己对孩子照顾不周，很有可能以此来作为威胁或者话柄，自己就会被牵着鼻子走。

我的一位资历丰富的园长朋友说过，其实老师们都知道很多家长刻意地表现出的殷勤都是虚伪的，并非发自内心，他们只想敬而远之，因为他们发现越是擅长献媚和奉承的家长就越会扮猪吃虎：平时他们对老师低声下气，连连说是，一有机会就送钱、送礼，还会要求孩子过分地服从老师的安排，但是一旦孩子有什么磕磕碰碰或者读到了大班下学期，就露出了真面目，特别容易上纲上线或直接翻脸不认人，甚至会私下小范围拉上其他家长对老师评头论足。

事实上，我们家是经常送“礼”的，但是是出于孩子的一片赤诚之心。

平时，森森会画爱心卡片送给老师；到了教师节，我会跟森森做手工花送给老师；到了新年，我们会一起发段语音跟老师表达祝福。

但独树一帜的是，有时森森在家里练习钉纽扣，他会把最喜欢的线圈送给老师；有时他在公园里捡到比较完整的树枝，会把自己满意的一根送给老师；有时他甚至会把家里的“废弃物”，如一次性碗筷、降温贴、万字夹、小收纳箱……都送给老师。这些礼品“无声胜有声”，把森森内心那单纯质朴、天真烂漫的爱都说出来了。

老师对此很受用，因为他们收到的东西已是超脱物品的存在，有灵且美。

最后，我们想想，从来都没有做过家长的我们，当孩子踏入幼儿园时，我们才正式成为真正的家长。扮演这个新角色就像坐过山车，有时会与老师一团和气——感恩、盛情、热忱，有时会与老师暗流涌动——冲突、猜忌、抱怨。

没有永远的好关系，也没有永远的坏关系，我们只有努力去感知和纠正与老师的关系，逐渐摸索出对应每位老师的技巧、方法，最终形成对孩子教育的合力。这正如走钢丝，我们不要大步向前，只需一步步地向前挪动。

我记得宁向东教授在一场讲座中提出“破局”智慧，他说管理学之父费雷德里克·泰勒打网球时把网球拍设计成汤匙形，打高尔夫球时把高尔夫球杆设计成“Y”形，擅于用“手段”来“投机取巧”，在规则范围内打败厉害的对手。跟老师的沟通其实也一样，我们在规则范围内要尽量找到技巧。

那“规则范围”又是什么呢？就是父母保持对老师的爱。我也相信，这种爱会沿着“父母—老师—孩子”的轨迹循环往复，终究会由老师辗转传给孩子，再由孩子折返给父母。

发现问题

如何有技巧地沟通，才能既让孩子受到老师的喜爱，又解决在园难题?

解决问题

关于孩子被投诉、孩子“不省心”、孩子“被冷藏”、孩子打人或被打、孩子被处罚、老师过多要求家长配合的沟通技巧。

方法延伸

私下送礼需要来自孩子的一片赤诚之心。

6.“幼儿园生病圈”是替罪羊

·1·“幼儿园生病圈”的实质

“一大堆孩子待在一起就会交叉感染。”“病刚好了，一回到幼儿园又发病。”“上幼儿园之前都不怎么生病，但上了幼儿园后病就连续发作了。”很多父母对“幼儿园生病圈”十分恐惧，包括我自己。

我们深思这种焦虑，其实质是一种欠缺和警示：幼儿园与生病并没有直接联系，**“一上幼儿园就生病”不是真正的问题所在，也不完全是体质差的体现，而是许多意识上、习惯上的问题从身体的不适应和对抗中表露了出来，这些问题有着复杂的原因**。

生病是孩子成长发育的必经门槛，我们只能用接纳的心态和适当的防护来让孩子减少患病的概率。

因此，家长应当着重学习，帮助孩子建起一支力量强盛的军队——以健康的免疫系统来保护孩子免受外界细菌、病毒的侵害。方法仅仅是让孩子吃多点、喝多点、穿多点、心情愉悦点吗？当然不是，核心在于我们要用心处理几个关系：家庭作息与幼儿园作息的关系；在家吃饭行为与幼儿园进食的关系；穿衣、卫生、如厕、运动与幼儿园日常安排的关系。

如果孩子太过两面性，一边在家混乱无序、毫无克制，一边在幼儿园不得不跟随系统性的安排，那么孩子在生理、心理上就难以及时调整自己，也无法找到两者相通之门，这时就难以抵挡细菌、病毒的入侵了。

· Ⅱ · 集体生活习惯的培养

●作息习惯

在家长群里，每次临近开学，就会有家长如释重负："终于开学了！孩子在家里全乱套了，晚上12点睡觉，早上10点才起来，我让他改过来，孩子就是不愿意。"

也就是说，孩子在家里的作息跟在幼儿园的规律状态存在极大差异。如果马上让尚未调整好生物钟或者睡眠不充足的孩子去上幼儿园，他们就很容易生病。

孩子在家里的作息时间应该跟幼儿园的安排尽量接近。

从森森2岁开始，我便让他的作息按照幼儿园的节奏走。**其实这并不局限于为了日后上幼儿园，而是依靠自律的家庭作风来帮助孩子养成良好的行为习惯，依靠有轨迹的生活状态来促使孩子形成讲规则的思想观念，这样孩子就能很好地适应各种各样的环境。**

如果不能做到这些，家长和孩子则有可能会额外付出更高的成本。就像我隔壁家的女孩，她习惯了在家里睡懒觉，在整个幼儿园阶段，早上一出门，就能听到她哭着说很困。时间的调节成了她心中的坎，发病自然也就多了。她妈妈每天不仅为孩子的哭闹烦恼，还为其身体健康而担忧。

如果家庭难以按照幼儿园的作息时间来安排的话，那只能证明父母本身无法应对生活规律与节奏的挑战，而并非孩子自己不能接受。

我发现那些晚上不愿意去睡觉，以致第二天全部事情都不得不往后推的作息不当的孩子，他们身后大多站着没有起到良好示范的父母。这些父母可能本身就是“夜猫子”，或者工作太忙以致天天晚归，又或者他们在家里也有满满的工作量，经常要“开夜车”。

我平时即使需要工作到晚上一两点，也会尽量创造一个安静温暖的环境给森森，先陪他入睡，最起码让他知道父母也是跟他同一时间上床的。等森森入睡后我再爬起来做事情，只要声量小、灯光暗，不影响他睡觉即可。

我还会在睡觉前给森森按摩、讲讲故事、听听音乐、喝喝热牛奶，让他的心情尽量缓和下来。在冬天的晚上，外婆一般会开锅炒中药，这些中药能够驱寒和增强体质，等它温热时给森森敷上，他便能更快入睡，睡得更香。

那么，我们真的要如此呆板地严格按照幼儿园的作息时间来生活吗？肯定不是的。有时候森森想晚上去逛街，我也会依他的意思一起出去，推迟睡觉的时间；有时候森森在外面跟小朋友们玩得热火朝天，不愿意回家，我也会给予他更多时间，推迟睡觉时间；有时候森森在专心研究桌游，我也会把下一个环节的时间往后挪，推迟睡觉时间。

教育并非一块没有韧性的顽石，只要孩子在总体上能够养成良好的作息习惯，内心对生命的自律带有敬畏，那就完全没问题了。

●吃饭习惯

很多孩子经常生病，是因为在家里养成了挑食的习惯，在幼儿园进餐时挑食就成了必然的行为，结果饮食不均衡，患病的概率也随之增大了。

对于挑食的孩子，或许他们真的不喜欢吃某种食物，这并不是他故意捣乱，我们要多站在孩子的立场包容他们，不要向孩子抱怨：“你这不吃那不吃，这么下去怎么行！”孩子听了后怎么能好好吃饭呢？当孩子不再感到有压力时，才能更好地克服困难。

比如可以做个食物拼盘。首先，用孩子喜欢吃的食物去装饰他不喜欢吃的食物，这样会让孩子对曾经排斥的食物产生兴趣。在烹饪上，我们尝试多种方式，寻找孩子最喜欢的口味。最后呈现出来的可能是一幅创意十足的卡通造型小拼盘，再让孩子给拼盘起个搞笑的名字，这样就能有效增强孩子的食欲。

关于拼盘的造型，我们可以上网搜搜各种攻略，用各种可爱的卖相来取胜，像做乌龟、蝴蝶、老虎形象的饭团，像用大大小小的鱼饼来搭一座小铁塔，像用大片的菜叶包裹各种肉来当作雪糕，等等。在整个过程中，食材的选购、清洗、制作、摆盘都可以让孩子参与，这样，食物一下子就变得既有吸引力又有趣了。

如果这些招数都不能抓住孩子的胃，那么我们可以尝试“浑水摸鱼”。森森像我一样闻到鸡蛋味就想呕吐，外婆特意用调了味道的鸡蛋来焗饭，或者在浓汤中打入鸡蛋。在大家都不吱声的情况下，森森浑然不觉，津津有味地吃进肚子了。过了一段时间，外婆悄悄地把味道调淡，渐渐把鸡蛋的原味显露出来，直到不加任何调味料，以持久战的战术让孩子不再排斥。

其次，我们在孩子面前不能太“直肠直肚”。例如，我们会给予饭菜负面的评价，这种无意识的话语会促使孩子排斥他原本喜爱的菜，最后我们却责怪他们不好好去吃。

像我经常会不自觉地埋怨：“怎么这个牛肉咬不动呀？”“这个排骨蒸得不够时间。”长期如此，森森便学着我不吃硬、韧的肉，即使爸爸耐心地哄他吃，他也会吃着吃着吐出来。他并不是咬不动，而是心理上受了我的影响。

后来我反其道而行之，用语言感染孩子：“哇，今天的鸡腿太嫩了，真好吃！”“这羊扒做得很美味，你看我已经吃掉半碟了。”这样，孩子在我的诱惑之下就忘记这是自己不爱吃的菜了。

最后，我还会为幼儿园的饭菜助威。例如，我得知第二天幼儿园会让孩子吃腊味饭，而森森不太喜欢腊味饭，在头天晚上我就会说：“听说幼儿园的腊味饭比我们家弄得还好吃呢，我也很想到幼儿园吃。”“不可以，妈妈你不可以在幼儿园吃饭的。”“哦，那你代替我品尝一下，记得回来告诉我哦。”“放心，我们幼儿园的饭菜一定是最好吃的。”结果第二天放学，保育员开心地告诉我，森森在幼儿园添了两碗腊味饭，吃得又香又快又干净。

除了挑食，我还听说有些孩子习惯在家里一边玩一边吃饭，或者一边聊天一边吃饭。上了幼儿园，他们不能遵守吃饭的行为规范，常会出现厌食行为。一旦保证不了日常所需的营养，孩子就容易生病了。

如果孩子要玩，家长就应该提前通知孩子吃饭时间，给予缓冲的时间；如果孩子还是不愿意放下玩具，那么就让他们分筷子、擦桌子、认识当天食物的名称，把他们的兴趣带到饭桌上。这种温和的处理手法，孩子是很容易接受的。如果孩子要聊天，我们千万不要执着于“食不言寝不语”的礼节，这对于6岁以下的孩子来说过于苛刻了。因为这时候的孩子语言发展速度快，对未知的世界充满了求知欲，要他们吃饭时保持安静是有难度的。如果他们一说话就被定义是错误、不礼貌的，那吃饭就成了他们最讨厌、最想逃避的事情了。

我们可以在吃饭时适度地跟孩子进行语言交流，聊一些轻松有趣的话题，满足一下孩子聊天的欲望。这样既能让孩子的心情愉悦，爱上其乐融融的进餐气氛，也能增进孩子的食欲，从而让他们心甘情愿地吃得更快更好。

●穿衣的判断

在家长群里，大概早上9点就会出现这样的家长，她们会很有礼貌地提醒老师：“老师，今天我给孩子穿太多了，请你帮他脱衣服吧。”“老师，好像天气冷了，今天穿的衣服太薄了，请帮忙拿书包里的毛衣出来给孩子穿吧。”

也就是说，我们连在上班的时间还在纠结自己今天给孩子穿得多与少的问题。确实，如果我们给孩子穿得太多，出了汗没有垫汗巾，或者没有及时换汗巾，孩子在户外一跑，湿气就会直接进入孩子体内；如果我们给孩子穿得太少，在幼儿园里没有及时增添外衣，孩子就容易受冷。

那么当孩子上幼儿园时，我们应该如何给孩子穿衣服呢？专家经常告诉我们要根据气候的变化来增减衣物，例如冬天早晚气温低，要增添方便孩子穿脱的外套；春夏换季，不能过早地穿得透薄；夏秋换季，不宜过早地添加厚衣物；气温突然回升，我们就要及时减少衣物；突有冷空气或带雨雪，要为孩子保暖。其实这些常识，作为家长的我们比谁都清楚。

这个穿得多与少，与对科普性的冷热分析、判断毫无关系，关键在于家长对孩子自理能力的判断和对幼儿园日常安排的理解。

就以我为例来说吧。夏天，我了解到森森班上的保育员不会经常帮孩子更换汗巾，即使垫了，出汗湿了，保育员立刻更换的概率不大，所以我就索性不让森森垫着汗巾去幼儿园了。但我也了解到这位保育员习惯在每次运动后呼唤全班同学一起更换衣服，所以我就放了好几套速干衣在书包里，方便森森替换。

到了冬天，我发现早上班里的窗户并没有全部打开来通风，所以班上一般比较暖和，我便没有给孩子穿太厚的衣服，只是在书包里多放件外套。

另外，我有过几次这样的经验：接森森放学时我摸到他的背上有很多汗，但他仍然穿着好几件衣服，他自己玩得疯也没有察觉。我估计老师对穿衣的判断就森森来说可能偏热了点，按照实际情况，我就没让森森穿得过多去幼儿园了。后来每次放学摸到他背上的温度适中，也没有汗水。

可见，我们内心对判断孩子穿衣的“秤”，是在亲自观察、思考、摸索孩子的自身情况与环境下逐步形成的。

●卫生习惯

有一所幼儿园，它的操场是开放式的，大家可以在室内一清二楚地看到孩子在户外玩耍的情景。有一次我目睹一个孩子的鼻涕都流到嘴唇上了，但他身上没有纸巾或手帕，就用袖子一擦，这时后面排队的孩子跟他嬉戏打闹，结果衣服上的鼻涕都沾到那个孩子的手上了。

还有一次我在早教班的教室外，透过玻璃窗看到里面的学生在上独立课，孩子们非常要好地并排跪在垫子上听课。突然一个男生伸出舌头像小狗一样舔了舔旁边男生的脸，旁边男生觉得自己脸上凉凉的，就用手摸了摸自己的小脸蛋。之后进入零食环节，他用那只摸过脸蛋没有洗的手拿饼干来吃。

这些“惊心动魄”的场景在幼儿园经常会发生，尤其是在小小班或小班，只是我们作为家长“眼不见为净”而已。如果我们亲眼看到真实的场面，一定会十分担心，而且会迫切地想要加强孩子的卫生意识来预防疾病。

关于孩子的卫生意识，我们可以从如何处理流鼻涕、打喷嚏，洗手擦手，刷牙洗脸，整理书包等角度来入手。

① 处理流鼻涕、打喷嚏。如果孩子有流鼻涕、打喷嚏和咳嗽的症状，最好在家里休息，等痊愈后再去幼儿园。这样做既能避免孩子反复发作，又能保证不传染给其他孩子，更不给老师增添麻烦。

但是，孩子在幼儿园里出现这些症状也是不可避免的，我们要教会他们在咳嗽或者打喷嚏时，用纸巾、手帕或者手遮住口鼻，然后去洗手。所以，让孩子随身带着纸巾或一块小手帕是必要的。那孩子应该如何用纸巾或者手帕来清理鼻涕呢？

其实很多孩子并不清楚，他们只会在鼻孔外把鼻涕擦走就算了。我在家里是这样训练森森的：手上拿着手帕，同时大拇指和食指捏着鼻子，先用一个手指头按着一边鼻孔，把另一边鼻孔的鼻涕擤在手帕上，把剩下的鼻涕挤出来，再折叠手帕，同样处理另一边鼻孔。

整个过程我需要耐心地教导好几次。等森森熟悉了，我再提醒他在幼儿园如果觉得有鼻涕就自觉把它擤出来，这样才不会使“垃圾”淤积在体内，加快康复。

另外，我平时也会经常亲身示范给森森看如何躲开别人的喷嚏和咳嗽：立刻转身，或者离开几步，避免直接接触飞溅出来的口水。对于这些自我保护的行为，我也会用自编歌曲、讲故事的形式来吸引森森学习。

② 洗手擦手。洗手看似很简单，但是如何真正去洗干净一双手，相信很多爸爸妈妈都不会。

具体操作我们可以上网搜索“七步洗手法”或“医务人员洗手方法”，这是现时最科学的洗手法了。

虽然在幼儿园里老师会跟孩子强调这样的洗手法，但是我们必须在家里也让孩子勤加练习，而不是为了赶时间或者总认为孩子自己洗得不干净而帮他们操作。因为只有孩子熟悉了这套动作，才能更全面地保持手部卫生。加上幼儿园里排队洗手的孩子特别多，在后面等待的孩子或多或少有不耐烦、催促、插队现象，如果孩子的动作慢吞吞，也许会遭到后面孩子的语言攻击或身体推挤。

这个洗手的全过程要15秒以上，我的方法是让森森唱一首《小星星》或者《小老鼠上灯台》的前一段，唱完了也就洗完了，这样他就能慢慢记住这个洗手的时间了。

洗完手后，我们要让孩子立刻用毛巾擦手。我发现，很多孩子擦手就是随便摸一摸手巾，又或者索性往地上使劲地甩掉小水珠。

我是这样引导森森擦手的。一开始我跟森森说："来来来，看一下手上的小珍珠会不会躲到蚌妈妈的怀里。"然后用毛巾包住森森的小手，把每个手指头都擦干净后，说："哇，小珍珠都回到妈妈怀里了。"用技巧慢慢地让孩子习惯认真擦手。

这里值得一提的是如何关水龙头。在国外的幼托机构中，老师教孩子用纸擦干手后，再用纸裹住水龙头的开关，然后关掉，这是为了确保洗干净的手不再碰到水龙头。但我们在幼儿园和家里一般都是用毛巾来擦手的，不可能每次都用毛巾裹住水龙头的开关来拧。我们应该在洗完手后，把两手并拢，手心向上，窝起一个小凹形，装上一些水，把水淋到水龙头上，淋两三次，再用手腕的力量去转动水龙头，把它关上。

其实这些细节，家长自己可能都做不到，但是我们跟孩子一起，则要努力把这些"鸡毛蒜皮"的事情坚持下来，这样不仅能让幼儿园老师感受到孩子家庭教育的水平，更重要的是能避免传染性细菌、病毒侵犯孩子。

③ 刷牙洗脸。我们经常说要让孩子养成早晚刷牙的习惯，但还是有很多妈妈认为乳牙并不重要，忽视了这点。其实早晚刷牙不仅能为恒牙的生长发育打下坚实的基础，而且能很好地抑制病菌在人体内生存。

我让森森自己挑选喜欢的牙刷、牙膏，跟他对着洗漱台上的镜子一起刷牙，还会一边刷一边唱："上刷刷，细菌拜拜，下刷刷，细菌走啦，里刷刷……"当孩子自己刷完牙，我再给他认真地刷，还用牙线帮他清理牙缝里的残渣。

有些孩子因为早上上幼儿园太赶时间了，就没有刷牙，只有晚上坚持下来，也就是说每天只刷一次。其实晚上口腔内会繁殖大量细菌，早上不刷牙也是会影响身体健康的。

刷牙后就是洗脸了，洗脸能够把附着在脸部的粉尘给清理掉。很多孩子一开始会随便地快速地在小脸蛋上划个大圈就算了。我先让森森看到我们一家洗脸的正确步骤，包括洗、拧、打开毛巾、擦脸蛋、再次洗、搓、拧、打开、挂毛巾。慢慢地，在夸奖鼓励之下，森森便会有样学样了，认真地掌握每个要领。

④ 整理书包。有些孩子的书包内堆满了用过的手帕、被汗浸湿的衣服，如果过了一个星期也不拿出来洗干净，里面的细菌就会不断滋生。

在我们家，整理书包是我和森森每天晚上的固定工作。我让森森自主地把挑选好的干净衣服、水瓶、玩具都分类装在书包不同的格子内，而且让他决定哪一格是专门放脏的汗巾、手帕和袜子的。每逢周末，我们都会把书包放在太阳底下晒一晒，尽量保证书包里里外外都干净卫生。

这里要注意的是，对于书包里面那些乱七八糟的东西，像上学路上捡的枯枝烂叶、在小卖部吃糖时剥下来的糖纸、在幼儿园里削完铅笔之后剩下的铅笔屑，等等，尽管我们认为很脏，但也要经过孩子的同意和允许才能拿出来。

●如厕习惯

在幼儿园里，尤其是小班的孩子，会出现便秘或者因为不喝水而导致经常生病的现象，很大的原因是这些孩子在抑制大小便。

有些孩子本来就还没有学会控制大小便，有些孩子正处于经常把大小便拉在裤子里的阶段，在幼儿园里如果受到老师的批评或者同学的取笑，他们就会下意识地掩盖，想方设法憋住大小便，甚至不愿意进入厕所和厕所周围的区域，最后全拉在裤子里了。有些小朋友拉了不敢告诉老师，拖到放学后才跟父母说。在夏天里孩子迟一点换裤子倒不会着凉，但天气冷了，冷冰冰的裤子一直黏在腿上，孩子就容易生病了。

关于如厕训练，从孩子2岁之后，我们就可以依照他们的生理、心理发展情况慢慢提上日程。但是对于正处于肛欲期的孩子，即使带他们到了厕所，告诉他们拉的地方，他们还是不予理睬而站着直接拉在裤子里；或者干脆一下脱下裤子，小碎步挪进厕所里，没等挪进去就拉了；又或者问他们是否想拉，他们会坚决地说："不想！"但话音未落又直接拉在裤子里了。孩子并不会因拉了出来而释然，反而很有可能会恐惧和哭闹。

如果这个时候我们过于担心、忧虑，或者嫌清洁地板和洗裤子麻烦而斥责、威胁孩子，那孩子就更会因为不知所措而延长这种状态，以致上了幼儿园后还会把大小便拉在裤子里，所以家长的做法尤为重要。

当森森说他没有尿或屎时，我不会去揭穿他，而是理解他的羞愧和惶恐，用了大半年甚至一年的时间让他自然地拉在裤子里，或者拉在他认为安全的地方。其实，这个阶段孩子是必然要经历的，这个阶段结束了，孩子才能自如地控制大小便。

整个过程很漫长，但是我们绝对不能跟孩子说"××一早就会上厕所了，你怎么还不懂"之类的话。我们要竭力让孩子知道，屎尿拉到裤子里很正常，包括爸爸妈妈、老师小时候都会这样的。

只要我们一开始就尊重孩子的肛欲期，孩子自然就会逐渐拥有良好的如厕能力和习惯，维持正常的新陈代谢，到了幼儿园便不会因此而生病。

但如果孩子平时在家里如厕没问题，一上幼儿园如厕能力就归零，那就与孩子能否适应幼儿园、老师是否营造轻松的教学环境有关了，家长仍然需要给予孩子充足的耐心和时间，并让老师心平气和地处理问题。

●体育运动

森森班上有些孩子，在放学后或周末会参加兴趣班，内容大多是珠心算、英语、钢琴等，他们的家庭户外体验并不多。**所以在一定程度上，孩子的身体差，是家长的压力和焦虑引发的。**

众所周知，日光在促进孩子生长发育方面起着不可或缺的作用。

我们可以抓紧周末的时间跟孩子到户外玩，带上足球、篮球、羽毛球、高跷等体育用品，以游戏或比赛的方式增强娱乐性；我们还可以在空地玩“二人三足”“丢手绢”“老狼老狼几点钟”“木头人”等游戏，孩子在追逐中既能锻炼身体，又能提高反应能力。

我们更可以安排任务给孩子，让孩子在大自然中寻找奇特的叶子、小石头、小树枝，然后制作成一幅画、一个手工作品。又或者利用小铲子、小罐子、小瓶子尽情收集大自然的各种元素，去看、去听、去感受。

森森在户外的丛林里最喜欢的就是模仿狩猎者，拿着玩具枪，进行勇者游戏。玩累了便爬上吊床，边晒太阳边在上面睡觉。等他睡醒，我会拉上几条粗粗的绳子，不规则地绑在一定范围内的树与树之间，让森森跳过去或者钻过去。这种情况下一般会有许多孩子被吸引过来玩耍，共同破除障碍使他们快乐自信。

如果远足不方便，我们可以带孩子在附近的公园逛逛。一般公园都会有儿童设施，随便让他们荡荡秋千、走走平衡木、玩玩滑梯，这些都是很好的体能训练。在公园里我喜欢跟森森比赛往前跑，看谁先找到下一个垃圾桶或者灯柱，让他的身体得到舒展。

如果家长确实想尽量让孩子多在兴趣班里浸润，多学习点东西，也可以让孩子尝试武术班、游泳班、户外的棒球班等，这些对于增强孩子的体格和促进智力发育都有非常大的益处。

从上述对孩子作息、吃饭、穿衣、卫生、运动等方面的分析可以知道，孩子在幼儿园是否经常生病，跟家庭的教育行为是否恰当相关。教育家马尔库沙说过：“孩子的目光就像永不休息的雷达一样，一直在注视你。”其实孩子的身体也一样，就像永不休息的雷达一样，一直接收着家长的行为信号。

我认为，“幼儿园生病圈”实质上是为家庭教育的各方面缺失做了替罪羊。

发现问题

为什么孩子一上幼儿园就生病?

分析问题

孩子意识上、习惯上的许多问题从身体的不适应、对抗中表露了出来。

解决问题

对作息、吃饭、穿衣、卫生、如厕、运动习惯的培养。

7. 在孩子身上最需要投资什么来迎合未来社会?

·1· 教育需要瞄准社会大趋势来升级换代

印度电影《起跑线》中有一个场景:

培训班老师说:“如果孩子进不了最好的幼儿园，就进不了顶级的小学;上不了最好的小学，就不能上最好的中学;当然，上不了最好的中学，也就不能进入任何一所好的大学;如果他的履历表上填的不是好的大学，就不可能进跨国公司上班。”培训班老师又说:“上午10点上数学课，12点游泳课，下午2点英语课，4点礼仪课，6点艺术课和音乐课……你们来得太晚了，要在怀孕的时候，妊娠的早期，就开始准备了。”

跟电影中的老师一样，很多父母真的把投资孩子当作是一桩以“付出回报率”来衡量成败的“生意”，一边手握指南针，一边指导孩子按事先设计好的人生路线来走，目标是“未来人生大赢家”。这种投资成了一部家长自编自导、以孩子为主角的讽刺剧，而并非孩子自己想要的人生。

然而，正确的投资并非如此，而是要针对整个社会的大趋势，对教育进行升级换代。

社会已经踏进蜕变期，无时无刻不在发生大“地震”，我们要做的就是探索新时代中一切的未知，从过往中认清规律与本质，从而培养孩子对未来的适应能力，锻炼孩子承受未来变幻莫测的抗挫折力，实现现时教育的与时俱进。

其实，我们的教育一直都在随着大浪潮而进行价值迁徙。例如面对越来越要求接地气的今天，0~6岁的幼儿教育已从由上而下的灌输转向现实实操、社会活动，从讲人生大道理转向日常的行为准则、习惯养成，从要求听教听话转向个性优化、挖掘潜能。

虽然教育正在奔腾前进、修正转型，但是要直面这个技术革命被颠覆、以互联网生态链为权威、跨界行业不再被束缚的未来世界时，这些是远远不够的，我们很有必要摸索出孩子未来最需要具备的才能。

· Ⅱ · 最需要投资什么

有些人说应当投资到提升游戏化思维的能力上，让教育变得游戏化最重要。许多21世纪00后的孩子对电子游戏、网络游戏的情结，对超级玩家、游戏主播、购买游戏装备的迷恋已经成了社会现象，对于现在0~6岁的孩子来说，游戏化就更是未来互联网时代的重要特征之一。

有些人说应当投资到对人工智能的了解上，把教育的重点放在人工智能、科技、编程。不要说未来世界，就说当代能胜任各种职业的机器人，它们的语言识别、图像识别、语音处理、翻译系统等已经集成了人类的智慧，甚至有更多的扩展与延伸。在未来社会，如果我们不想成为机器人的阶下囚，就必须学习创造和控制高智能的相关知识和技能。

有些人说应当投资到提升交际能力上。在未来，人脉是第一要素。虽然能够借助相关工具，但是要经营好交际圈子谈何容易？个人影响力的扩张也不是一蹴而就的。更重要的是，交际的质量直接决定了工作和生活的质量，是我们一辈子幸福的“扩张器”。

虽然这些看法各有各的道理，但是我认为，现在最应该投资的应该是最贴近现实并且在每个领域都能得以广泛应用的能力——把握机会的能力。

只有那些善于发现机会并当机立断的人，才能在未来任何领域的风口处、生活的交叉点，甚至是事业的天花板处获得最大的生存、逆转和发展的力量。

我这么一说，可能读者首先会认为这种含有强烈竞争意识的能力对孩子来说不是什么好事。其次，会觉得太虚，机会本来就带有很大偶然性，为什么从小就给孩子灌输这些非努力因素？再次，可能认为即使灌输了，机会是带有社会性的，孩子必须凭自身的实践与经验才能真正明白，现在起步未免太早。

第一，我并不是要让孩子过早地明白，世事变化迅速而残酷，把握机会才是我们胜出或逆袭的资本，而是要让孩子从小在波涛滚滚的信息汪洋中能坚信自我，不人云亦云，果断出手。

第二，我并不是要孩子只功利地等待能让前途一片光明的“机会”而放弃天赋、热爱和努力，而是让孩子从小就懂得每件事或每个人都有突破口或潜力，只要有革故鼎新的思维、坚持奋斗的心态，就能战胜一切困难，其实这些并不虚。

第三，我并不是期望孩子将来能以一根杠杆撬动整个世界，让他们拥有多长远的眼光、多大格局的做派，而是我们确实从来都没有把这种能力的培养提上日程。从小认知上的量变，就是长大执行时的质变，对自己的未来下注，早期的思维就是最重要的筹码。

其实把握机会的能力，其重要性真的不亚于我们经常提及的交际能力、学习能力、解决问题能力等。

森森曾经参加过一个户外团队比赛，其中的“打猎”环节由他出赛，任务是用模拟箭的道具来射前面来回走动的“小动物”，这些“小动物”都是由工作人员穿着厚厚的斑纹服装扮演的。

我发现森森会趁着“小动物”背对着他的时候高频率出击，而当“小动物”侧身走的时候，森森减慢了速度。他告诉我，“小动物”背对着他的时候看不到箭，攻击的成功率会高，但是当“小动物”侧身时，他们看到箭会刻意躲避，失败率会高，所以他下意识地抓住最容易取胜的机会强攻。最后他的得分相当高，把整个团队的成绩拉了上去。

我们成年人可能认为这事微不足道，对于孩子来说却有着莫大的自我满足感、成就感和为团队争光的荣誉感，它完全是由森森自己把握机会争取来的。

再说说我自己，在读大四时，我之所以成功进入广东省社科院实习，是因为当时我面试完毕后把握机会，再次进入面试室，向面试官重复了我的个人信息和实习目的，而并不仅仅与我当天面试是否对答如流相关。后来，我借助强大的实习背景，又一次把握机会，顺利踏进了华南最具影响力之一的报业集团工作，而这是我从小的梦想。

但是，未来孩子把握机会的难度加大了，思考的时间会变得越来越短，短到一旦我们注意力稍不集中，机会就会消逝。未来，孩子们身旁的干扰会变得越来越厉害，因为竞争者更多了、点评者意见更杂乱了、环境更严苛了，也就是说，他们已经不再被允许犹豫了。未来，要求孩子们找到机会后必须坚持做下去，因为一旦放弃，愿做的大有人在。

· Ⅲ · 怎样投资

了解把握机会的能力的重要性后，该如何投资呢？关键在于让孩子走三步：获取信息并破除偏见—拥有活跃思维—毫不犹豫地行动起来。

著名导演李安曾说过，每个人的心里都卧虎藏龙，即使是孩子也一样。这里说的“虎”和“龙”指的是人性中最基本的自我和欲望，家长需要掌握方法教孩子温和友善地与它们做好朋友，让孩子更加开放和发散地接纳外界更多更新的信息。只有这样，随着孩子长大，他们才能把握好千载难逢的机会，能利用对自身有益的工具来服务于内心的“虎”和“龙”，最后与它们和平共存。

●获取信息并破除偏见

如果我们和孩子都怀有偏见，坐井观天，那必定是带着条条框框、死气沉沉的，最后无法跳出来，更别提迈开步伐。这样的孩子长大了哪会懂得什么看机会、认趋势！只有那些对信息和他人有着包容心的孩子，世界才会回馈他，因为接受的事物与其中蕴藏的机会永远成正比。所以，让孩子获取信息并破除偏见，是培养其把握机会的能力的第一步。

首先，我们要直面自己如影随形的偏见。像我以前会认为戴眼镜的孩子运动能力弱，运动能力强的孩子成绩不会好，成绩好的孩子打游戏会很差，打游戏好的孩子不愿意做家务……只有改变了自己的思维模式，才有破除孩子偏见的可能。

其次，我们要时刻检讨自己说出来的话是否带有偏见，是否习惯性地把观点、情感揉作一团扔给孩子。

有一次我在书店看到有个男孩子要买《白雪公主》《灰姑娘》，他的妈妈一开始就强烈阻止他，不允许他接触女孩子娇弱柔美的童话世界，说："男孩子看这些没用，你应该看《蜘蛛侠》《黑猫警长》!"

这就是偏见。既然妈妈希望儿子将来成为大丈夫，那就更应该让孩子敞开大门接受丰富多样的事物，她应该说："各种书都有它优秀的一面，你决定看什么妈妈都支持。"

森森班上有个女孩会很热心地帮助他人，她帮同学捡掉了的东西、分派食物、帮同学盖被子，但是她总不愿意上台表演或当众展示自己。她的妈妈为此而担心，认为女儿这种只懂付出而不懂表现自我的人，未来肯定会吃大亏。

这就是偏见。父母能拥有善良快乐、品德高尚的孩子已是一生最大的福气，那些甘愿为别人喝彩叫好的孩子才真正叫人佩服，所以这位妈妈根本没必要表达自己的想法，默默支持女儿就好。

再次，我们不要在孩子面前做偏颇的判断。**有些偏颇判断实质上暴露了我们内心潜藏的优越感和高人一等的感觉，容易导致孩子脱离客观事实而产**

生消极认知。

森森在吃饭时用嘴巴叼住筷子，家人说："不可以这样，你从哪里学的？"森森说："昆昆最喜欢这样啦。"家人说："他这样肯定是错误的，把你给带坏了。"家人凭森森的一句话就立即评判他的好朋友，这是偏颇的，因为我们无法得知昆昆究竟是否真如森森所说的那样。我们不应该对昆昆做任何评判，而是应该根据实际情况说："筷子是用来吃饭夹菜的。如果叼在嘴里或者玩耍，会很容易插到喉咙，捅破气管、喉管，后果会非常严重。"

我一位朋友的女儿经常问她："妈妈，我今天的裙子很漂亮，你说 ×× 的漂亮还是我的漂亮？"女儿每天都更换参考对象来问妈妈同样的问题，即使妈妈没见过她所说的 ××，也会应和地说："当然是你的裙子漂亮啦。"妈妈这样的判断是偏颇的，她应该说："我没有见过 ×× 的裙子，但我猜她是认为漂亮才穿的，就像你一样。总之我们自己觉得自己的漂亮就好了。"

我们只有展示了正确的沟通方式，孩子才能获取更多元的信息与价值观，而不会让偏见蒙蔽了双眼，被推着走上独木桥。

●拥有活跃思维

当偏见减少到最小时，接收的信息已是最大化，孩子需要做的就是把这些信息转化为自己的认知。

想想我们成年人，面对机会时，有些人立即就知道幸运之神在冲他微笑，但有些人你怎么提醒他都不明不白，区别在于前者拥有发展的思维，而后者还沉迷在原路上。

以我自己的亲身经历来说。我身在传统媒体，眼看身边的同事、朋友一个个转向新媒体或互联网，自己却还未能真正理解传统媒体已走在衰落的路上。后来有企业主赏识我手上的内容，希望能出资帮我创立个人品牌，固化思维促使我拒绝踏入"快车道"。其实，对传统媒体的忠诚与情怀是真的，但不可否认，自己不懂把握机会来适应市场也是真的。

一般思维停滞的人思考方式会比较单一、直接，以个人经验或道听途说来作为标准，很大一部分原因是他们没有从小接受一些创造性和逻辑性的思维练习。而那些从小就拥有新思维，在非常规思考方面下功夫的孩子，长大后更能审时度势、见微知著。

① 针对性的思维练习可以渗透在日常生活中。森森3岁半后，我会经常问他一些很奇怪的问题。

例如，我们进入一家连锁快餐店，有许多人在排队点餐，我会问森森规则以外、道德以内的“擦边球”问题：“森森，如果你想下一个就轮到我们点餐，有什么方法呢?”森森想了好几个答案，如：“我直接告诉前面的人，请让我先点餐吧。”“我让妈妈直接告诉他们，请让我先点餐吧。”“我告诉工作人员我肚子太饿了，请让我先点餐吧。”无论森森的答案可不可行，我都会表示认同。之后我也跟森森说出我的想法：“我跟前面排队的人说，如果让我先点餐，我就送他们棒棒糖。”

又例如，我跟森森在外面玩的时候看到有只小猫在吃猫粮，我问森森：“如果小猫看到有很多鱼，但是它一丁点儿都不吃，你觉得是为什么呢？”森森想了想，回答我说：“猫猫肚子痛了。”“猫猫刚吃了很多饼干，不想吃鱼了。”“猫猫觉得鱼很可怜，突然不想吃它们了。”我称赞森森的答案很有道理之后，也给出了自己的答案：“也许猫猫想把鱼留给家里的猫妈妈吃。”“可能那堆鱼是死的，已经发臭了。”

总之，我们可以经常用非常规的问题来发问，如：“这只狗明明叫阿旺，但为什么大家都叫他阿黄呢？”“有人大喊有火灾，但为什么没有人逃生呢？”“游乐场开门了，但为什么没有孩子进去玩呢？”……这些开放性的题目旨在让孩子积极开动脑筋，拓展思维。过程中无论孩子说出什么答案，我们都要表示赞赏。

② 听故事。拓宽思维还有一个很好的办法，就是让孩子多听故事。注意，我这里说的仅仅是“听”，并不涉及视觉体验。这样比看绘本故事更加锻炼孩子的想象力和思维能力，因为绘本上的图片已经限制孩子的奇思妙想了。

例如，我给森森讲《哪吒闹海》不下10遍了，但从来没有给他看过哪吒是什么样的。他扮演哪吒的时候，会把小型健身圈当作乾坤圈，把轮滑当作风火轮，把晾衣叉当作火尖枪，把跳绳当作混天绫，也就是说在他心目中哪吒的兵器跟这些是相似的。

有一次我跟森森去外地旅游时，看到魔家四将的雕像，森森就联想起哪吒，这也说明他已经把哪吒的模样归类到神佛的形象中去了。

一千个读者眼中有一千个哈姆雷特，尽管孩子联想的东西跟我们读出来的有差别，但我们也无须纠正，就让孩子继续想象下去吧。

孩子拥有活跃思维，就像大脑装上了一个大马力引擎，当别人还在苦苦思索的时候，他已经有能力抢占先机了。

●毫不犹豫地行动起来

在活跃思维的支撑下，只有具有行动力、毫不犹豫的人才能最终把握住机会。我们看到很多成年人的行动力、执行力不强，明知机会在面前都懒懒散散，毫无疑问，机会只会不留情地跟他说再见。就像我自己，教育报刊的领导让我写新年寄语，明显是对我个人高度认可，才给予我这个难得的机会。但在这个过程中，即使已经决定好了文章的主题、宗旨、结构，但我迟迟未能动笔，直到截稿的钟声响起。也就是说，以我这样的行动力是很容易错失一些至关重要的机会的。

相反，像比利时小说家乔治·西默农，他是个行动力强、认真勤奋的人，几乎每天都逼着自己写作，因此他一生写了500多部长篇小说，被称为“世界上最富有的作家”；而“香港四大才子”之一的倪匡，也是行动力十分惊人，每小时可写8000字，他自称是汉字写得最多的人。

可见，如果我们从小就培养孩子毫不犹豫的行动力，对他的成长是很有帮助的。

拥有毫不犹豫行动的能力，本质上就是让孩子对自己有足够的信心。那么，信心从哪里来？来自孩子根深蒂固地认为自己做事的正确率一贯比犯错率要高。那这种认识又从哪里来？百分之百来自父母的态度。

如果孩子平时把事做对了，我们给予赞扬鼓励，那么孩子知道自己是对的，会更加自信，自然就会放心大胆地去做。如果孩子平时做事犯了错误，我们没因此而重重惩罚他，那么孩子会认为自己的正确行为能够纠正这次的错误，而且会认为只是这件事做错了，而不是他的人生失败了，自然就会把错误所带来的负面情绪抵消掉，继续做自己认为正确的事。

例如，孩子把闹钟拆开了，遭到了妈妈的臭骂，那么他就会认为自己的行为是错误的，对事物的好奇、动手修理或者深入研究是不被允许的，以后遇到类似的事情就不会自己决定，而是诚惶诚恐、左右摇摆。相反，孩子把闹钟拆开了，妈妈表扬孩子具有创造精神，干起活来灵敏精细，那么孩子下次玩游戏、画画、做实验都会毫不犹豫，因为他内心不存在被投诉、被否定，知道妈妈永远支持他。这种"快乐驱动"能很好地推动孩子的成长。

另外，对于孩子的事情，我们一定要让孩子自己来做决定。但实际上有些家长并没有这么做。我曾经在一家玩具店里听到一位妈妈口口声声跟孩子说："你来挑选玩具吧。"孩子挑了一个小娃娃，妈妈说："你已经5岁了，还挑这种玩意，这是2岁孩子玩的。"孩子挑了一个机器人，妈妈说："家里有类似的，再挑其他的吧。"孩子挑了一副棋子，妈妈说："妈妈平时不在家，你还是挑你能单独玩的玩具吧。"表面上妈妈慷慨地让权，但其实整个过程她都在全方位地操纵。长期处于这种生活状态的孩子，恐怕连一丁点儿的自信心都没有。

像森森到市场买水果，我一般让他拿着钱自己决定买什么。在这个过程中，即便我看见他挑了烂的水果，也不插手。东西买完，在回家的路上我才会提醒他以后要多观察再买。

我们不去质疑孩子自己做决定的事情，就等于告诉他，无论结果是对与错，妈妈都相信他的能力，孩子自然就会拥有足够的决断力。

最后，我们不要把"弱者"的帽子往孩子头上戴。

我们平时不要总是围着孩子嘘寒问暖、议论纷纷。吃个饭、喝口水、上趟厕所都被过分关注和点评，在这种环境中生活的孩子，慢慢就会学着看别人的脸色，不是害怕有一天自己做得不好而让家人失望，就是变得特别在意家人的想法而举步维艰。

我们越表现得无所不能，就越阻碍孩子能力的发展；孩子越没有成就感，离毫不犹豫的性格就越远。

我认为，让孩子从小踏上“获取信息并破除偏见—拥有活跃思维—毫不犹豫地行动起来”的道路，就像放长线钓大鱼。6岁之前孩子的各方面条件还没有成熟，把握机会的能力未见得能立即养成，但我们要相信这种教育对孩子的未来必然有很大的好处。

如果我们未来的生活、学习、工作是一片大森林，那么从小拥有把握机会的能力就是一条地下河，有它的浸润，森林自然就会郁郁葱葱、古木参天。**这种能力的培养没有直观的被量化了的结果，也没有清晰准确的反馈系统，只有积跬步致千里的过程。**

发现问题

在孩子身上最需要投资什么来迎合未来社会?

分析问题

只有发现机会并当机立断的人，才能在未来任何领域的风口处、生活的交叉点获得最大的生存和发展力量。

解决问题

孩子获取信息并破除偏见—拥有活跃思维—毫不犹豫地行动起来。

招式五

先自省，才能成为智慧家长

我们不需要那盏能让自己成为王者家长、孩子成为栋梁之材的神灯，只需要一把能让自己回头反思、孩子通向幸福的钥匙。

1. 面对“七嘴八舌”的自我救赎

·1·致人抑郁的“七嘴八舌”

我认识一个师范大学的高才生贝儿，她毕业后从事教育研究工作。贝儿不曾料到生下孩子后，会面临来自四面八方的冲击和挑战。

例如，孩子昼夜颠倒，晚上哭闹不止，贝儿想方设法给予孩子最大的安全感，用食疗把母乳调整得更优质多量，尝试放轻柔的音乐使孩子心情舒缓……每当她挖空心思做这些事时，家中长辈总以过来人的身份劝告：“你抱的姿势错了，怪不得孩子晚上哭个不停。”“你按摩得不够轻，孩子怎么会容易入睡呢？”“是时候加配方奶了，让孩子睡好点。”渐渐地，贝儿的情绪开始不稳定了。

有一次，孩子有点感冒，贝儿采取了物理方法来治疗。家人都很心疼这个小心肝，便紧张地催促贝儿带孩子上医院开药打针。在压力之下，贝儿开始怀疑自己的判断和实操水平，更害怕稍有差池家人就会责难，于是快刀斩乱麻，给孩子吃强效西药。

这下，贝儿以为落得清静了，谁知家人还在背后埋怨：“我早就提出吃感冒药了，又不听，现在好了，把病拖到现在，孩子多受苦啊。”这件事只是冰山一角，贝儿每天惶惶不安，慢慢发展到悲伤抑郁、难以入眠。

其实，贝儿的经历正是现时中国绝大多数新手妈妈的缩影。网上有一幅漫画，就是讽刺这个现实状况的，被许多妈妈转发并表示有共鸣。

漫画中，一位经常带孩子到楼下晒太阳的妈妈被小区大妈“围攻”“洗脑”：“呀！夏天你还给宝宝垫尿片？怎么当妈的？你不难受孩子难受啊！”“宝宝拉肚子，是不是你喂了青菜的缘故啊？你连这个常识都不懂！”妈妈虽然很抵触，却发现自己无意间真的按照他们的意见改变了：把尿片脱掉，因自己奶量不够而强烈自责，放弃了吃青菜……妈妈逐渐变得不知所措、闷闷不乐。

即使妈妈们成了深耕育儿书的书虫，成了孩子的资深观察家，有的甚至一边带孩子一边考教师资格证，准备转行从事教育，但是日常生活中总有些人磨掉我们育儿的自信和热情，这就包括家人过多的指导点评，外人过分的责备批评。

正是这些“七嘴八舌”，导致了妈妈情绪失控、丧失底气，教育理念瓦解。

无数妈妈患上产后抑郁症的主要原因，就是郁于千言万语的碎碎念。随着信息量越来越大，她们变得心乱如麻、如履薄冰，逐渐质疑自己，内心疲乏，没有回转之力，最终放弃了自己的想法。

现在通常不缺乏大家对孩子事无巨细的关照，缺乏的是大家对妈妈精神状态的关注。在爱的序位里，我们错把孩子排在了妈妈的前面。

所以，我们必须找出方法来破解“七嘴八舌”。

· II · 如何应对“七嘴八舌”

●面对家人过多的指导点评

二孩政策出台后，这种让人改变初衷的“七嘴八舌”就表现得更明显。家里老人无不催促：“一个孩子太寂寞啦！”“可以生为什么不生啊？”“趁着我还带得动孩子，赶紧生！”“经济上不用担心，穷有穷养，富有富养。”或者旁敲侧击地暗示道：“大的快上幼儿园了，我可寂寞了。”

面对各种生二孩的“劝导”，具备先进育儿理念的我们，绝对不能让这些话改变自己的初衷。

生二孩是伟大的，因为我们承担了再次哺育生命的责任，不生二孩也绝对是伟大的，因为我们太爱孩子而谨慎长远地作出了“让步”。我们必须理智地结合工作、身体状况、家庭分工、经济收入、消费诉求等方面去考虑，需要提前跟孩子沟通弟弟妹妹究竟是怎么一回事，对他们而言有何意义，或者通过共读绘本来告诉孩子将会出现的生活变化，渐渐让孩子明白自己不会受到负面影响，之后再视孩子的接纳情况做进一步打算。

有了二孩后，在抚育二孩上也要警惕“七嘴八舌”的破坏力。

我的同事家有两个孩子，妹妹爱抢夺哥哥的玩具，哥哥每次都很警惕地事先把玩具藏起来，或者在被抢后及时抢回来，即使妹妹哭了哥哥也不让。我同事并没有插手，他对儿子保护自身物权表示支持，但爷爷觉得孙女太小，孙子理应让着她，所以每次出现这种情况，爷爷就会吼孙子：“让着妹妹吧，别小气了！”我同事认为他父亲的说法不当，让他别再对孙子说这些话了。

后来，爷爷得知孙子在幼儿园也是独自抱着玩具不肯给别人玩，就更加紧张了。我同事一旦在家，爷爷就不停地唠叨这个问题。我同事逐渐受到了影响，开始质疑自己原来的想法。

于是，当妹妹强烈表示要哥哥的玩具时，哥哥不让，我同事就劝说：“你是哥哥，让着妹妹吧。”哥哥吃苹果时，妹妹想要他那个，哥哥不肯，我同事就劝说：“你是哥哥，让着妹妹吧。”哥哥拿着早教机来听故事，妹妹想听音乐，哥哥不让，我同事就劝说：“你是哥哥，让着妹妹吧。”长期下来，哥哥真的什么都让着妹妹了，连在幼儿园也什么都让给其他小朋友。

其实我同事一开始支持哥哥对自己物品的处置权是非常正确的，只需要买一模一样的玩具来减少妹妹的争夺，或者引导哥哥采用正确的沟通方式去跟妹妹协商。例如跟妹妹说：“这个玩具我正在玩，妹妹你必须等一等，我玩完再给你。”那就可以了。但是，我同事最后的做法让哥哥意识到，以前保护自己的玩具是错误的，只有谦让才是正确的，这明显是矫枉过正了。

总之，**我们最终是否采纳别人的意见，核心是考量别人的方法是否呼应孩子的内心诉求。我们要把自己当作一道过滤网，去除糟粕，留下精华。**要做到这一点有个必要前提，就是我们要笃定地认同自己：我是最了解孩子的人，我相信我的方法。

●面对外人过分的责备批评

有一次我在儿童公园见到这样一幕：在滑梯上，孩子们挨肩擦背地爬上长长窄窄的楼梯，他们的小身影远看就像流水线上密集的产品。有一个男孩爬到一半就哭闹起来，显然他害怕了，当他回头想下楼梯时，发现身后是一条长长的人龙，无法后退，便大声地哭闹找妈妈。

妈妈听到哭声后，小心翼翼地爬上楼梯抱起儿子，男孩终于不哭闹了。但被抱起来的时候，男孩的脚恰巧踢到正要上来的女孩。“哇！”女孩撕心裂肺地哭了起来。女孩的妈妈以最快的速度爬了上来，对着男孩的妈妈开骂：“你是怎么带孩子的！”男孩的妈妈很不好意思地说：“真对不起！”女孩的妈妈还是不肯罢休，继续嚷嚷：“你连抱孩子都不懂？你长眼睛没！”

不知道男孩的妈妈是碍于难堪尴尬的场面，还是希望得到对方的体谅宽恕，她开始责备自己的孩子：“你看，都是你的错！你不哭闹我就不用抱着你，你也就不会踢到别人了！”男孩突然被妈妈大声指责，又哭闹起来了。“你还哭！踢到别人了，你还敢哭！”男孩的妈妈继续大骂。在两个孩子的哭声中，闹剧散场了。

在众目睽睽之下，妈妈拿自己的孩子“开刀”以求息事宁人，试问孩子的心理阴影面积有多大？**孩子的人生航道上本来就暗礁遍布，谁都预料不到前方有何凶险，而这一场打击来自她的妈妈。是妈妈怯懦的气场、浅薄的格局，致使她在被追究数落时不堪一击、自乱阵脚，被羞愧、愤怒、狼狈所挟持，不仅让自己的言语失格，更让孩子的尊严扫地。**

在这种情况下，如果对方确实没有大碍，但在我们诚恳道歉后对方家长还是愤愤不平，甚至得寸进尺地恶意挑衅，那我们就直接抱着有情绪的孩子离开现场。

我们可以找个清静的地方，先安抚受惊的孩子，跟他说："没事的，如果下次从中途撤回来，不需要惊慌，慢慢一步步下楼梯，妈妈会在下面一直等你。"然后跟他说明白，刚才踢到别人是我们不小心导致的，做错了事情得承认，而且让孩子体谅对方妈妈的无礼，她只是太爱自己的孩子了。

正如村上春树在《当我跑步时我谈些什么》中说："不管全世界所有人怎么说，我都认为自己的感受才是正确的。无论别人怎么看，我绝不打乱自己的节奏。"我们教育孩子的节奏也一样，应该绝不受外界影响而变动，收起"玻璃心"，亮出"钻石心"。

一天放学后，我跟涵涵妈聊天，远远地看到涵涵使劲地打了一个小朋友一下。那个小朋友的家长凶狠地指着涵涵大声批评："你怎么打人！你的父母呢？在哪里？他们怎么教你的，没教养！"涵涵妈冲了过去，连忙道歉，对方家长指着她说："你怎么教孩子的，没有教过他不可以打人吗？"那时候班上所有家长、小朋友的目光全都投在母子俩身上。

如果涵涵妈一时慌乱，很可能因为难堪和下不了台而怒斥、惩罚、打骂孩子，来公开证明她并非对方大事宣扬的没教孩子。但涵涵妈还是我认识的那个处事冷静、胸有成竹的她，她并没有发火，道歉后慢慢领着孩子离开了。对方家长还在喋喋不休，似乎在指责涵涵妈的做法并没有达到她的要求，其他家长也在窃窃私语。

到了第二天，我们又见面了。涵涵妈说，昨天她其实心乱如麻，只是假装沉着而已。她庆幸自己当时完全站在孩子的角度思考，没有当众责骂孩子。涵涵打人的确是有原因的，她太了解他的性格了。

涵涵说当时是因为那个小朋友用飞机朝他狠狠地丢了好几次，而且对方家长熟视无睹，他才打那个小朋友的。于是涵涵妈跟孩子解释，如果下一次遇到这种情况，应该首先去了解："你为什么朝我丢？"又或者严厉地说："你不可以朝我丢，太不礼貌了！"如果对方道歉了就没事，万一对方故意继续丢，就拿过他的飞机并大声指责说："不可以！"对方再严重侵犯，就告诉老师或妈妈。

我觉得不仅涵涵是个懂事的孩子，涵涵妈更是一个懂事的家长。

尤其是当孩子犯错，自己受到外人过分的批评指责时，我们就更加要成为固若金汤的壁垒、无坚不摧的靠山，站在孩子的立场共同分析问题，并且引导他们改正错误、承担责任。因为只有这样，孩子才能信任父母，不赌气地顺利改正，日后发生任何事情都会及时向我们倾诉。

其实，除了作为父母的我们，没有任何一个人有义务理解我们的孩子。**说到底我们只有一条出路，就是保持定力，而这基于我们内心的坚持、格局的扩张、气度的修炼、对幼儿心理的获知。**

许多父母带孩子的一大追求就是：让自己的孩子成为众人口中的"别人家的孩子"。面对这种"七嘴八舌"时，无论是家人的指导点评，还是外人的批评指责，父母都应该保持"特立独行"的能力和特质，不取悦社会也不讨好别人，不丧失立场也不卑己尊人，最起码做到：知是非，懂剔抉。

发现问题

他人的"七嘴八舌"让妈妈最终放弃自己的想法怎么办？

解决问题

知是非，懂剔抉。

1. 改变初衷的"七嘴八舌"：把自己当作过滤网，适当采取别人的意见。

2. 面对外人过分的责备批评：成为孩子的靠山，站在孩子的立场，引导孩子改正错误、承担责任。

2. 父母盲目赞赏的时候，就是最危险的时候

·1·赞赏的背后

无论在社交网络中还是在现实生活中，妈妈们很多时候都在上演“华山论剑”:“我们家 ×× 两岁就在舞台上霸气地把《三字经》一字不漏地背出来，我震惊了。”“我们家 ×× 四个月不到就已经会喊‘妈妈、爸爸’了，我太佩服她了。”这种“赞赏”实是一个圈层的“攀比”，背后还代表着一些家长对自己孩子认识的盲目。

我们盲目赞赏，就是自欺欺人的高估，认为自己孩子鹤立鸡群，他的存在是一种传奇；我们掩盖孩子的缺点，就是虚荣心作祟，实则是对自己教育能力的炫耀，通过孩子的教育成绩获得成就感；我们的非理性主观判断，就是一道扭曲了的保护网，说穿了就是为自己需要被关注和认可的内心而搭建的。

那么，读者会问，盲目赞赏总比“恨铁不成钢”要好吧？其实不然，两者并不互斥，而是“两点成一线”的关系。

我经常跟一些关系要好的妈妈聊天，发现许多妈妈都会表现出一种危险信号。例如，我看到一个妈妈在社交网络上晒女儿，她惊叹孩子刚进幼儿园一点儿都不哭闹，佩服孩子能顺利度过分离焦虑期。但我们私下聊天时，妈

妈却非常担忧女儿目前的状态，向我大吐苦水。因为她女儿在学校连哭都不敢，她认为她女儿怎么都比不上那些活泼积极的同学，所以想尽办法迫使孩子胆子大起来。妈妈人前人后的评价反差很大，如果不是跟她熟悉，我真以为她对孩子非常满意。

类似的事例还有很多。自己的孩子是“神”，其他孩子是正常人，自己的孩子一旦输给了正常人，父母内心就会焦虑，并抱着占回上风的竞争心态，渴望孩子能够勇夺本应专属于自己的“神之光环”。表面上父母在维持孩子的形象，私底下却在鞭策孩子前进。我们要从改变自身的观念来破解这样的困局，因为孩子本来就是个普通人，他们无论怎么努力也追不上父母浮夸的赞赏。

· II ·如何避免盲目赞赏

●避免盲目赞赏孩子的领导力

有些父母特别赞赏自己孩子的领导力。

我结识了一位朋友，他和妻子在各自的公司里都是大领导。女儿晴晴在幼儿园里读小班，他们都很看重女儿的领导力，而晴晴也确实表现得不负众望。爸爸惊叹自己的领导力遗传给了女儿，赞赏她在幼儿园里会以高姿态发号施令，让大家遵守规则，如果有人违背，她就会高声阻止。

我们小区有个女孩叫草莓，她的奶奶经常在我们面前夸奖她的领导才能：“草莓从2岁开始就会指挥其他孩子，控制玩具应该给谁不应该给谁。她还有自己的小跟班，她指挥他们做事情，如果做得不好就批评他们，也会指使同伴不跟她讨厌的小朋友玩。”

难道孩子的领导力真的是用“号令天下”“气势汹汹”来作为标准的吗？就像上面说到的两个孩子，她们完全按照自己的情绪、意愿牵着别人的鼻子走。

其实并非如此，**孩子接受良好的领导力启蒙，并不在于领导别人，而在**

于领导自己，只有实现了领导自己，才能进阶去领导别人。本末倒置，就成了毫无底气和能力的咄咄逼人，也成了孩子霸道的滥觞。

美国思想巨匠史蒂芬·柯维的《高效能人士的七个习惯》中，以及他儿子肖恩·柯维在此基础上所著的《绘本快乐儿童的七个习惯》中，都提到领导力里“自我领导”的重要性。孩子要学会控制情绪、理解别人的意愿，而不是只考虑自己的感受。

像晴晴，如果她把发号施令转变为询问、倾听大家的意见，例如把“你要……”“你不可以……”改为“……好不好呀”“……可以吗”，同时学会稍作退让，尝试跟别人一块玩游戏，这样温和而有主见的孩子才算真正掌握了领导力。

像草莓，她表面盛气凌人、自信爆棚，但以自我为中心、认知不足。如果她奶奶希望孩子拥有真正的领导力，则应该让草莓把她所谓的“优点”改掉，转而做一些有意义的事情，例如学会倾听他人，做个跟随者和协调者，不对同伴指指点点，不允许同伴排斥或欺负别的孩子，等等。这样草莓才会拥有更多朋友。

与晴晴和草莓相反，森森跟朋友之间的关系显得和谐很多。

森森2岁多的时候，有一次我跟他上亲子课，老师让大家画画，四个孩子为一组，每组只有一个颜料盘和一张大纸。森森每次在颜料盘上沾了颜料后，都会把盘子移到中间让大家使用。颜料盘没有颜料了，他就会报告老师，拿盘过去加颜料，再放回中间。在整个过程中，森森没有跟其他小朋友说什么，老师却摸了摸森森的头说:“你是个小组长。”森森没有理会他，继续画画。

当时我并没有留意儿子的行为动作，但老师的话提醒了我，有时候孩子的领导力并不一定是指挥出来的，而是通过付出和团结得到的。在做事的过程中，孩子只要能领会到别人的意图，自信地调整自己来适应大伙，从而共同达到目标，促使“你好我好大家好”，那就是一种多赢的统合了。

可见，父母不要盲目赞赏孩子大包大揽的冲动、看似胜券在握的操控，而应该让孩子学会给予各方平等的机会，与他人和平共处。孩子只有给予他人舒服温暖的感觉，别人才会爱上他、跟随他、听从他。

●避免盲目赞赏孩子的“好品德”

有些家长喜欢让孩子展示他的“好品德”。这些做法表面上符合道德标准、行为规范，但事实上“唯恐天下不乱”，只是在把握时机彰显自己的优势。

记得那时信信和森森2岁多，汤圆比他俩小几个月。有一次，信信和森森在小区里一起玩，突然汤圆从不远处的小楼梯上摔了下来，汤圆妈立刻跑过去把大哭的儿子扶起来。这时信信奶奶拉着信信的手说：“走，汤圆哭了，我们去看看他。”

来到汤圆身边，信信奶奶跟信信说：“快让弟弟别哭吧。”信信说：“弟弟，哭鼻子大王会被人笑话的，我跟你去玩吧。”信信奶奶接着信信的话：“是的，哭了多难看，要学哥哥那样跌倒了也不哭，才是勇敢的孩子啊。”

汤圆并没有因为信信的到来而停止哭泣，反而边哭边捶胸顿足，汤圆妈只好抱着汤圆回家去了。

他们走后，信信奶奶夸奖信信做得好，称赞他比汤圆懂事，比同龄人情商高。旁边的家长也纷纷赞美信信和信信奶奶，认为信信这么小就会安慰弟弟，是个好孩子。

我对信信这个被大家赞赏的角色不以为然，他并没有雪中送炭，而是雪上加霜，乘人之危彰显自己。汤圆一开始的哭是由于摔得痛，后面哭得变本加厉，是因为他与妈妈正默默进行心灵连接时突然遭遇了拦路虎。信信和信信奶奶的潜台词是：“汤圆你不应该哭，哭是懦弱和羞耻的。现在信信这个勇敢的哥哥来安抚你了，他比你厉害。”

读者可能会提出异议：当朋友有困难时，我们不是应该学会施爱吗？当我们有困难时，不是应该学会接受爱吗？“拿好人当贼”，心胸未免太狭窄了。

这里的关键点在于，对正处于情绪低点的孩子，我们的行为是否真的从对方内心需求出发，还是不多不少掩藏着要证明自己某些优势的心态？汤圆此时此刻最需要的，是妈妈的安抚和一个安静的角落，除此之外，没有经过同意的干扰都是取笑。

我也曾经跟许多家长一样，希望森森能让哭闹的孩子停止哭泣，更希望他人缘好、情商高，所以会按照社会道德规范和一些教育学家的建议，尽量让他给别人提供帮助。但是我发现“劝不要哭”这一套，其实大多数孩子是不接受的，这反而是一种迫害，尤其对于敏感、心思细腻的孩子而言。

作为家长，我们需要明白，帮助要“有所为，有所不为”，当我们既没看清实情，也不理解哭闹的孩子的情绪和行为习惯时，就别让自己的孩子展示“好品德”，除非我们确保这样的行为是绝对起效的。

旁观者一个劲地安抚是低级的，有时默不作声才是高素质和高情商的体现。像汤圆的例子，我们应该等待他抱着妈妈哭完，情绪完全恢复过来后，才轻轻地跟他说：“你是个勇敢的孩子，痛痛飞走喽！”这样做才是一股渗透内心的暖流。

可见，真正的好品德并非表现得多有爱心，而是懂得给予他人足够舒服的空间和时间。

●避免盲目赞赏孩子的“高人一等”

有些家长不会像前面例子中那样把盲目赞赏的话挂在嘴边，但行为上确实隐含了这种思想，他们潜意识里赞赏自己孩子的“高人一等”，认为别人家的孩子配不上自己家优秀的孩子，希望孩子能与门当户对的孩子结伴。这无疑是把孩子推进了围城，自己的孩子出不去，别人的孩子进不来。

我之前参加一个女性心理讲座，听到这样一个案例：妈妈埋怨儿子不懂交际，性格孤僻，但幼儿园老师认为孩子并不内向，也不排斥小朋友，只是没有掌握交朋友的方法而已，建议妈妈平日多带孩子结交朋友。

老师说到的这个点正是妈妈的大难题，因为一直以来她很想为孩子找些玩伴，但总找不到合适的。她既不喜欢家附近那些脏兮兮、吵吵闹闹、四处乱窜、家庭背景不明的“野”孩子，也觉得自己与带那些孩子的老人和保姆格格不入，所以她宁愿跟孩子在家里煮饭或者到超市、商场购物，也不带孩子跟“低素质”的人沦为一伙。后来幼儿园老师劝说这位妈妈应该让孩子接触不同背景的小朋友，即使是看上去不礼貌、不规矩的小朋友，这位妈妈才开始敞开了胸怀，尽量带儿子加入他们。后来虽然儿子的话还是不多，但渐渐地，他比以前积极主动地跟朋友沟通、玩耍了。

但有些更高阶层的父母是不愿意这样改变的。

我以前因为工作关系，结识了一名外资公司的高管。她嫁入豪门，儿子更是含着金汤匙出生，读的是昂贵的国际私立幼儿园，朋友都是一些社会名人或者家庭背景优越的孩子。

最近她跟我说她有点苦恼，她希望儿子学习钢琴、大提琴、高尔夫球这类高雅的技能，但儿子只想学武术。不是她不许儿子学，而是她找不到上档次的武术班，而且报武术班的孩子都是根浅门微的。就为这件事，她跟孩子杠上了。

一直以来，每个阶层都有明显的分水岭，精英阶层更懂得修筑边墙，关闭大门，因为他们希望以金钱和资源为世世代代建造更坚固的城堡。**但对于一个单纯的孩子来说，他需要与全世界拥抱，“鱼龙混杂”，否则他只是一个在鄙视链顶端的木偶，根据指令，封闭自己的内心，表演没有灵魂的戏。**

我30岁前，曾到边境山区与留守儿童们一起生活。我发觉，虽然他们身穿粗布陋衣，没有像样的玩具，不曾像大城市孩子那样接受过超前教育，就连家和学校都只是个破房子，没地板没窗户，不通水电煤气，但是，从精神层面上我确实看不出他们跟城里有背景的孩子有什么本质的区别，相反，他们笑得更天真、更可爱，对人更热情、更暖心。

如果有可能，我愿意带上森森一同前往，跟他们一起交朋友、一起玩、一起笑、一起看别样的人生。青蛙坐在金砖砌成的井中，看到的天也只是个有限的框。我们的心有多大，孩子的世界就有多大。

从上述三种现象可知，盲目赞赏是我们内心的虚荣和膨胀，它使我们无法认清自己和孩子的面目。我们只有谦虚地做个平凡的父母，让孩子也做个平凡人，这样孩子才会最不平庸，最值得接受真正的赞赏。

发现问题

如何避免盲目的赞赏?

解决问题

避免盲目赞赏孩子的领导力：不在于领导别人，而在于领导自己；

避免盲目赞赏孩子的“好品德”：不要趁机彰显自己的优势，要从对方内心出发；

避免盲目赞赏孩子的“高人一等”：让孩子与全世界拥抱。

3. 原生家庭，到底痛在哪？

·1· 并非“教”的问题，而是我们自身“痛”的问题

圆圆妈是我的发小，她女儿正在上幼儿园中班。那天是幼儿园的分享日，圆圆拿了心爱的小黄鸭到班上分享，同学琪琪则拿了自己穿的珠子项链去。圆圆坚持要把琪琪的项链带回家，老师建议她跟琪琪交换，圆圆非但不许把自己的小黄鸭交换出去，还哭闹着一定要把项链带走。劝说无效，她一直哭闹到放学，她妈妈唯有带她去附近的店铺买，但店铺没有一模一样的珠子项链。回到家里，圆圆更加生气，她妈妈只好又一次上街寻找类似的珠子，回家穿给她。

冰冻三尺非一日之寒，圆圆脾气倔不是一朝一夕形成的，而是圆圆妈日积月累的宠溺导致的。平时凡是圆圆想得到的东西，她一定可以得到，凡是她不想做的事情，她都可以不做。圆圆妈把她捧在手心，如果没有满足女儿的愿望，就觉得伤害了她，没有尊重她。

老师曾经多次向圆圆妈提出：生活上的穿脱衣服、洗脚洗脸、学具整理这些简单的自我服务不可以包办代替；让孩子多承担家里的劳动，如收拾饭桌、倒垃圾、扫地拖地，等等。圆圆妈按老师建议的方法去改变调整，但收

效甚微。

我们转而从圆圆妈的角度思考，这很可能与圆圆妈的原生家庭有关。圆圆妈的父母从小就对她极其严格，什么都是父母说了算，她不得不做了许多不愿意做的事。在她小时候，她父母觉得孩子不应该花时间在服装打扮、角色扮演的游戏上，把别人送来的芭比娃娃都转送出去了；她父母认为她看漫画会影响学习成绩，把书柜里所有她喜爱的漫画都清走了，即便她千万个不愿意；她父母把她跟朋友出去逛街说成是无所事事，她基本上在父母面前是不能行差踏错的。圆圆妈深深体会到父母独断专行所带来的伤害，所以坚决不再重蹈覆辙，她心底对严厉教育有着绝对的排斥和逆反。虽然听从了老师的意见，不断改进方法，但圆圆妈仍未能走出这个怪圈，因此无意识地采用了宠溺的手段让孩子过得舒服。

这些宠溺是父母逃离童年阴影的自我安抚，我们偏执地利用它来填补自己空洞的内心，可是落脚点踩在了孩子身上。

我们每个人的性格、学识、能力、培养下一代的倾向和方式，或多或少都带有原生家庭的烙印，原生家庭的教育方式影响着我们的一生。

如果原生家庭的教育方式让我们内心蒙上阴影，那么那些心理障碍和悲观思绪很可能一脉相承，成为拦在我们面前的高山大海，难以跃过去。

现在绝大多数育儿书的妙语金句、教育学者的苦口良言，着力点都放在“教”上，运用时却无法纠正孩子。并非这些方法不中用，而是未能解决我们的“痛”。如果我们没有自我觉察能力，没有对童年的修复和对当下的完善，就走不出迷茫的育儿困局。我们要种下一颗自我反省、领悟的种子，抚平原生家庭的烙印：清理原生家庭的痕迹，以及打造全新的育儿模式。

· Ⅱ ·两步走："来路"和"去路"

● "来路"，清理原生家庭的痕迹

美国研究学会发现，尽责的人格特点能对家庭背景缺陷起到补救作用。心理学家也提出，人格需要自己重建，一个人过了25岁，就能输送心理养料给自己、配偶和孩子。无论原生家庭给了我们怎样的经历，是冷漠嘲讽的，是压制严控的，是担心焦虑的，还是无暇照顾的……我们在追溯过往时要明白，原生家庭在我们成长中始终是一把保护伞，只是当我们长大成人，时过境迁，过去的"助力"变成了"阻力"而已。

其实这也不重要，重要的是父母是从心底里爱我们的，只是有些方式可能让我们受伤了。**"黄金无足色，白玉有微瑕"，世界上既没有尽善尽美的原生家庭，也没有什么绝对的对与错、好与坏，只有我们一颗颗愿意理解和改变的心，去跟父母、跟自己的童年"握手言和"**。

像前文中提到的圆圆妈，她在要求严格的家庭里长大的，内心是自卑懦弱、逃避现实、犹豫不决的，所以她需要学会自信、执着、坚定地来看待人生，鼓起勇气面对过往的伤口。往者不可谏，来者犹可追。

圆圆妈需要通过适当的途径来为自己建立安全感，让自己内心平静。这种途径可以是朋友圈，可以是提升自己的学习、工作能力，可以是一份爱好或者手艺，可以是信仰……她也要慢慢学会勇敢地坚持自我，同时找到人生楷模，可以是老师、朋友、领导，向他们学习为人处世的方式，感受别人的闪光点，从而改变自己的态度、性格、情绪，成就与众不同的自己。

虽然童年的经历向圆圆妈展示了错误是一种难以被原谅的失败，但她必须纠正这种观念：允许自己犯错误，在生活琐事中对自己宽容、耐心，学会欣赏自己的方式与路径，常常对自己说一些积极的话，相信自己是个足够优秀的人。

这种清理原生家庭痕迹的方法就像我当初刚进报社实习时采访的一名对象的做法。

他毕业于知名院校，工作之后一度想自杀，原因是他出身贫寒。后来他离开乡村到大城市读书，当他独自浮沉于竞争残酷的世界时，根本不能平静地接受和面对自己的低微出身，被压力笼罩。后来他碰巧看到蔡澜的文章，上面有句话拨亮了他心头将要熄灭的灯："人，只要生存下去，总会过的。"

他决定通过学习心理学和寻求朋友帮助，改变软弱的性格、提高工作专业能力、扩大人脉资源，咬紧牙关抵抗挫折。经过很多年，他像蜗牛一般慢慢地爬过来，"谷底反弹"做了外资公司的副总，生活条件变得优越，父母也随之搬到城市里享福。他之所以最后成功了，是因为他把原生家庭"贫寒"的痕迹清理掉了，并全方位转换思维，而不是归咎于家庭的缺失。

● "去路"，打造全新的育儿模式

当我们清理了原生家庭的痕迹后，就需要打造全新的育儿模式了。

以圆圆妈的案例来说，她可以把关注点放在学习如何在日常各方面有技巧地坚持规则上。当这种坚持让孩子变得有规则感，又不会抑制孩子的欲望和探索热情时，这种做法就是育儿新模式中理想的一种了。

再具体一点，如果圆圆试图去碰一些不被允许触碰的物件，或者做一些危险的事情，圆圆妈不应盲目迁就，应直接拿着物件或者指着做危险事情的地方跟她说："这个不可以碰（这不可以做）。我小时候也跟你一样好奇，很希望去碰（做），但是不可以。要等你长大一点，长到这么高的时候，才可以碰（做）。"此时我们抬高手至一定位置来示意大概的身高，然后拿其他物件给她，或者指出另一个安全的地方，对孩子说："这个就适合你这么大的小朋友碰（做）了。"

以上的话，不是简单粗暴的敷衍，而是首先共情，让孩子知道她的诉求能够得到父母的理解，而且原来父母也像她一样，小时候也爱这么做。有趣的示意身高的方式能让孩子清楚区分什么是现在能碰（做）的，什么是长大能碰（做）的，这样孩子就更服气了。当然了，这种做法需要逐渐延伸至生活中的各个领域。

如果圆圆很想买一架飞机玩具，然而圆圆妈不想再买了，那圆圆妈就要坚持说：“你很希望买这架飞机回家，我也很喜欢它，但今天我们已经买了衣服。如果再买一架飞机，就要等到下星期三了。”孩子没有准确的时间观念，也许可以蒙混过去，用孩子似懂非懂的“时间战术”来制胜。

如果圆圆很倔强：“不！就要现在买！”那么圆圆妈就要给予圆圆选择：“我知道你很喜欢，但我们已经用预算买了衣服，剩下的已经买不了飞机了。只能给你两个选择，要不买小项链，要不买冰激凌，你选择哪个？”其中给予选择的一样东西，应当是圆圆妈很有信心孩子一定会要的。这时候，她可能会立即二选一，也可能会拒绝。即使孩子狂风扫落叶般无情拒绝，妈妈也一定要坚持自己的立场，允许孩子通过哭闹、蹬地等方式来充分发泄内心的伤感。

在整个过程中，我们在守住底线的同时，给予孩子一定程度的选择权。**给“非黑即白”画出一条朦胧的灰色间隔带，让孩子既能被满足，也能顺利接受“不”和限制，久而久之，他们便会懂得有些事情不能做终究还是不能做，暂时的挫折并不是持久的失败，否定部分并非否定整体，而且妈妈的爱不会减少。**

以上说的只是圆圆妈构建全新育儿模式的冰山一角，具体措施还得从生活各个维度去深入反复调整。

从“来路”到“去路”，是我们从摆正对原生家庭的思想态度到输送正面心理营养给孩子的过程，这个过程漫长而久远。

· Ⅲ · 巨婴男女的自我修复之路

与宠溺孩子的家庭相反，现在有许多巨婴男女对自己的孩子完全不理不顾，这也与他们的原生家庭有关。

有些私交很好的妈妈会跟我埋怨，她们的丈夫从孩子出生到现在都没有好好静下心来带孩子，而是以加班、应酬、健身为借口把孩子交给妻子、妈妈管教，自己逍遥。最令她们气愤的是，婆婆还维护自己的儿子，认为带孩子应该是女人的活，男人工作辛苦，不应该再给他添麻烦。这正是两代人皆不负责任的“强强联合”，可见这种巨婴男就是被原生家庭惯出来的。

我的一个女友小 Q，她的原生家庭极为富裕，爸爸是房地产开发商，妈妈是精明的生意人。他俩总是过分担心、焦虑，把女儿这颗掌上明珠捧到天上去，所以小 Q 从小就衣来伸手，饭来张口，她被彻底拿掉了独立自主的意识和自我价值感。小 Q 长大后以自我为中心，经常用愤怒、野蛮来控制别人。她把自己的孩子交给保姆管教，认为陪伴孩子的女人都是“黄脸婆”。这种巨婴女也是被原生家庭惯出来的。

这些“天生好命”的巨婴男女为人父母之后，如果不改变自己，他们的孩子就像被放在一个冰冷的空壳里面，情绪和需求被忽略。在性格的形成上，孩子可能变得孤僻冷漠，心里藏着假想敌，还有可能变得叛逆无理，或者萎靡不振。

这时候，巨婴男女首先要追溯“来路”，通过读书学习和良师益友的帮助来获得豁达大度的接纳、直达心扉的支持，并尝试改变观念，亲自参与家庭事务，独立解决问题。即使很多问题不会，没有解决过，他们也要不断学习和付出，维系正常的家庭关系，把责任扛起来，鼓励自己不断成长。

其次，要建立“去路”。关于巨婴男女的家庭重建，其中有一点很重要，就是整合“铁三角”的力量，去调配每个角色的执行力：爸爸爱孩子，必定通过爱妈妈来实现；妈妈爱孩子，必定通过爱爸爸来实现的。让爸爸、妈妈、孩子这个三角关系相互萦绕。

平时我们要抓住机会多跟孩子说：“你人缘好的特质跟你爸（妈）太像了，你爸（妈）的同事没有一个不喜欢你爸（妈），正如你的同学都很喜欢你那样。”同时多跟配偶说：“你知道吗？孩子学到了你坚韧的毅力，这个品质对他太有帮助了！”又或者：“孩子可孝顺了，他们都说是从你身上遗传下来的！”

当配偶用上恰当的育儿方法，我们可以不吝夸奖：“怎么你的方法就能让孩子听你的呢？”或者：“你啥时候这么懂他的，一招就搞定了。”也可以多在配偶面前跟家人朋友说：“孩子的勇敢跟爸爸如出一辙，怪不得他们那么要好！”又或者：“妈妈每件事都坚持到底，孩子也学到了，还是她的功劳大啊！”

总之，说话时要从具体的细节去考量，让三角关系归一。这样做既鼓励了配偶与孩子的互动，也赞赏了配偶的育儿方式，从而让他（她）更自信地面对孩子，认识到育儿是其本职工作，感受到自己的角色不可或缺。

这两条路抚慰了巨婴男女的隐痛，弥补了表达和施爱的缺失。也只有这样，他们的再生家庭才不会面临千疮百孔的危机。

·Ⅳ·“痛”的制造者正是自己

近几年，越来越多人用各种方式去批判、吐槽原生家庭让自己“深受其害”，有的妈妈甚至会说：“危害我们这辈人就好了，千万别再让我们的孩子受苦。”这种批判尤其针对上一辈的把屎把尿、过早给辅食、磕到就打小板凳、乱添加衣服、“棍棒之下出孝子”等教育方式。

即使上一辈的做法错误、荒唐，但我们首先应当理解、体谅、感恩。上一辈所处时代的科学知识水平不像今天，我们的父母在物质匮乏的年代能用心地把我们拉扯大已经相当不容易了。谁不是努力地以当时最科学的方式来养育自己的孩子呢？谁不是伟大无私地为孩子奉献苦心与深情？知识虽是“后浪推前浪”，但无一不是“站在巨人肩膀上”。

我们能获得科学的育儿理念，都是多亏了上一辈的实践和经验。要知道，当我们老去，孩子长大了，下一代的育儿理论肯定也有更深层次的突破。如果有朝一日我们被儿孙推翻现在正在使用的“科学育儿方式”，我们可能跟自己的父母一样无法据理力争，只会欲说还休，手足无措地希望得到最基本的尊重。

原生家庭不是黑锅，也不是牢笼，它本来就有着很多的闪光点。我们的

生活质量全在于自己的主观能动性，以及是否拥有积极向上的心态。

然而有些人容易被一些“流行”的概念所控制，自身本是家境优渥，却被扯过来一同感怀身世，把火力集中于父母的无心错误上，以绝不活成父母的样子为己任，这跟卸磨杀驴有何区别？从精神上妄想受伤致痛的，其实正是他们自己。

原生家庭，痛在哪？理智地说，这根本是个伪命题。

发现问题

如何逃离原生家庭的“痛”？

解决问题

1.“来路”，清理原生家庭的痕迹。

2.“去路”，建造全新的育儿模式——

宠溺孩子的父母：对待孩子学会守住底线；

巨婴父母：重整家庭“铁三角”。

方法总结

原生家庭不是黑锅，我们的生活质量全在于自己的主观能动性，以及是否拥有积极向上的心态。

4. 母亲的自我感需要拯救

·1· 日渐被消磨的母亲的自我感

作家雾满拦江曾讲过这样一个故事：昆塔尼拉13岁时由于英语测验成绩很差，被编入一年级，后来在智力测试中分数低人一等，受到严重打击后便休学了。接着，她结婚生子，等两个儿子上学时，校方告诉她孩子反应迟钝，要编入智力低的阅读小组。昆塔尼拉想到了小时候的自己，便想方设法鼓励儿子千万不要气馁，孩子竟然说："妈妈，人家都说这是遗传，努力也白搭。"孩子的话犹如万箭穿心，激起了昆塔尼拉再次奋斗的勇气。

27岁的昆塔尼拉决定重新入学。经过多年的不懈努力，她终于取得了理科学士学位，随后被授予西班牙文学硕士学位。过了几年，她不仅取得了博士学位，还拥有了美国教育委员会会员资格，成为获得该委员会奖励的第一个拉丁美洲女性。再之后，她被提拔为豪斯登大学的教务长助理，并被任命为墨西哥美国文化研究会的终身理事。数年间，两个儿子改变了对母亲的看法，凭借决心和毅力改写了被他人称为"低能"的命运，长子最终成了内科医生，次子成了律师。

多年被灌"低能"毒药的昆塔尼拉已逐渐认命于这个"真相"，为什么会突破自卑的框架去重塑自我呢？导火索正是孩子的看法，就是当时孩子一句带刺的话激发了昆塔尼拉全部的小宇宙。

我们对此可以更深层地解读为：**这种能量本质上来源于一位母亲的自我感，而这种自我感足以让她拨开自己头顶的乌云，打破所有预言，在困境中把握出路，在绝路上寻获希望；这种自我感足以促使孩子奋发图强，改变无能为力的原始状态，学会“逆生长”；这种自我感足以改写整个家族的命运，使家族全体满血复活，不被世俗压制**。

我之前也一直认为，母亲的自我感应当像上述故事中的那样神圣不可侵犯、自带光芒。但是，身为人母之后，现实状况告诉我，**母亲这个身份，在中国或多或少处于社会的不理解、不尊重、不认同之中。母亲们的自我感并不充分，甚至有些母亲会自欺欺人地逃避这个她们本应引以为豪的身份**。

为什么中国母亲处于如此尴尬的地位呢？因为她们被孤立了。

首先，家庭并没有站在母亲的立场上，没有给予足够的空间。

几乎每个初为人母的妈妈都是一个精神分裂者，有时是个母亲，有时是个怨妇，各种角色轮流上场，不安全感、压抑感、挣扎感随之而来。我们还没来得及照顾好自己，头脑已经超负荷运转，想着奶水的分量、找寻避免幼儿夜啼的攻略、计算辅食的添加量、防治幼儿的疾病，不是早上忙着一把屎一把尿地疯狂挣扎，就是晚上每隔二十分钟一次的催魂式喂奶。丈夫在隔壁房间睡去，自己得不到家人体谅、帮助的同时，还被责怪把感冒传染给了孩子、使用手机辐射到孩子、没给孩子戴顶厚实的帽子……

渐渐地，在母亲的世界里，就连日常的细枝末节也能成为质疑她在文明社会存在价值的导火索，但是，母亲又不能旗帜鲜明地道出是非对错，对如何改善自身状况更是不知所措。

其次，在外也没有为母亲考虑，给予她足够的空间。

对于职场妈妈来说，单位领导担心她的精力无法分配，于是从督促到架空，最终直接让别人顶替她的位置。职场妈妈是有苦说不出。受到区别的对待还不只有这。

就拿我的亲身经历来说吧。我去谈事情时，如果穿得不太时髦，并且跟别人说我是个带着孩子的妈妈，他们会认为我是个被孩子给毁了的“小可怜”。但是，当我穿上同一套衣服，以报刊专栏的作者身份约人见面时，别人会觉得我有真才实学。可见，并非是我着装存在落差，而是身份让他们产生了不同的观感。

而就是这些不同的观感，让部分全职妈妈不能抵御社会的“有色眼镜”，内心自觉羞耻，不敢大方承认。举个例子，我有个全职妈妈朋友，她从来不告诉别人这个身份，还在社交网络上发很多以前的工作照来欺骗家人和朋友。难道她真的介意自己的身份吗？不是的，她只是在警惕与逃避别人的消极评价，以这种方式来获取微乎其微的认同感。

最后，政策并没有站在母亲的立场考虑和给予她们足够的空间。

虽然现在国家大力鼓励生育，但是母亲真真正正得到的支持和保障远远不够，享受的平等权益和机会也不多，母婴与教育的公共服务更是分配不均。欧洲的妈妈可享受8~12个月的带薪产假；美国和加拿大的妈妈能享用多方面的育儿服务，可报销食物、教育等费用；日本对主妇家庭有着税务优待，丈夫的收入减税，妻子享受不用自费缴纳保险等福利。

对于母亲的实际生存状态来说，相关社会资源的支持是何其重要！但现在我们能够做的就是等待与希望。我身边有个别妈妈，一边忍受着丈夫出轨或者对家庭不负责任，一边却要怀二胎，而这个二胎成了她们的棋子，是在没有物质、财产等法律保障下的另一种安全寄托。

之所以形成这个被孤立的岛屿，归根到底还是时代的不包容。

无可否认，时代日新月异，我们对母亲有着新的高标准，既要她们持家，又要把职业牌打得响亮，更要体贴丈夫和尊重长辈。孩子0~6岁期间，母亲正处于人生中最大的弯道时期，她们既没有抵抗力，处于弱势，又要提防竞争力减弱而被后辈弯道超车和跟不上社会节奏。我们经常会痛骂一些可耻的行为，像戏弄盲人、辱骂哑巴、卑劣地欺压生活在边缘的人，然而母亲何尝不是在最孱弱、最失元气的时候被呵斥着站起来？尽管她们想放过自己，家庭和社会却不允许。

我们经常说“为母则刚”，但实际上哪有那么多超人！这其实只是一种“报复心理”。母亲只有破釜沉舟、绝地还击，才能对抗孤立。就像《少年汉尼拔》中说的：“任何不能杀死我的，只会令我更强。任何你现在所受的痛苦悲伤，日后都会化作你最坚实的力量。”人类无时无刻不渴望爱，但是到了一个承受极限，或被戳中痛点，就会去做一些不寻常或者违背初始意愿的事情。一些母亲只是表面看上去好像厉害到能负重飞翔一样。

· Ⅱ · 教育的前提：拯救母亲的自我感

当下需要更多温暖的是母亲，她们用年富力强的生命来养育另一个生命，却得不到应有的敬重。当一个母亲的自我感消失时，无论她的学识多么丰富，情绪也只会在压抑中变得岌岌可危，如此是难以教好小孩的。母亲只有自我感强烈时，才会对自己丝毫不含糊，才会有坚定的精神力量奋力奔跑，拥有自信的气场，如此才能进一步谈论教育孩子。所以，讨论如何强化母亲的自我感比谈教育更重要。

首先，大多数人都是迷茫并盲从于占主流地位的思想的，俗称“随大流”，为人父母后他们会非常强烈地表现出要让孩子在合理、安全的范围内行走。“少数服从多数”实际上是抹去了个体特殊性的一种妥协。因此，**对于一定时期内占主流地位的不尊重和不理解的观念，作为母亲应尽可能忽视，不要让自己往牛角尖里钻。**那我们应该如何忽视并让自己从难过中走出来呢?

这一招是儿子森森启发我的。

有一次森森抱着我哭闹，我几乎无法抱住挣扎的他，原来他那只手工青蛙的腿不见了，他找来找去都找不到。于是我帮他找，但还是找不到，这时森森就崩溃了。

我没有让他克制情绪，只是等他慢慢地平复下来，我才说：“青蛙的腿没有了，森森很伤心，是吗？”听了我的话，森森又抽泣起来了，他不停地喊：“我要找腿，我要找腿给青蛙！”

森森一边搓着流鼻涕的鼻子，一边用手重重地捶着地面。我说：“森森哭吧，妈妈陪你哭，哭吧哭吧。”又过了一段时间，森森开始恢复理性了，说：“妈妈，青蛙没有腿了，你再帮我找吧。”“好，没问题，我们一起找。”然后我们翻箱倒柜，把厨房、厕所都找了个遍，还是找不到。

后来，森森趴到窗前望着外面的小花园。我对他说：“森森，这次真的找不到腿了。”森森说：“我知道了，妈妈，你给我讲故事吧。”于是我就随便拿了一本书开始讲故事了。森森听得很认真，完全忘掉了刚才发生的事情。

读完故事后，我问森森：“我跟你一起再做条青蛙腿，好吗？”森森说：“不用了，我觉得青蛙没有腿也很好看的。”他说得非常平静，竟然接受了青蛙没有腿的事实，他说：“妈妈，给我讲另一个故事吧。”

就这样，森森从难过中逐渐走了出来，因为他把内心的委屈都发泄出来了，心灵得到了一次成长。

我们不要困惑于孩子为什么只是因为丢了手工青蛙的腿就如此伤心，这种失落感跟我们成年人因为缺失由价值感、被认同感、存在感等组合而成的自我感而伤心是一模一样的。

我们应该做的，就是像这个例子中的一样，忽视它，千万不要刻意地抵抗它，允许负面情绪自然流露，在这个过程中，或许会有意想不到的一扇门让我们自己走出去。所以我们大可以找一个像妈妈的人聊天、流泪，这种方法最起码不会让自己继续沉溺在悲观当中，让心情逐步变得澄净。正如诗人鲁米所说：“伸开双臂，如果你还想被拥抱的话。”

其次，提升自我境界。这个自我境界是气质和精神的能量场，它源于对家庭、生命成熟与理智的思考，再过渡到对细节的担当。

很久之前网上就流传着京瓷的一段佳话：“京瓷曾一度经营不善，总裁稻盛先生非常困惑，闲极无聊，每天在工厂里独自扫地、刷厕所、割杂草……一段时间之后，他突然顿悟了企业存在的意义，改变了经营理念，令京瓷蓬勃发展起来。”

我从小就听爸爸讲武侠小说里的故事，我发现里面的方丈们大多都是从扫地、劈柴、担水等日常劳务中崛起的。令我记忆犹新的是《倚天屠龙记》里的火工头陀，他本是少林寺一名烧火的小人物，在烧火的二十年里暗中偷学武功，直到胜过全寺僧众，才显露身手，后来在西域开创金刚门。人物是褒是贬且不谈，但能成大器、威震一方的他，也是在做杂务时顿悟的。

道理真的一样。“一屋不扫，何以扫天下？”扫地都可以有如此高的境界，更何况是在家养育孩子？坚持打理好孩子的事，就是打理好了整个家庭，乃至整个社会，母亲自身也会得到极大的提升与回报。

母亲每天跟熊孩子斗智斗勇、完成家务琐事等“鸡肋工作”，既要无微不至又要宽博广阔，这时我们发觉母亲已磨砺锤炼出大格局的教育，化身为掌控家庭情绪的女主人，更重要的是把家庭这个“大企业”经营好了：母亲已懂得运用带团队的魄力和智慧去塑造家庭、引导全家人完成共同的育儿目标；已懂得运用提高部门绩效的决心和毅力去剖析潜在的家庭缺陷和亲子矛盾，提升夫妻、亲子融洽指数；已懂得运用行政管理的缜密和细心去观察孩子的言行举止，破解孩子的心理密码。这种处事的大格局同时也让母亲获得了丰厚的人生回报。

要有如此高的境界，还需要克服恐惧。这个恐惧来源于所有导致自我感降低的事情，例如对外界评价的恐惧、对后辈带来威胁的恐惧、对不能从保障制度中受惠的恐惧，等等。事实上，我们越恐惧，恐惧越找上门来，自我感就越难被挽救。相反，我们越是“心里没鬼”，对人和对事不含任何仇隙、恶意，身心放松，坦然自若，理解宽容，恐惧就越不会找上门来攻击我们。恐惧一旦没有攻击的目标和胜算，也就不能成为我们的梦魇了。

最后，为自我感留力。自我感就像一盘东坡肉，它并不能用压力锅快速压成，而是需要用文火炖上数个小时，火候够了才成佳品。既然自我感需要长时间滋养，我们就需要在过程中留力，不能一下子把真气全泄完。也就是说，母亲要对自己适当地放手，放手既可以使自己免于劳累的侵蚀，也不至于让唠叨、埋怨、烦扰把风华正茂的我们变得刻薄衰老。

第一，要舍得在孩子身上低投入。岁月未老，母亲正处于美好花期，不必花费过多力气在孩子身上，光明磊落、毫无保留地去爱自己。

我们没有高投入，自然就不会精确计算投入产出比，也就不会一味因付出太多、产出太少而感觉不值得甚至浪费人生了。有多少妈妈面对孩子身体上的小病痛、性格上的小缺陷、做人上的小差错，坏情绪循环轮回，直到自己身陷无底洞。我们应该花点时间做自己爱做的事情：健身、看书、聊天、旅行、做SPA、看电影，等等。当心情放松、愉悦舒缓时，再回头处理家庭、孩子的事情，心态会有180度好转。

同时，我们要把家庭责任分摊出去，过程中还要让对方有点忌讳。我们不能总是压抑地把最好的留给别人，最差的留给自己，到头来崩溃的是自己，爆发的更是自己。我们需要家人帮忙照顾孩子时，就不要揽在身上；我们腰酸背痛时就不要再去操劳，主动把睡在隔壁房间的丈夫给拉回来；每当孩子生日时，不仅仅为孩子庆祝生日，还要跟孩子回顾妈妈在产房里生产时的痛苦与生产后的惊喜。

有时我们把社会约定俗成的事情看成了规则，结果违背内心，迎合了别人的期待。其实真正的规则就是做自己。正如沃尔特·塔布斯关于亲密关系的一句诗："我在这个世界，不是为你的期望而活，但我在这个世界，是要证明你是独特的人，也被你证明。"(《超越佩尔斯》)

第二，**不要试图去平衡家庭和事业。家庭和事业根本不存在平衡，只有得失。对母亲而言，世界上所有看似平衡的事情，实际上都是一种符合自己内心要求的得与失，是一种当时最优选择的得与失，仅此而已。**鱼与熊掌不可兼得，能量守恒，我们怎么也逃脱不了这个亘古不变的定律。与其刻意平衡、两头都累死累活，倒不如坦然面对所有的"失"。

· Ⅲ · 母亲的路

美国诗人、散文家沃尔特·惠特曼说："孩子每天走向前方，所见所闻融入他的思想，一天，一年，延续多年伴随他成长。母亲的温和言语，饭菜的喷香；父亲魁梧强壮，脾气急躁，声音洪亮……所有这一切，都成为孩子的一部分，一天，一年，伴随他每天走向前方。"

母亲其实也一样："我们每天走向前方，所见所闻融入我们的思想，一天，一年，延续多年伴随着我们成长。我们对孩子的温和言语，饭菜的喷香；丈夫魁梧强壮，脾气急躁，声音洪亮……所有这一切，都成为母亲的一部分，一天，一年，伴随我们每天走向前方。"这些都成为形成我们自我感的部分。

母亲的路，暂时来说虽是孤独的，但现时社会对母亲这个角色的诉求和关注已达到空前高度。我相信越是内心藏着金子的人，越能发出通体光芒。

发现问题　如何强化母亲的自我感？

分析问题　家庭、社会、政策并没有站在母亲的立场和给予她足够的空间。

解决问题

1. 忽视占主流地位的不尊重；
2. 提升自我境界；
3. 为自我感留力：低投入，不去试图平衡家庭和事业。

5. 并非教得不好，而是我们太贪心

·1· 各种贪心成阻力

随着时间的流逝，阔别了自己还是孩子的“那些年”，我们远离了教育孩子的初衷，以至于忽略了孩子最淳朴的基本诉求，不知不觉对他们提出诸多荒谬的要求。

有多少父母急吼吼地鞭策孩子要尽快学会“ABC”，冷冰冰地逼迫孩子掌握如厕技能，凶巴巴地敦促孩子学习处理人际关系……手法越来越强烈，面目越来越狰狞，换来的只有孩子的无所适从、精疲力竭。

父母与孩子之间，我们接纳、鼓舞、坚信，就会收获孩子的进步、担当、坚韧；我们催促、嘲讽、漠视，得到的就是孩子的反抗、沮丧、冷漠。父母对孩子超水平能力、超越他人和快速成长的贪心，反而导致了问题。

●对孩子超水平能力的贪心

邻居卡卡妈咨询我该如何给4岁的孩子做专注力游戏，我告诉她可以让卡卡做某件他感兴趣的事情。例如第一次坚持5分钟，就有小奖励；第二次坚持7分钟，就有其他小奖励；第三次……对于4岁的孩子而言，一开始目标在4~5分钟内比较合适，绝不能把目标定得太高。但是我发现，卡卡妈训练孩子时并没有按照我的建议去做，第一次就让卡卡坚持30分钟。

这种蓄意的贪心和急功近利只会弄巧成拙、得不偿失。因为孩子集中注意力需要耗费大量精力，头脑一直处于紧绷状态。我们必须找到一个平衡点，做到一张一弛。太过的话，轻则会造成孩子灰心气馁，重则精神涣散。

又例如，我认识的一位医生是心脏科的副教授，他妻子是儿科医生。他们的孩子3岁就开始每天描红、认字，学习数独和一年级课本。他们嫌弃孩子就读的幼儿园，认为在那里过于放任自流，果断出重金让孩子转学到全市最有名的国际双语幼儿园，因为这家高级的幼儿园能满足他们的需要——“小学化”。就这样，孩子最初的玩乐天性被父母贪心地一笔勾除，取而代之的是提前学习小学知识。

这种家庭教育行为实质上是父母被社会“洗礼”后的贪心做法。虽然现代父母的文化水平、经济条件都提升了，心底却把社会的竞争感、焦虑感强硬粗暴地转化成对孩子的严格要求，让孩子来满足自己的寄望，成为自己的炫耀资本。

这些孩子到头来可能会被逼得窒息，因为父母透支了孩子正常的能力来为他们的贪心买单。

●对孩子超越他人的贪心

森森有些同学的父母会跟自己的孩子说：“你看森森多高，站在一起你比他矮了一大截。”“你可不可以像查查那样守纪律呢？你连排队都排得比别人差！”“你写得歪歪斜斜的，能像冰冰那样认真吗？你还比她大好几个月呢。”

有家长对孩子说：“你们班的小新报了书法班、击剑班，参加书法班能练一手好字，学击剑会变得勇敢果断，你要不要也报这些班呀？”兴趣班明明是以孩子兴趣为主的，什么时候变成以别人报的班来作为参照物了？现在的孩子缺的不是兴趣班，缺的是家长拥有一颗去对待“人有我无”的平常心。

上述这类家长往往会无限放大别人出众的部分，而看不到自己孩子大放异彩的一面。实质上他们比的并不是孩子，而是自身，只是首先拿去“参赛”的是自己的“教育成效”而已，最直观的就是孩子的表现了，所以他们会贪心地要求自己的孩子超越他人。

●对孩子快速成长的贪心

我曾经跟别人讨论过这样一个案例：爸爸对任何人都很有礼貌，但上幼儿园的孩子见人从来不打招呼。爸爸想方设法，甚至试图用高压来改变孩子，孩子却“金口难开”，爸爸为此十分烦恼。

其实，此时的孩子正处于突飞猛进的认识发展阶段，他们会变得更加独立，与他人有距离感。孩子不愿打招呼的行为根本不存在任何问题，他爸爸应该反问自己：“有礼貌、打招呼真的如此重要吗？”

我们那么希望孩子有礼貌，心底是不是贪心地希望他们能给自己面上添光？如果孩子被别人视为“没礼貌”，家长是不是就无地自容呢？如果我们等孩子再长大一点，或者不去过于重视它，孩子的问题自然就会迎刃而解。相反，我们贪心地希望现在就能用教育手段让孩子快速成长，结果只会适得其反，进入死循环。

在早教班，有位老师跟一个3岁孩子的爸爸说：“孩子说话说得不准确，普通话的翘舌音没有翘舌的感觉，一些闭塞音，如‘g’，发成了舌尖音‘d’，需要回家纠正。”爸爸听了后分外紧张，回家后语重心长地告诉孩子：“如果你不快快改过来，以后就更加难改了！”但爸爸越是诚心纠正，孩子就越觉得好玩，故意重复发错的音，爸爸又着急又无奈。

其实3岁孩子发音不准确是件很正常的事情，只要父母稍微留意，平时简单纠正一下，多鼓励，不否定，将来孩子自然会字正腔圆、伶牙俐齿。有些父母一遇到外力，限于自己的眼界，就不知不觉贪心地去纠正孩子，这样不仅会阻碍孩子的正常成长，还会导致孩子的逆反。

· Ⅱ · 应对贪心的方法

对于各种贪心，首先，我们要慢下来，这样我们才能收获意想不到的美好。越是平常的语言体验和心灵接触，越能培养和提升孩子各方面的能力，这些比贪心的教育要丰富深刻得多。

在我们家，森森从小就特别爱给比他大90岁的老祖母上课。

森森特意说得很响亮，因为他要确保耳朵不灵的老祖母能听得到："这是孔雀蝶！"老祖母问："什么？"森森解释道："孔雀蝶！""什么蝴蝶？""不是，是海洋动物，叫孔雀蝶！""什么蝴蝶？"然后森森把嘴巴凑到老祖母的耳朵旁，说："孔雀蝶，是海洋动物。""哦，蝴蝶，蝴蝶，听到了。""不是，是孔雀蝶。""什么蝶？""孔雀蝶。"

就这样，大可爱和小可爱不断地提问和纠正，有时可以持续一整个晚上，当中并没有任何急躁厌烦，只有真诚暖心的对话。虽然他们祖孙对话很迟缓吃力，但我从不会插嘴向老祖母解释清楚，因为我知道，只有我慢下来看待问题，认同他们花很长时间在一个问题上交流，那么祖孙俩才能在共同破解障碍、耐心沟通、发出与接收爱中获得快乐和进步。

其次，当我们准备催促、嘲讽、漠视时，在心里问问自己："又如何？"

孩子见到邻居不问好，又如何？孩子说话说得不够准确，又如何？孩子写字写得不够好，又如何？别人家的孩子更厉害，又如何？会导致身心俱损吗？会导致不可收拾的结局吗？会导致日后被社会遗弃吗？当一切答案是否定时，那就证明自己太贪心和仓促了。人生本是一场马拉松，不必在童年赛道上就用快跑、早跑来冲刺。退一万步来说，即使孩子日后优秀的概率真的不高，我们也没有资格去干预他们的人生。回到老问题，我们宁愿孩子被权威压抑着内心而活着，还是海阔天空欢腾地活着？遥想当初，孩子还在肚子里时，我们肯定会义无反顾地选择后者。

像我们这样在世俗里摸爬滚打、疲于奔命的成年人，对孩子是否优秀的判断标准已经被社会严重误导和限制了思维，像什么学习优异、进名校、供职于稳定的事业单位、嫁个好人家……于是，我们一边帮孩子承受来自各方面的压力，一边期盼孩子比我们活得更好。

不是我们教得不好，而是我们以为孩子不好，从而施加压力给自己。对孩子贪心，无非是父母对自身有隐忧。

发现问题

如何破解对孩子超水平能力、超越他人和快速成长的贪心?

分析问题

对孩子的各种贪心，实质上是父母对自身有隐忧。

解决问题

1. 我们慢下来；

2. 我们问问自己："又如何?"

6. 教育极端化必然是歧途

·1· 摆脱极端，寻求融合

金庸在《书剑恩仇录》中说：“情深不寿，强极则辱。”意思是对于某种人、事、物过于沉迷执着的感情是不会持续长久的。其实无论推崇什么事情，都不能堕进极端和单一的旋涡，凡是只靠着一根绳索拼命向上爬行的孤胆者，一旦跌落都会很惨，而摆脱极端的方法就是协作融合。

教育也一样。即便我们心无旁骛地走一条自己认定了的“天使之路”，最终也会在路上遇见恶魔，因为世界上并没有一条路是完美无缺或者拥有绝对优势的，它包含着无法逃脱的制约性。

现在随着妈妈们阅读的育儿书增多，我们越来越有主张和见地，很容易偏执地认同一种方式，“沉醉不知归路”，尤其容易将自己锁死在概念大爆发中的新兴理念里。我们以为看到的是个万花筒，内心世界却变得越来越小，自己把自己给限制了。

当我们教育孩子时，应摆脱极端，把其他育儿观点、心理融入进来，就像把几块金属熔铸在一起，再打造成适合自身的兵器。

下面我列举三种在现代教育里出现频率较高的极端化现象来说明问题。

· Ⅱ · 选择自由式幼儿园的极端化

现在有一部分妈妈对自由教育极其推崇，同时排斥传统教育观念，她们认为只有自由才能解放孩子，凡是不符合自由理念的，都必定会阻碍孩子的成长。

我跟洋洋妈特别聊得来，我知道她为了让洋洋读一所自由式幼儿园，重金租下了幼儿园旁边的房子。她和丈夫都属于普通的工薪阶层，居住在这里之后，家庭的经济状况变得非常紧张。

洋洋已经是大班学生了，她阳光活泼、很有主见、爱憎分明，但总是“坐不定”“没礼貌”“太自我”。不了解她的人会以为她是个彻头彻尾的“熊孩子”。

正因为“熊”，当女儿即将入读该地段的小学时，洋洋妈极度担心孩子不能适应纪律严明的班级制度、不能坚持课堂的40分钟、不愿意按时完成当天的作业、被照本宣科的老师抹杀了天性，甚至会被那些早已赢在起跑线上、掌握了丰富知识和十八般武艺的孩子比下去，并因此深受打击……更重要的是，洋洋妈从心底里抗拒传统教育观念，不愿意把学习成绩看作一决高下的标准，更加不愿意看到自己在孩子身上已实现的“自由教育”成果付诸东流。

最后，洋洋妈放弃了省级重点小学的学位，让孩子入读一家以自由教育为宗旨的私立小学。这所小学学费特别昂贵，洋洋妈虽然经济条件并不好，但是由于推崇自由教育，还是无怨无悔地选择了这一条路。

洋洋妈只是其中的一个典型例子而已。有些家庭月收入才一万出头的家长也要硬着头皮读这家昂贵的幼儿园；有些上学路上要花整整一个半小时的也要争取这家幼儿园的学位；有些孩子4岁了还没有被录取上的，也坚持排队，希望有朝一日幼儿园会向他们招手……

这些家长需要一面镜子，他们需要更加立体地看清真正的自己，认清自己思维的特点与缺陷，反思自己一直推崇的自由教育之路。

自由教育的模式在国外有着一百多年的基础，已经是个非常成熟的大体系，但是在中国才刚刚起步。我认为到目前为止，国内还没有一家拥有一定历史、教育经验丰富的真正具有自由教育模式的幼儿园，只有极少数一边试探性实践、一边彰显出自由教育精髓的幼儿园。这种教育模式在我国还处于起步阶段，因为它往往需要高学识水平、高教育艺术水平、高素质的老师，以及规范化、标准化的培训与管理制度。

我们看到崇尚自由教育的幼儿园的老师温柔细腻，能接纳、分析孩子的情绪，孩子也可以自由选择自己喜欢的课程，甚至可以不参与，对孩子没有午睡、饭量、水量的要求……往往就肤浅地认为“无为”就是真正的“有为”了，其实不然。自由不仅仅体现在这些表面功夫上，更重要的是从自由里内化出孩子高度的规则感，这才是核心。

像洋洋妈，事实上她对自由的理解偏颇了。如果这家幼儿园倡导真正的自由，洋洋应当是非常有规则的，那么以后洋洋入读公立小学时，洋洋妈既不需要担心与规则有关的问题，也不需要继续以自由为导向，在经济上超负荷地为孩子规划私立小学的道路。有时候，自由极端起来就成了不切实际的过分庇护了。

大多数妈妈从小没有接受过自由教育，而现在这一观念又迅速蔓延，我们便一窝蜂地渴望它给下一代带来突破。现在打着自由教育名义的幼儿园陆陆续续浮出水面，他们瞄准的是父母的心态，“自由”成了他们招生的必杀技。事实上，现在很多从这些幼儿园出来的孩子规则感并没有被内化，一上小学就表现得格格不入。

真正掌握自由教育精髓的幼儿园是尊重孩子的。一家自由式幼儿园究竟是“挂羊头卖狗肉”鼓吹型的，还是鱼龙混杂、师资力量参差不齐的？父母需要拥有一双慧眼去甄别。**结合我国的实际情况，我认为入读这类幼儿园是存在风险的，这种风险的根源在于它们中的大多数在制度上是有了创新才谈规范化，而并不是在规范的基础上谈创新。**

在对自由教育的热情一浪接一浪时，有些家长还在做一件很可怕的事情，就是极端排斥传统教育。传统教育被“妖魔化”了。而事实上，它并不是一些人贬损的那样扼杀创造力、高度纪律性、非科学、低效率。

传统教育世世代代培育了无数人才，留下了众多经过验证、经典的教学方法和原则，如孔子的“因材施教”、荀况的“学思兼顾”、周敦颐的“进德修业”、陶行知的“生活即教育”，等等。我们不能轻易地夸大传统教育的弊端来抹杀它的功绩。同时，传统教育也在不断地改良创新，为培养孩子良好的行为习惯、独立性、想象力、语言能力、阅读兴趣等努力着。

传统教育不等于高压学习，它也是顺应幼儿身心发展规律的。比如3岁以下的孩子可以拼30块积木，传统幼儿园也绝对不会要求孩子拼60块。我们所担心的幼儿园“小学化”其实只占少数，而且会被逐渐淘汰，那只是一些幼儿园希望讨好部分家长、吸引生源而包装出来的“特色”而已。

传统教育最重视的还是老师对孩子的尊重和爱。打个比方，一家以“自由教育”为旗号的幼儿园，老师对孩子熟视无睹，那如何比得上一家有着好老师的传统幼儿园呢？虽然传统幼儿园是以教师为核心、以学期大纲为计划，进行无差异化知识传授，但是只要老师拥有发自内心的善良，那又有什么问题？传统教育从来都没有忽略过孩子的感官体验，虽然孩子在封闭的教室里接受知识，但学校对启发、引导孩子亲自动手操作，体验各种游戏同样重视。

如果孩子早早就表现出对英语的爱好，我们大可以发挥其所长，让孩子入读有双语特色的传统幼儿园；如果孩子对舞蹈十分喜爱，我们大可以让孩子入读传统的艺术幼儿园，这样会更加适合孩子的个性发展。

我们不难找到一些历史悠久、口碑好的传统幼儿园，这些幼儿园往往文化底蕴深厚，老师资历丰富、教学水平高，有一套自己的先进教育理念，甚至也能当家长的育儿咨询师。

在实操上，我们对传统教育也是太过苛刻了。

例如，我们觉得传统幼儿园的老师吼孩子是一种十恶不赦的行为。当然，这种行为是不当的，但是我们将心比心，老师也只是个普通人，他们每天对着那么多个孩子，简直就是经历着狂风暴雨，有时候也是竭尽所能保持着剩下的一分冷静来安抚孩子、家长的情绪。无伤大雅的吼是情有可原的，只要大体上没问题即可。

又例如，我们质疑传统幼儿园的“小红花”，认为孩子受到奖赏才行动是因为他缺乏自我驱动力，而这个问题“小红花”是解决不了的。但是菲利普·津巴多和迈克尔·利佩在《态度改变与社会影响》中说过：“如果奖赏提供了关于能力和成就的信息，而不仅仅是控制的手段，那么奖赏就既能维持行为又能增加兴趣。”也就是说，只要老师做到灵活、合理地奖励“小红花”，清楚孩子优良行为的背后动机并为孩子讲明获奖原因，那么这个方法就能激励、维持、强化孩子好的行为。

我们认为一定对的，不一定是最现实的，我们认为不对的，不一定真的不好。把传统教育看成是偏颇的、狭隘的，刚好证明了我们自身的偏激、愚昧。

对于挑选自由式幼儿园还是传统幼儿园，我认为：

第一，我们从来都不具备去准确无误地判断什么是最好的能力。无论秉持自由教育理念的幼儿园还是传统幼儿园，最重要的始终是老师。像《放牛班的春天》，马修老师以音乐激发孩子的学习热情，让每个孩子找到自己的价值，这种老师可以出现在传统幼儿园里，也可以出现在自由式幼儿园里，不能极端地认为只有自由式幼儿园才会有这种人才。

第二，大家仿佛都忽略了一点，**传统教育与自由教育根本不是对立的，两者并不互相排斥，是可以协作融合的。从来没有一种教育是“众人皆醉我独醒”的。**

例如，我发现许多入读自由式幼儿园的孩子，他们的父母从孩子5岁开始就热衷于在家里让孩子做幼小衔接的练习来解决现实的问题；又例如，孩子入读传统幼儿园，如果家长自身掌握了自由教育的原理和方法，他们私下也可以让孩子充分体验自由，这样的孩子跟入读自由式幼儿园的孩子不会存在什么差别，甚至有更好的效果（实践告诉我，刚所说的两个例子，后者比前者稍微难一些）。这便引申到第三点：家庭教育才是内核。

·Ⅲ·报兴趣班的极端化

每次我去接森森放学，走在一楼大堂，就有种走进银行理财中心的感觉，为什么呢？

萱萱妈说："大家都报了五六个兴趣班，什么舞蹈班、绘画班、架子鼓班、机器人班、武术班……我家的只报了书法班和网球班，唉，还是觉得萱萱不够努力呀。你说要不要再报几个班让她追赶上去呢？"航航妈说："航航之前报了好几个兴趣班，可是学着学着就没有再学下去了，他老是改变兴趣，都不知道要不要继续让他上下去。或者我直接给他换新环境，报些新班？好歹也要有些技艺傍身。"

这种家长对兴趣班的选择，跟打理财产品的"算盘"没太大差异，豪掷千金不胜枚举。既希望保本，又想大赚一笔；既希望防范风险，又想获得最高收益；既想分散投资，又不想撤离市场。

他们在兴趣班的"量"上走向极端，或多或少是为了争夺教育资源，所以会表现得特别焦虑，也会伴随着一大堆烦人的问题。因为他们从一开始就没有严格地甄选适合孩子的兴趣，看重"有"大于"无"，看重"量"大于"质"，同时也没有让孩子坚持学习的胜算。

其实，无论什么情况，这种家长都会担心的：既担心孩子不去兴趣班，也担心报的兴趣班不够多；因为怕输，当孩子上了兴趣班，他们又担心孩子能否获得成绩。那些不惜用钱买比赛冠军头衔的，以及暗中花钱让孩子过级的，大多就是这种家长。但是，他们会把做法归咎于竞争激烈的社会。如果仅仅是社会问题，作为家长的我们从容不迫、解放思想，不为野心所征服，那么"水涨船高"的问题是根本不存在的，说到底还是家长自身的问题。这些家长会跟别的家长斗，也会把自己的孩子跟别的孩子比，本质上他们认定了要有更好的人生就必须从小就接受密集的精英培训。把兴趣班放在极端位置上是“头重脚轻根底浅”的，这些兴趣班最后只会成为鸡肋，严重的话还会让孩子排斥家长日常的教育模式。

我发现，如果家长的心态放松，仅把兴趣班视为启发孩子天赋的途径，不带满足自我的欲望，这种家庭的孩子往往就能够好好地上兴趣班，或许还能一直坚持下去。因为抱着这种心态的家长，他们一般不会太焦虑，而是理性地有针对性地精选一两个兴趣班来“变现”天资。毕竟时间就那么多，要把握好“质”就只能用心鉴别真正合适的兴趣班、努力陪伴孩子克服学习中的困难、平静地看待孩子的气馁与退出，难以解决的问题自然就少了很多，他们成功的概率也就大了很多。

我的目的就是如此，在这个过程中跟森森只在一条道路上撒开脚丫子跑。

森森从快4岁开始到现在一直坚持上围棋班。班上他是最小的，除了生病，他从来没有缺过一节课。即使在没有课的日子里，他也爱跟外公下围棋。森森对围棋持之以恒，对棋艺认真执着，向老师反复提问，对考级更是积极自信。在兴趣班里，他成了家长们口中“别人家那爱学习的孩子”，我也成为他们口中最轻松自得的家长。

我的意思并不是一定得像我那样“把鸡蛋放到同一个篮子里”而不去努力“滚雪球”，只是想表达报兴趣班要把最简单本质的理念融入进来。报兴趣班的目的越是纯粹，孩子就越能从逃避困难进阶到打败退缩，越能从含糊懵懂进阶到精通灵敏，从中练就坚持的力量，获得成功的体验，确立起自信，最后形成自主探索的习惯，进一步发展思维与人格。

· Ⅳ · 旅游教育的极端化

现在，社会上掀起了一股旅游教育的旋风。孩子放暑假了，亲戚朋友都会打听：“你家孩子去哪儿玩了？”“住哪个酒店了？”“买了什么好东西回来？”

在社交网络上，大家都在前后出牌，看谁出的牌能镇住对方：“去了好几个迪士尼游乐园，法国的是最棒的。”“一到达 ×× 酒店就有高级款待和贴心服务，小朋友开心坏了。”“小小的人儿坐上飞机也不怕，准是头等舱的服务太周到了。”

现在在网上，大量涌现“旅游对孩子一生的重大意义”的系列文章，育儿达人们也紧跟风向，围绕孩子在旅程中获得的人生财富展开阐述。

在这些大张旗鼓的宣传攻势下，大家对旅游教育有了全新的认识——孩子应该早早展开羽翼出发，看看外面的世界以及别人的生活，要不就容易变得狭隘闭塞，比不上周围那些去见识过的孩子了。

于是我们发现，无论家庭属于哪一阶层，家长们都爱打着“陪孩子去看世界”的旗号，散尽金钱、不计回报地进行豪华亲子旅行、境外亲子旅游。这到底是孩子内心所需，是父母另一种自欺欺人的炫耀，还是人云亦云的随大流？可能连父母自己也说不清道不明，他们旅游教育的动机并不纯粹。

当旅游教育极端地向一边倒的时候，我们需要更加理性地从孩子的角度来分析。

孩子是喜欢长途跋涉、匆匆忙忙到一个跟平时去的没太大差别的游乐场玩，在玩的过程中蜻蜓点水、不求甚解、被父母围着不停地问是否很满意（一般这些家长并非想知道孩子内心所想，而是希望从孩子的回应里证明自己选择的旅程是值得的），还是喜欢站在家附近路口的天桥上静静观察穿梭不停的汽车、健步如飞的路人，然后在充足的时间里问上十几个“为什么”？

孩子是喜欢在人声鼎沸、摩肩接踵的环境下紧张地牵着家人的手观看名胜古迹，还是喜欢在潺潺流水旁听着自然的天籁，跟熟悉的小伙伴们逗逗蜗牛、看看枯叶？

带孩子去旅游，我们应该充分尊重孩子的真实想法。

出发前，我们要确定孩子对观察奇妙的世界抱有强烈的意愿，要能民主地让孩子参与安排、规划自身的旅程，而不是为了光鲜的排场或刻意迎合大众眼光而自己一锤定音。

在旅游的过程中，我们按照一贯的消费水平来安排，不拘束于远近、是否坐头等舱、是否入住豪华酒店等，不让旅行费用成为家庭的沉重负担。我们有着明确的目标，就是纯粹为了得到快乐愉悦的感受，而不是过分强调增长见识、接地气地学习。

回程时，我们不要抱着“温故而知新”的心态追问孩子去过哪些景点、懂得了哪些道理。即使问了，孩子答不出，也不要捶胸顿足地觉得白去了。

做到了这些，我们才考虑是否要出发。

总之，在旅游资源越发丰富的今天，我们更需要把顺应的理念融合进来。正如上面所说，一切要以“孩子愿意接纳”为开始。只有以“强调孩子的意志、感情”为条件、以“尊重孩子内心所向”为宗旨，才不会把旅游变成一次功课、一次攀比，才能与孩子真真正正舒服地享受。

最后，通过这三个以及那些我并未指出但又存在的极端化现象，我们能明白：在教育中，即使是我们认为最好的方式，它都是好坏参半的。如果我们希望教育能够实现最优化，那就有必要包容其他的观点并与之融合，根据实际情况适当运用。所有的一边倒、一刀切的教育都会成为最坏的教育。

很多时候我们都在潜意识里为自己设置了一堵墙。与其把时间花在掌控一种教育途径上，倒不如把这堵墙拆掉，获得来自各方的助力，找到各种办法的平衡点。只有这样，才能最后掌握自己那套融合的教育理念。

发现问题

如何应对一些教育极端化的现象?

解决问题

1. 挑选自由幼儿园的极端化：与传统教育协作融合；
2. 报兴趣班的极端化：把最本质的理念融合进来；
3. 旅游教育的极端化：把顺应的理念融合进来。

育儿 128 问——文章索引

设立索引可以让我们迅速从书中找到某个细节问题的解决方法。有些方法可能分散在多篇文章里，此索引做了总结。

0~3 岁：41 问

索引一　行为习惯的培养

索引二 品德修为的培养

索引三 学习习惯的培养

索引四 健康习惯的培养

索引五 社会行为的培养

3~6 岁：42 问

索引一 行为习惯的培养

索引二 品德修为的培养

索引三 学习习惯的培养

索引四 健康习惯的培养

索引五 社会行为的培养

关于家长：9 问

关于幼儿园：27 问

关于二孩：4问

关于绘本：5问